暨南大学本科教材资助项目

大学生创业思维

蔡　喆　于凡奚　何懿鑫◎编著

SPM 南方出版传媒　广东人民出版社
·广州·

图书在版编目（CIP）数据

大学生创业思维 / 蔡喆，于凡奚，何懿鑫编著．—广州：广东人民出版社，2021.10

ISBN 978-7-218-15296-7

Ⅰ.①大… Ⅱ.①蔡… ②于… ③何… Ⅲ.①大学生—创业 Ⅳ.①G647.38

中国版本图书馆CIP数据核字（2021）第199214号

DA XUESHENG CHUANGYE SIWEI
大学生创业思维
蔡 喆 于凡奚 何懿鑫 编著

出 版 人：肖风华

责任编辑：朱东岳
责任技编：吴彦斌 周星奎

出版发行：广东人民出版社
地 址：广州市海珠区新港西路 204 号 2 号楼（邮政编码：510300）
电 话：（020）85716809（总编室）
传 真：（020）85716872
网 址：http://www.gdpph.com
印 刷：广州市浩诚印刷有限公司
开 本：787 毫米 ×1092 毫米 1/16
印 张：13.5 字 数：320 千
版 次：2021 年 10 月第 1 版
印 次：2021 年 10 月第 1 次印刷
定 价：39.00 元

如发现印装质量问题，影响阅读，请与出版社（020-85716849）联系调换。
售书热线：020-85716826

序　言

随着知识经济的蓬勃兴起和科学技术的突飞猛进，当今世界已步入知识经济时代，“科教兴国”成为我国基本国策。知识在生产力发展中的地位和作用上升到了前所未有的高度，科技进步和知识创新已经成为国民经济增长的决定性因素。中国大学生创业正是在这一背景下应运而生。

创新是一个民族的灵魂，只有创新才能避免落后，只有创新才能促成发展，创新是中华民族复兴的动力。大学生创业显示了一种创新意识和创新文化。要创业就需要创业的思维，需要拼搏的精神，需要破旧立新的胆识，更何况大学生创业本身就是一个新生的事物，这更需要创业的主体——大学生具备不同以往的创新精神。大学生在创业过程中，他们所表现出的相互信任、相互合作、勇于开拓，展现了一种新的精神风貌和文化氛围，开创出一片新的天地，使我们感受到中华民族新一代的风貌。大学生创业健康、持续地开展，将成为促进生产力发展的重要力量。大学生掌握了创业思维和技能，在大学毕业时就不仅是求职者，而且会成为工作岗位的创造者。

创业并非是只有鲜花与掌声的坦途，创业的道路上遍布荆棘，甚至有前功尽弃的危险，对此，尚未走出大学校园的大学生要有思想、心理和知识的准备，由蔡喆老师编写的《大学生创业思维》这本书正是满足了这一需要。这本书从创业的理解、创业的环境、创业理念和现今创业所需要的素质等多方面阐释创业，指导大学生全面理解创业、积极参与创业。

我的博士学生蔡喆老师一直以来关心学生，有十六年的辅导员工作经验，同时曾担任暨南大学信息科学技术学院系党总支书记，目前在高校心理教育部门工作。他曾荣获“全国优秀辅导员”及“广东省辅导员年度人物”称号。一直以来他都热心于大学生创业与就业的指导工作并担任“大学生创业概论与实践”课程的主讲老师。因此，我认为由他来主编这本书是很合适的。

华南师范大学　莫雷
2020年12月28日

目录

contents

第一章

厘清概念——从定义理解“创业”

人类只有发明了发明的方法之后才能快速发展。我们只有学习了学习的方法之后才能成为高手。

——查理·芒格

创业是一门艺术（Art），而非科学（Science）。尽管有规律可循，我们也无法通过一个公式或者模型表达出只要你这样、那样，创业这件事就必定会做成。它没有什么门槛，就像幼儿园小朋友的随手涂鸦也可以成为小小艺术品一样，谁来创业、做什么、如何做、做成什么规模并无限制。它也无法适合所有人，就像有人擅长音乐、有人擅长数学、有人擅长体育、有人擅长写作一样，艺术（Art），只是人们赖以生存的万千手段之一。

意大利文艺复兴艺术家拉斐尔的《雅典学院》

所以，不如说创业精神是一系列指导原则、一套认知框架、一组思维模式、一种人生态度。大学阶段对于绝大多数学子来讲是一个远离父母、走向独立的关键时期，此时的通识教育除了广义知识的传递，更重要的是潜移默化地培养同学们的思考能力。就像著名的壁画《雅典学院》表达的对智慧和真理兼容并蓄、自由开放的探索那样，本书追求的并非是同学们的一致认同，而是真正对照自己来思考：创业到底适不适合我？这些指导原则我认同或不认同，为什么？这些启发对我的大学生活以及毕业后的发展有什么帮助？我的差别竞争力、比较优势有哪些？我人生自驱力的源泉在哪里？

如果你有勇气在各种不确定的条件下做出决策、愿意脚踏实地为自己的生命负责，那么可以开始摩拳擦掌了。

第一节　什么叫做“创业”？
——“创业”=“开创”+“事业”

不知什么时候，身边创业的朋友越来越多，谈创业已经不是什么稀奇事了。如果创业就是自己当老板的话，那么越来越多的人确实已经走在创业的路上，或者至少“斜杠”在创业的路上。可是，创业如果这么简单，那为什么很多人还是虽跃跃欲试却顾虑重重呢？创业和做买卖是不是一样的呢？尤其是越钟情于读书学习的人，越会去想，我读了这么多年书，结果到头来成了一个“个体户”，还没赚钱就要先花钱，这怎么是我要的呢？书不是白读了么……都是很实在的问题。

一、创业的概念

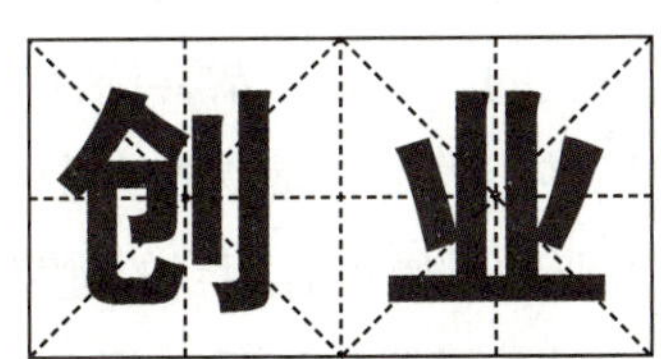

创业（chuàng yè）：开创建立事业、基业。

《新华字典》对“创业”的定义是：开创建立事业、基业，有意思的是，《新华字典》后面词组举例马上就跟了一个：创业艰难。为什么不是其他词？因为常用。为什么常用？因为，是常态。所以，当你对“创业”起心动念了之后，就要时刻提醒自己，每天面对困难和失败，再正常不过了。

创业这件事，可繁可简。创业对学历的要求，可高可低。创业的领域，可日常可尖端。谁规定学历高的就不能创业呢？其实学历不高就进入社会，很多时候是一种不得已，只有极少数是兴趣使然。多学了几年的大学生们不要着急，运用好这几年夯实思维基础，培养自己的商业嗅觉，允许自己再成熟一些，打开思路，放大格局，坚定梦想，进入更高品质的人际交往圈子，只要你自己值钱，只要想创业，只要选对方向，往往起点会更高，合伙人会更同频，投资人的实力会更强，杠杆创造财富和价值的力度会更大。

著名的教育家、哲学家邹中棠先生说过，我们要正视人生的几个阶段：

- 在社会共同价值观作用下的盲从阶段；
- 尊重内心、走向成熟的自觉阶段；
- 大化无我、天人合一的超越境界。

在千军万马过独木桥的社会大环境下，很多大学生考大学还处于第一阶段，在并不太清楚自己要什么的情况下就这样考了，做了。没关系，那么就用好大学时光，发现自己、认识自己、觉察自己、接受自己，学会为自己毕业后的短中期发展，以及整个人生道路的长期发展设置遵从内心的目标和规划。就让这本书带着大家，一起提问、一起思考、一起寻答案，一起找方法，如果在课程结束时，你找到了梦想目标、动机动力，认识到了自己的强项和短板，吸引到了志同道合的伙伴，明确了大学里要做的最重要的事，那么这本书的目的就完美地通过你实现了。

二、数学思维逻辑能力对创业的帮助

数学和数字，两笔之差，却有完全不同的意义，数学专业和财务专业学习的内容也是天壤之别。如果你以为大学的数学是算术的进阶，那就片面了。其实，数学要训练的是一种逻辑思维能力。这种能力，不管以后从事哪个行业，不管是在工作还是在生活中，都有着相当广泛的应用空间。所以，恭喜选择数学和物理学专业的同学们，就近期的形势来看，这种逻辑思维能力是非常受各大企业，尤其是高科技公司和咨询公司欢迎的，即使不创业，在就业的时候也有相当的优势。

数学的思考逻辑，就像武功的扎马步，以后一招一式的力度都离不开这个能力的扎实程度。这一基本功教会我们一步一环地深入挖掘，透过现象看本质。

归纳法和演绎法

大多数人借助感觉和经验来积累知识，进行学习，这是人类最基础、最常见的用智方式，这就是归纳法。归纳法只能得出概率性趋势，而不是必然性知识。比如，在所有大洲发现的天鹅都是白色，但是在大洋洲发现了一只黑天鹅，那么“全世界的天鹅都是白色的”这个结论就是错误的。所以，有被休谟发现的“即使所有前提都是正确的，结论依然有可能错误”“归纳法谬误”一说。对于每个人来讲，归纳法谬误给我们最大的启示就是，即使身边有再多的各种条件、经历和自己相似的人，你也不是他们。不要用一类人的特点限制了自己的想象力和发展潜力。

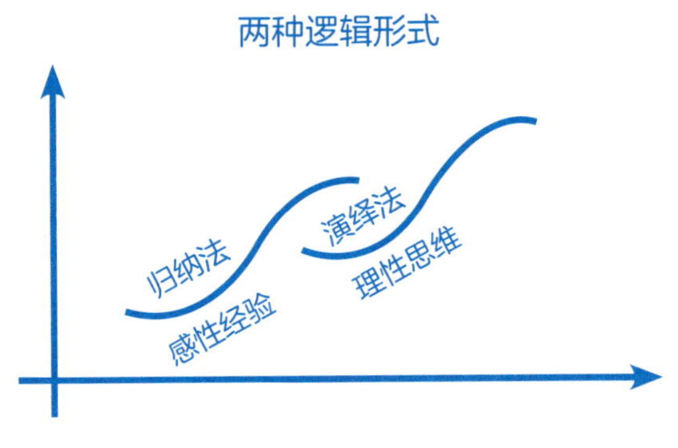

归纳法和演绎法——两种逻辑形式

纵观各行各业高手的学习，其实不是经验的累积，而是经验背后模型的刻意练习。高手如何找到自己背后的那个逻辑模型，就是靠演绎法。演绎法有一个极具价值的特点，就是从已知模型当中推出新的模型。这也是本书的创作逻辑，就是希望通过探讨几个对创业、甚至对人生的判断抉择极具价值的思维模型，为大家点一盏创业灯。

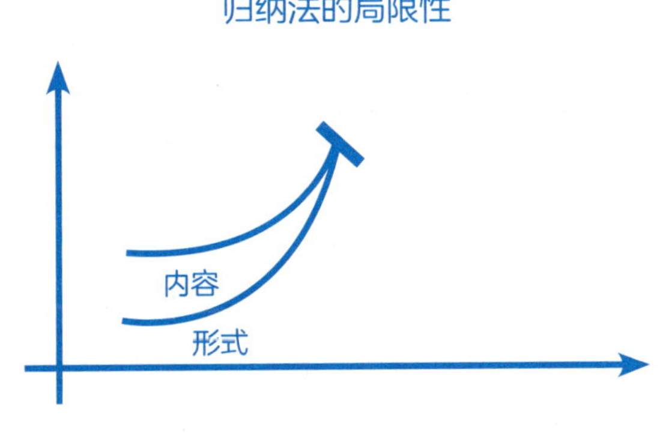

归纳法的局限性

归纳法和演绎法的最大区别就在于，对于归纳法来讲，即使前提正确，也不能保证结论一定正确；而对演绎法来说，如果前提是正确的，那么结论一定正确。归纳法基于“经验”，是“内容”的归纳；演绎法基于“逻辑”，是“模型”的演绎。归纳法和演绎法在日常生活中的使用比例分别是99%和1%。极少数人是应用了演绎法，先有原则，再用原则来指导自己做事情，原则是正确的，结果一定是正确的。有这等好事，为什么大多数人不愿意用演绎法来指导生活呢？答案就在于我们的生理结构，在于我们的大脑。我们的“出厂设置”决定了我们天生喜欢把问题简单化，能不用脑就不用脑。所以对于演绎法这种所需计算功率更高，所需认知能量消耗更大，太“烧脑”的认知方式，人们总是避而远之。

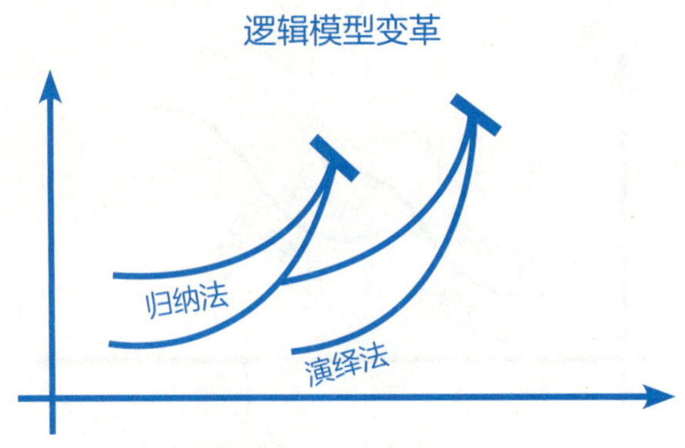

认知升级的本质是认知通道的升级。

归纳法：带来更多知识内容；演绎法：带来新的思维通道。

其实，同一个通道之内的增长（连续），归纳法最有效率；而转换到另一个通道（非连续），必须运用演绎法。要想鲤鱼跃龙门，要想降维打击，要想变换赛道，必须提升思维方式，而思维方式的提升就需要靠演绎法。如果思维方式不对，我们积累再多的硬实力、软实力、驱动力，都是在一个低水平的赛道里重复而已。这意味着，如果你以往没有学习过创业、更加没有创过业的话，那么在准备创业之前来仔细琢磨一下创业先需要怎么想，就像磨刀不误砍柴功一样，会帮助你创业之路事半功倍。

第一性原理

很多人会问，使用演绎法，万一前提错了，结果不就错了么？怎么找到保证结果正确的前提呢？亚里士多德说：在任何一个系统中，存在第一性原理，是一个基本的命题或假设，不能被省略，也不能被违反。在数学里面，它相当于公理；在物理学和其他科学里，它相当于已经被证明出来的科学道理。第一性原理就是保证演绎法推论正确的必要前提。在混沌大学关于第一性原理的课程中，大家可以了解更多更深入的解释和应用。由于篇幅限制，本书只限陪伴大家找到创业成功的第一性原理，就是正确的创业思维。

大道至简，早在春秋时期，华夏民族的先哲老子就提出了“道生一，一生二，二生三，三生万物。”。这个道，就是万事万物发生发展的那个第一性原理。为什么“演绎法”和“第一性原理”在“创业”这件事中的地位如此重要？原因就在于（划重点）。创业，是一个从无到有的过程，做这件事的前提是，必须要在没成事之前“先相信”——相信原则，相信客观规律，相信结果；按原则、按客观规律办事，才能大概率地得到意料中的结果。

第二节　如何“开创”？

人们所做的每一件事无外乎两种目的：逃避痛苦和追求快乐。无论哪种，都可以成为创业的原动力。为了逃避痛苦，必须要解决问题，找到解决问题的办法就成为创业的契机和价值感的体现；为了追求快乐，必须遵从内心，从内在的兴趣、愿景、梦想出发，体会创造和成长的喜悦。所以，在“开创”之前，我们一定要清楚的是，为什么要做这件事。如此，才能够目标明确；如此，才不容易半途而废。

一、有道无术，术尚可求；有术无道，止于术

有道无术，术尚可求；有术无道，止于术。在这里，道，可以指精神和品德，也可以指原则和思想；术，可以指外在的修为，也可以指做事的方法。于创业来说，市面上绝大多数相关的教科书都提供了各种各样“术”层面的技巧，框架可以涵盖到创业的步骤一二三，细节可以精确到公司如何申请、财务报表如何做，不免过于具体和琐碎；因此，为求根本，本书从“教材创新”的本身，希望多探讨一些“道”层面的内容。

原则和思想，是一种智慧

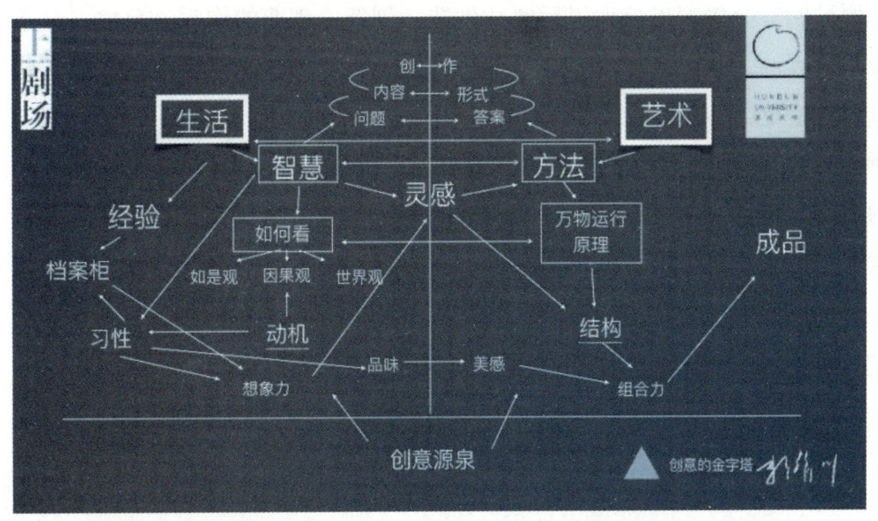

创意金字塔（来源：赖声川《如何获得源源不断的创意》@混沌App）

这张图是著名剧作家、导演赖声川发明的“创意金字塔”。右边是讲“方法”，左边是讲“智慧”。从小到大，我们学的、教的都在“方法”层面。但是要真正成为高手，真正有深度，真正探求本质，需要的是“智慧”。而“智慧”传授的缺乏，却是我们近代教育的迷失。这张图讲的是“创作”，我们探讨的是“开创”，两个“创”都是同样的意思。也就是说，“开创”这件事，同样缺少了关于“智慧”的教育。

在古代，“智慧”这样东西，是可以跟着先贤们学习的，学到了，悟透了，就知道自己的人生该如何过了。但是现在，一种说法解释了“智慧”教育的缺失，意思是，现代的人们不需要这样的指引，不希望别人告诉自己怎么活。这是一种可以探讨的有趣解释，先不论这种说法是否有道理，总之，这一侧的内容是缺乏的。所以，在没人教的情况下，只能自己悟了。

生活中不是缺少美，而是缺少发现。一定程度的敏感，会让我们更加留意生活、感受生活、发现生活、并且积累智慧。习性从智慧中来，习性决定了品味。而对乔布斯来说“品味决定一切。”。乔布斯的品味很高，所以他做出来的东西就是我们所有人的标杆。于创业来讲，这是什么意思？这意味着，品味、灵感，智慧的累积，决定着我们所开创事业的标准、级别和格局。

回过头来分析，为什么创业是个小概率事件？原因就在于这张图最下面一条线，从小到大，我们绝大多数人就被这个屏障一步一步抹杀了“创造”的能力，抹杀了最宝贵的想象力、好奇心和天马行空的“主动性”。这条线可以是家庭教育、学校教育、社会环境，等等。想想看，当你小时候指着天空对妈妈说：“妈妈，你看那只狗”的时候，如果妈妈的回应是“胡说，那是云”和妈妈说“是啊，小狗在玩耍呢”。哪种回答会培养出长大以后愿意创造、创新、创业的你呢？总之，这条线代表的屏障是很大的，是很多被规定的概念，在这个屏障的过滤下，绝大部分人就这样被塑造成规规矩矩、小心翼翼地在框框里谋生活的一颗尘。

所以，想要开创，想要创造，就要不断地去除这道屏障，找到自己内心“做点什么”的火苗，点燃它，并且持续地燃烧。作家波德莱尔说“天才不过就是有能力随时抓回童年”，这就是“开创”的源泉。

二、能文能武、能屈能伸、能理性能感性

人在决策的时候是由大脑里面的两个系统共同作用的结果，系统1和系统2（丹尼尔·卡尼曼《思考：快与慢》）。系统1的运行是无意识且快速的，不怎么费脑力，没有感觉，完全处于自主控制状态。系统2将注意力转移到需要费脑力的大脑活动上

来，例如复杂的运算。系统2的运行通常与行为、选择和专注等主观体验相关联。简单来讲，就是，我们的大脑里同时住着两个自己，一个叫做感性，一个叫做理性。

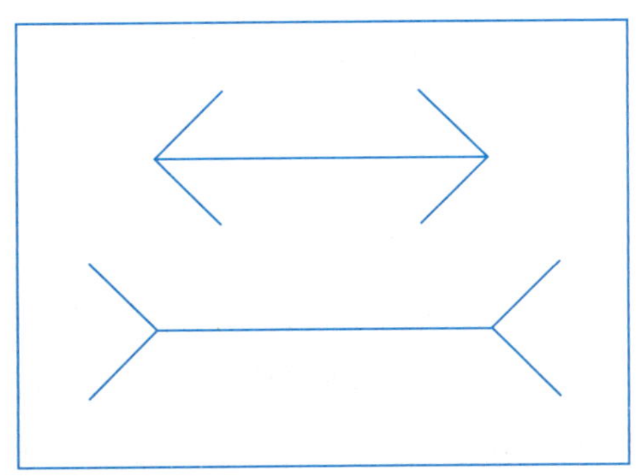

系统1会告诉你，下面的线比上面长；系统2会说，应该是等长的，量一量就知道。（来源：丹尼尔·卡尼曼《思考：快与慢》）

为什么说到这两个系统？因为“开创”这件事除了智慧，还需要勇气，勇气来自真性情，来自建立在理性基础上的感性，来自不用思考太多就采取的第一个行动。哲学家怀特海说过“才智（Intelligence）与才干（Ability）截然不同，前者是对事物迅速领会理解的能力，而后者是就所理解的事物采取明智行动的能力。”显然，创业不能坐在那里一直想一直想，还要站起来开始做。说起来容易，做起来却未必。原因就是我们的身体里还住着另外一个朋友，它的名字叫做“恐惧”。当智慧看到光明，勇气想要起身的时候，恐惧为了保护我们不受不熟悉事物的伤害，会想要把我们拉回来。这时，需要自己的智慧和勇气来跟恐惧谈谈，理解恐惧对自己的保护，同时也要让恐惧知道，我们也许要学会长大，去尝试新的生活方式呢。就像电影《头脑特工队》里面的各种情绪角色，都是为了你好，最终还是要通过各种经历来追求快乐。

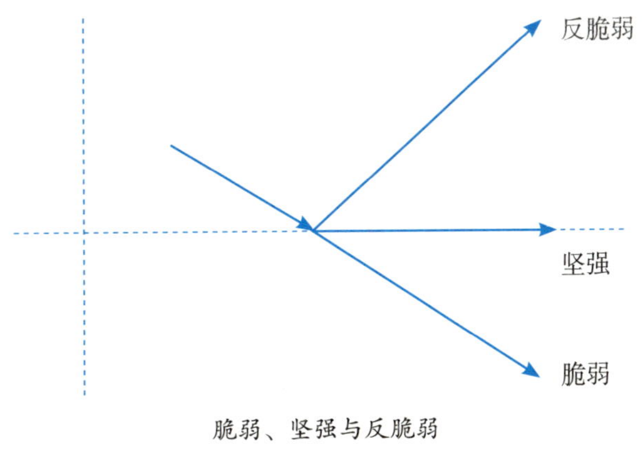

脆弱、坚强与反脆弱

恐惧或许会带来脆弱，而我们要的是脆弱的反面。脆弱的反面并不是坚强或坚韧。坚强或坚韧只是保证一个事物在不确定性中不受伤，保持不变，却没有办法更进一步，让自己变得更好。而脆弱的反面应该完成这个步骤，不仅在风险中保全自我，而且变得更好、更有力量。做一个类比的话，脆弱就像玻璃杯摔在地上马上就碎掉了；坚强或坚韧就像一个被扔到地上的纸团，不会摔坏，但也只是维持了原貌，这还不够；和纸团相反，乒乓球扔到地上非但不会摔坏，反而可以弹得更高。乒乓球拥有的就是脆弱反面的能力，也就是反脆弱。

无论你的兴趣点是文是理，抑或艺术或其他，都要在精进兴趣专长的同时主动突破大脑的懒惰，去学习了解它的反面，它的领域范围之外的经典。你会发现，这些认知边界的扩大，会在无形中积累前面图中所示的“智慧”。未来的某个时间点，在你的兴趣领域就会冒出个火花来，灵光一现，对你的创业或人生的发展予以强力助推。

上一节恭喜了选择数学和物理学专业的同学们。在这里需要说明，中长期看来，由于人工智能的发展，对于大多数人来讲，有竞争力的将不再是可重复性的工作。我们能跟人工智能对抗的，或者说跟人工智能共存时有优势的，是感性的、有温度的、有创造性的特质，是软性的沟通与链接的能力。而这些能力，通常来讲，文科或者社科的学生们相对有优势。所以，最理想的情况还是，扩大自己的认知边界，扩大自己的兴趣边界，扩大自己的能力边界，如此，以后才顺理成章地扩大自己的吸引力边界，从而扩大自己的影响力边界。人生没有白走的路，每一步都算数。

第三节　什么“事业”？

创什么业？完全地取决于你。其实“创业”除了“开创事业”，还有一个意思就是“建立基业”。而后者，估计在这个相对和平的时代，你没啥机会。所以，老老实实地想一想，什么是自己喜欢的、擅长的、能坚持的事，同时又能给他人、给社会带来价值。

每一朵花都有它的花期，我们只需播种浇灌，静待花开。每一个人来到世上走一回都有两条命：一是生命，一是使命。生命是一种存在，使命是一种责任。

一、寻找初心，坚持使命

到了大学的年纪，也许可以开始想一想这个重要又不易回答的问题了，这就是“人为什么来到这个世上？”著名的实业家、哲学家稻盛和夫的回答极具参考意义，他说“是为了比出生时有一点点的进步，或者说是为了带着更美一点、更崇高一点的灵魂死去。”这么说好像有点玄，其实从他的经营理念中就可以发现，稻盛和夫所倡导的是“工作即人生”。也就是说，无论你做什么事，都要不断精进、不断反思、不断燃烧激情、不断提高能力。如此，当你和这一生告别的时候，必然有所进步，必然获得了更美、更崇高的灵魂。

做什么不要紧，只要做自己喜欢的就不会累，就会乐在其中。使命是个长期的事，使命也可以通过分阶段来完成，不管你的人生要成就什么大事，目前，在这个金色的年华，最重要的是累积、是沉淀、是夯实基础。把思想的地基打牢，把思维的模型建扎实，以后在选择、决断的时候心力会更强，目光会更坚定。

乔布斯说，当你不知道你是谁的时候，如果你知道你的偶像是谁，他将帮你回忆起你从哪来，你是谁，你要到哪里去。找一个伟大偶像，带你走过迷茫路吧。

二、热爱生命，关心他人

关于生命的思考有很多方向、很多话题。做事的根本原则，不是把事情做得有多好，而是不要超越底线，法律的底线、道德的底线。对因果有敬畏之心才问心无愧，才是长久之计。一个有点意思的思考是，你有没有想过，你的父母辈需要有2个人才有了你，你的祖父母辈需要有4个人才有了你父母，你的曾祖父母辈需要有8个人才有了你的4位祖父母，以此类推，往上翻10代人需要2^{10}个人才有了现在的你。他们当中假设任何一个人有变化，你就不是你了。有没有一丝丝感到生命的无常和珍贵啊！难道你的出现，你的降生，不应该是带着点什么任务么？

所以要感恩。我们每天能正常呼吸，能有心跳，能存在，就是最值得感恩的一件事。有了感恩之心，一切随物化形。把这份感恩撒出去，就是爱了。要爱自己，爱他人，爱世间的万事万物，因为你知道，所有的一切，本可以不存在。现在他们在这里，是多么美好多么来之不易啊。

有一句古老的夏威夷“咒语”Hooponopono（荷欧波诺波诺）是世界上最神奇的心灵疗愈“咒语”：“对不起（I’m sorry），请原谅我（Please forgive me），谢谢你（Thank you），我爱你（I love you）。”心存敬畏，心存感恩，心存大爱，会引领你顺利度过生命中的任何一个难关。感恩你的原生家庭，他们也不容易，他们也是由那10代前的1024个人而来的，他们也有自己的一代又一代的原生家庭，他们已经把你送到了这里，很好了，不是么？如果你曾对你的原生家庭心生怨恨，跟他们真诚地说一句：对不起，请原谅我，谢谢你们，我爱你们。说得越多，愿力越强；愿力越强，心力越强；心力越强，爱越宽广。你可以轻装上阵了，爱自己，爱家人，爱朋友，爱同学，爱老师，爱身边的每一个人，爱众生。

第四节　“事业”vs“职业”vs“工作”

不是所有你做的事情都可以称之为事业的。事业和职业、工作还有所不同。百度百科是这样解释的：

事业——所谓事业，是指人们所从事的，具有一定目标、规模和系统的对社会发展有影响的经常性活动；有时事业也可以指个人的成就。事业并不是所有的人都乐意去努力或者所有的人都能实现的。

职业——职业是一个行业，比如教师、工人、技术工程师，这个时候可以在不同的企业，但是这些企业或许是类似的或者同行业的企业。这个阶段需要解决的问题是人自身更高层次的需求，比如别人的尊重，一定程度上的社会认可和自我价值的实现。

工作——工作可以在任何一个出卖自己的劳动力即能获得报酬的地方去找到。在这过程中，上班族比较关心的是：上班途中的路离家近一点，上班时所做的事情少一点，上班后所拿的工资多一点（即：三点期望）。只要做到能养家糊口就算完成任务，没有其他需求，没有长短期的规划，没有定期的自我反省等。

后两者不在“创业”探讨的范围之内，尽管这是大多数人的一生。话虽如此，其实，从事某个职业或某种工作的人如果有点心，就会发现，虽然他们是在为别人的梦想而做事情，但是如果他们懂得别人要什么，懂得自己要什么，即使在实现梦想的道路上是配合的角色，也能过好这一生。

一、创业是个小概率事件

本章一开始就说了，当你对“创业”起心动念了之后，就要时刻提醒自己，每天面对困难和失败，再正常不过了。正因为如此，没有太多人喜欢“自虐”地来创业，从而导致创业本身就是小概率事件。如果再加上方向错、能力差、熬不住、挺不过，创业成功就更加是小概率中的小概率了。随着“大众创业、万众创新”政策的推进，选择创业的人数比例越来越大；创业成功比例却不好衡量，因为创业是个长期过程，而且关于“成功”的定义也因价值取向而有所不同。

不管怎样，我们来分析一下创业是不是大学生们值得去做去经历的一件事。大学毕业后的几个去向是：（1）继续深造；（2）就业；（3）创业；（4）待业。如果你的计划是（1）继续深造，则几年深造后无论继续搞科研还是走向社会，无非再进入后三个选项之一。暂且不论“待业”的群体，成长成熟之后的选择依然是（2）（3）之一，即要么就业，要么创业。所以，无论怎样归类，总要在就业和创业之间选择，或者一边就业一边创业。回过头来看，现实是，随着人工智能和自动化体系的发展以及企业节省人力成本的需要，大学生就业形势越来越严峻，这也迫使在就业与创业的选择之间举棋不定的一批人开始认真考虑创业的可行性了。

我们说，就业是帮助别人实现他们的梦想；创业是找到一群人合作来实现自己的梦想。无论哪种发展途径，都有两个要素：一群人，一件事。就业的心态有两种：一种是认同梦想使力、助力，一种是用时间换取酬劳。创业的心态也有两种：一种是热衷使命，一种是赚取金钱。和“待业”类别一样，以赚钱为目的和梦想的心态不在我们讨论的范围之内，原因是这只是人生的一个阶段，并不长久；这只是人成长的一个层次，并不能作为积极倡导的高级追求。经过筛选，我们可以看到，就业，就是把别人的梦想变成自己的梦想，跟着配合着一起干；创业，就是让一群人认同自己的梦想，引领协同大家一起干。如此，无论就业还是创业，需要具备的能力就一清二楚了。研究了事物发展的演化路径，剩下的就是定位自己在这个演化路径当中的位置，按照路径发展的规律顺势进行下去，其实想不成功都难。因为这是客观规律。

无论说创业是小概率事件，还是创业成功是小概率事件，都是针对于一个超级大的水池（总体）来衡量的，至于你（个体）只是其中的一滴水。这意味着，你完全不用管概率怎样，因为你作为一个水滴，既可以成为小概率组的成员，也可以成为大概率组的成员。而想要成为谁、最终能够成为谁，完全取决于你的选择和发展。如果你有一个梦想，如果你能让一群人和你一起实现梦想，然后大踏步坚定的行走在创业的路上，你已经是小概率组成员之一了。

二、不创业更应该用创业思维“平步青云”

如果你暂时还没找到自己的梦想，或者无论怎样你对风险就是比较敏感，那么，知道了别人在实现梦想的过程当中需要怎样的人才，把自己打造成这样的人才是不是职业生涯会更光明呢？更多的企业家创业者会愿意聘请你、跟你合作，你的就业市场其实会更加广阔。

1983年5月23日《福布斯》杂志的封面：凯恩斯和熊彼特。下面的蜡烛代表他们学术上香火的情况：凯恩斯学派香火非常旺盛，而熊彼特学说下面只有孤独的一根蜡烛（小概率组）。但是到了新的世纪，哈佛校长、奥巴马首席经济顾问拉里·萨默斯表示：“如今创新起着经济增长发动机的作用。在这方面，21世纪最重要的经济学家实际上已经不是凯恩斯，而是熊彼特。”（来源：李善友，认知升级之第一性原理@混沌App）

有主修或选修经济学课程的同学们一定知道凯恩斯，他被称为宏观经济学之父。他创立的宏观经济学与弗洛伊德所创的精神分析法和爱因斯坦发现的相对论一起并称为二十世纪人类知识界的三大革命。然而，大家也许不知道在和凯恩斯同时代有一位被凯恩斯用“既生瑜，何生亮”来形容的经济学家，他在“创新创业”历史车轮推动的今日之中国声名日隆，他就是“创新理论”的鼻祖熊彼特。他说，企业家的本质是创新，创业创新才是经济发展的真正动力。这样讲的话，还不想创业的同学们有没有领悟到该怎样用创业思维来帮助自己在实现别人梦想的同时，也最大化自己的上升空间呢？没错，就是帮助企业在创新的过程中实现价值最大化、收益最大化；在自己的岗位上不断突破、不断成长、不断产出给企业发展增加活力的新想法、新规划、新方案、新布局。如此一来，就算是做最适合企业发展的螺丝钉，也可以做到最好的那一枚。

第五节　何去何从——有一个词叫“空性”，代表着无限的可能

《能断金刚：超凡的经营智慧》这本书破译一位佛学博士如何叱咤商界的密码，它所传达的金刚智慧有两点：一个叫做“种子”，一个叫做“空性”。“种子”讲的是因果，有果必有因，你得到的果必是你某个时间点种下的因直接或间接导致的；“空性”讲的是同一事物如果从不同视角来看就呈现出不同的意涵，任何对这一事物的理解都是观察者自身认知的投射。虽然这本书的作者尽量避免用宗教的语言来解释，来呈现它的观点，但是这两个概念的深刻含义却不是在有限篇幅内用一句话两句话能阐述详尽的。尽管如此，在这里，我们希望表达的是，你的未来可以被你种出来（种子），你的未来可以有无限的可能（空性）。世上唯一不变的就是“改变”，推动改变的第一因就是你的信念。而信念，是完全可以被觉察，被调整的，甚至被重新塑造的。

所以，不要被自己的思维框住。

一、你的人生有几年?

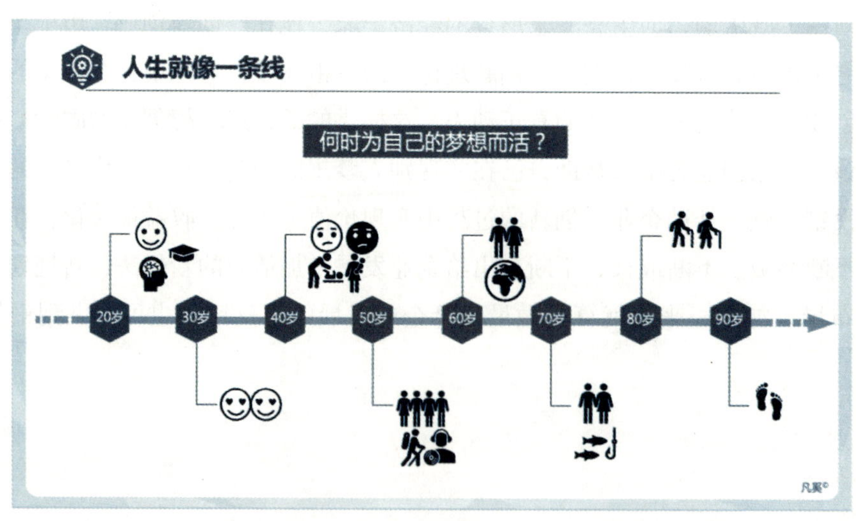

人生就像一条线，你何时为自己的梦想而活？生活品质又如何？

假如你的人生是一条线，这条线代表多少年？80，100，还是120？你有没有想过，假设人的有效工作年份是20岁到60岁之间这40年，那么，即使20岁以前的生活由父母来负担，你60岁以后的生活会是怎样过的呢？你在20-60岁之间创造的财富，够不够支撑你60岁以后的生活呢？够不够有你想要的生活品质呢？如果你“一不小心”还活了很久呢？你是会活出生命的苟且还是活出生命的精彩呢？很多时候，我们根本没有思考过这些问题，在20岁的年纪哪里会想60岁以后的事啊！可是，人无远虑，必有近忧。有兴趣的话，建议看看身边父母辈的5个最亲密的朋友，他们在40-50岁左右的年纪，有没有为他们自己60岁以后的生活认真思考过呢？他们现在的生活状态是怎样呢？他们生活状态的平均，就是以你目前的思维方式发展，会在同样的年纪呈现出来的你的生活状态。上下误差不会很大，因为你目前还懵懵懂懂的世界观、价值观、人生观和思维方式，受他们影响很多，如果没有意外的话，大概率地会得到和他们一样的结果。如果他们目前的生活状态以及可预见的未来不是你想要的，还是趁早调整甚至重塑自己的思维吧。

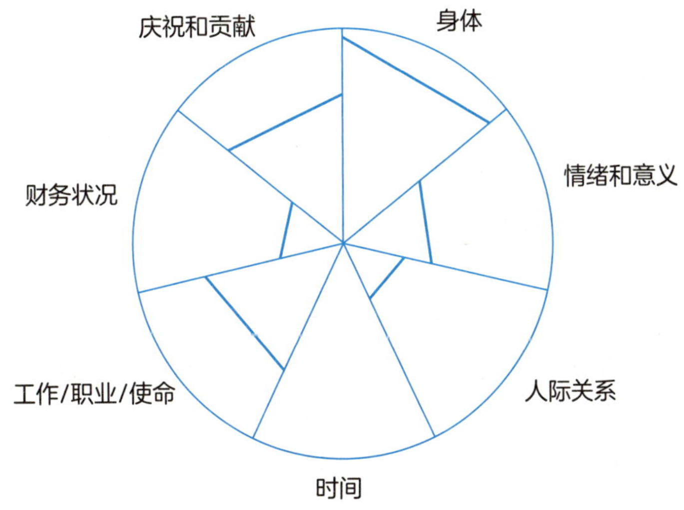

生命之轮 The Wheel of Life（来源：安东尼·罗宾）

高品质的生活是由多维度的健康来保障的。这些维度包括（安东尼·罗宾“人生之轮” The Wheel of Life）：

（1）身体（Physical Body）；

（2）情绪和意义（Emotions & Meaning）；

（3）人际关系（Relationships）；

（4）时间（Time）；

（5）工作/职业/使命（Work/Career/Mission）；

（6）财务状况（Finance）；

（7）庆祝和贡献（Celebrate & Contribute）。

我们可以对自己每个维度的状况打分，把这些分数连接起来可以很直观的看到，你各个维度分数组成的“轮子”够不够带着你稳稳地转动人生路呢？如果我们身体很好，时间也有的是，就是钱没了，人际关系也不怎么样，那么你的生活有品质可言么？

说到财务状况，在有效的工作时间40年内，你给自己创造的是一种收入方式，还是攒下一笔钱，这都会大大地影响你60岁以后，以及你的下一代的生活品质。你的生活品质受影响是因为你的钱不一定够花；你下一代的生活品质受影响是因为你没有灌输给他们创造财富传承财富的思维。为了解决这个问题，了解什么样的收入来源会让这人生有限的年数活得更有品质、更从容、更自在一些，是非常有必要的，很多人创业的源动力就来自于此。

二、去经历，还是去体验？

人生，来都来了，就本该活在当下。“活在当下”的意思并非不为未来着想和规划，而是说该做什么的时候就做什么。吃饭的时候吃饭，睡觉的时候睡觉。说起来简单，做起来未必，很多时候很多人被各种各样的“事”给绑架了，吃饭的时候担心工作学习，工作学习的时候想着娱乐活动，娱乐的时候又惦记着朋友找帮忙，帮忙的时候又想着和家人的关系……总之，思绪一直“不在这里”。看上去思维敏捷并且可以有预见性地多进程处理各种事务，实际上对每件事都没有参与感，只是经历了而已，并没有感同身受地去体验，去唤醒每个细胞的记忆。比如和人的交流，如果只是收集信息、分析利弊、快速决断，来判断这个人对我的某件事是一个什么角色，从而根据角色“有效”分配时间来联系，未免有点冷漠，有点残忍。本来可以通过提问，认真倾听、用心共情、在尊重的基础上对对方表示好奇，真正建立深度的人与人的之间的关心与链接的机会，就这样忙碌着错过了。其实，错过的不仅是这个人，而且还错过了通过体验对方的人生来丰富自己生命的一段旅程。

建议年轻的生命们，在安全和不触及底线的情况下，尽可能地去体验，去尝人生的酸甜苦辣咸。当所有感官被打开的时候，那就是创造的源泉。此时所做的决定，一生都不会后悔。

延展阅读

- 老子，《道德经》，中译出版社，企鹅兰登，2019.11。
- 麦克·罗奇格西，《能断金刚：超凡的经营智慧》，江西人民出版社，2013.8。
- 查理·芒格，《穷查理宝典》（第三版），中心出版集团，2016.8。
- 丹尼尔·卡尼曼，《思考：快与慢》，中信出版社，2012.7。
- 里查德·德威特，《世界观：现代年轻人必懂的科学哲学与科学史》，夏日出版社，2015.7。
- 万维钢，《万万没想到》，电子工业出版社，2014.10。
- 安东尼·罗宾，《唤醒心中的巨人》，中国城市出版社，2011.2。
- 保罗·柯艾略，《牧羊少年的奇幻之旅》，南海出版公司，2009.3。
- 塔勒布，《反脆弱》，中信出版社，2014.1。
- 稻盛和夫，《活法（修订版）》，东方出版社，2009.10。

视听资源

- 李善友《认知升级之第一性原理》@混沌App
- 赖声川《如何获得源源不断的创意》@混沌App
- 黄明哲《黄明哲正解道德经》@喜马拉雅App
- 电影《头脑特工队》
- 樊登《思考：快与慢》@樊登读书App
- 樊登《反脆弱》@樊登读书App
- 公众号：活法
- 樊登《樊登读书：学会反脆弱，降低创业风险》@混沌App

练习

用思维导图记录问题和答案。

姓名：________

学号：________

日期：____年____月____日

第一章　厘清概念
——从定义理解“创业”

1. 采访3个你不认识的同学，询问他们有没有创业的想法，他们为什么想创业（或不想创业）？采访之前礼貌地介绍自己的姓名、专业、年级。

同学1
姓名：
专业：________

同学2
姓名：
专业：________

同学3
姓名：
专业：________

2. 你从这次采访中学到了什么？

收获1
____

收获2
____

收获3
____

3. 你从这次经历中发现了自己的哪些能够帮助你创业的潜质？为什么？

潜质1
____

潜质2
____

潜质3
____

4. 迅速找到任意3个同学组成学习小组，按照任何标准找都可以，他们就是你本期的创业思维研习同仁。

创建小组的过程中我学到：
____

第二章

以终为始——愿力驱动

立下梦想才能实现梦想，相信奇迹才能创造奇迹。

——邹中棠

这一章，不是鸡汤，更不应成为鸡肋。

“梦想”是个有争议的词，有些人觉得它是大海中的一座灯塔，让人在漆黑的夜里也不至于迷失航向；有些人觉得它不能当饭吃，似乎高高在上不踏实不落地。孰是孰非暂且不论，这样的感受其实在于个体认知的不同、价值观的不同、人生阶段的不同，只是不同而已（况且这种不同很可能会改变），并无对错。所以，无论认知如何，思考都可以继续。

什么是梦想？这次不查字典了，来看看电影。2013年上映了一部电影名字叫做《中国合伙人》，讲的是三个大学同学联手创业的故事，故事的原型取自多年来在出国英语培训行业雄踞翘楚的新东方集团几个合伙人经历的风风雨雨。虽然时代背景不同，有心创业的同学也可以看一下这部片子，因为都是人与人的合作，都是创业必经的坎坎坷坷、分分合合以及轰轰烈烈。

剧中的主角成东青在给学生们的一次演讲中是这样讲述梦想的：“我觉得男人的梦想最初都是从女人开始的。在认识我的初恋女友之前，我常常给另外一个女生打热水，后来我发现她有男朋友。我就问她，那你为什么还要让我给你打热水呢？她说是为了让她的男朋友休息一下（同学们笑）……尽管她一次次的拒绝我，但我还是想每天都看到她，因为她是我的梦想。梦想是什么？梦想就是一种让你感到坚持就是幸福的东西！”

你认同吗？——梦想，就是一种让你感到坚持就是幸福的东西。它可大可小、可远可近、可难可易、可以抽象也可以具体。总之，有了它，你就能坚持，就可以感到幸福；有了它，你每天都会能量满满、元气十足。

是一种让你感到坚持就是幸福的东西

是对未来的一种期望，指在现在想未来的事或是**可以达到但必须努力才可以达到的情况**，梦想就是**一种让你感到坚持就是幸福的东西**，甚至其可以视为**一种信仰**。

第一节　寻回梦想的力量

“恰同学少年，风华正茂；书生意气，挥斥方遒。”。由衷地希望每个年轻人在十八九岁的时候，都是有大志向的——甚至是有点狂妄的梦想。如果可能，这节课的理想讲述方式应该是：在一个类似剧场的授课空间，整场灯光调暗，只留大屏幕上的星星点点。一个有磁性的男中音充满感情、舒缓而有力地引领同学们身体站直、目视前方、双手叠在一起放在胸前，慢慢闭上眼睛，跟着引领的内容回忆过去、梳理现在、想象未来。如果条件不允许，每个人可以在自己舒适的时间、舒适的空间，用这样的站姿，在脑中用同样的言语引领自己慢慢地、愉悦地找回儿时的梦想、现在的梦想和未来的梦想。

在这个精神需求越来越受重视的时代，很多成人心灵课程都有类似的环节，这个环节日渐普及的原因很简单，就是：有用。我只能建议，如果你有任何疑问或预判，可以尝试把它们先轻轻地放在一边，尝试着把你的心扉小心地打开，尝试着跟着引领回忆一下、想象一下，也许你会发现，原来它并不会伤害到你，原来它甚至还可以帮助你把内心最美最纯净的画面调出来，帮助你把该浮在表面的浮起来、把该沉在心底的沉下去。对于听觉型、感觉型的人或者感性的人，画面会浮现得比较快、比较容易；视觉型或者相对理性的人，足够集中注意力、足够投入的话也可以做到。

之所以要用九牛二虎之力把梦想寻回来，原因就是，这种让你感到坚持就是幸福的东西，很重要——尤其是在创业这个领域。

一、儿时的梦想

“还记得年少时的梦吗，像朵永远不凋零的花……”，这是李宗盛《爱的代价》里面的第一句。大学生们本身还处于人生的“少年时”，正是做梦的年纪。不过，你有没有想过，从更小的时候到现在，你的梦想经历着怎样的变化呢?

面带微笑、让你的思绪飘回到就像儿时初次仰望天空、眺望远方、拥抱阳光、准备起飞的时刻，你也许已经回忆起了你曾经的梦想……

3岁的时候，你的梦想也许是可以尽情玩心爱的玩具，也许是可以吃到甜甜的棒棒糖，也许是在爸爸妈妈的怀里撒撒娇。总之，可以很简单，可以不需要你付出什么。

10岁的时候，你的梦想也许是和最好的朋友一起骑单车，也许是沉浸在游戏的世界里，也许是期盼和忙碌的父母一起吃顿温暖的晚餐，也许是在迪士尼玩得昏天黑地，也许是走出自己的小城市到大千世界看一看。总之，它们变大了一点点，也需要我们有一些更强烈的渴望，有一定程度的付出。

18岁的时候，你的梦想也许是考上理想中的大学，也许是能够有更多的机会跟喜欢的人在一起，也许已经有了职业的初步规划，也许还是能够用游戏来满足自己无处发泄的动脑需求，也许是期待一个更大的舞台能够展示自己的才能，也许是成为祖国的栋梁。总之，由于你年龄的增长、学识的丰富、能力的增强、见识的拓广、格局的放大，你能做的事更多了，你希望能够坚持的，同时会感到幸福的东西——你的梦想——也随之长得更大了。相应的，你需要为实现梦想而付出的，更多了。

所以，你发现了吗，梦想是会变的，是会升级的。每个人能够来到这所学校，都是因为某个梦想，梦想是我们能够把想象的画面变成现实的重要驱动力。追求着让你感到坚持就是幸福的东西，你的人生轨迹就这样被塑造了。而且，塑造你人生轨迹的这些梦想，都是你的决定产生的。这意味着什么呢？这意味着虽然也许有很多客观条件的限制，你还是可以主动勾勒出你人生的路径。

二、大学毕业以后的梦想

想到这件事的时候，一定要嘴角慢慢向上翘起。如果能展现具有感染力的迪香式的微笑（嘴角肌上扬、牙齿露出来、颧骨肌提高、眼角肌显示鱼尾纹）更佳，因为它会最先感染你自己。人体的结构很奇妙，美好的心情可以带动展现美好的表情；同样，美好的表情也可以带动感受美好的心情。关键是，在美好情感的带动下，这幅梦想的场景会更美好，更令人期待，更加会让你觉得坚持它就是幸福。

你是会留在这所大学，还是会离开这所大学；你是会留在这座城市，还是会离开这座城市；你是会留在这个国家，还是会离开这个国家——你要去哪里？

你是会继续学习深造，还是会走入社会；你是会找一家大公司稳定踏实，还是会找一家小公司锻造自己；你是会为别人的梦想打拼，还是为自己的梦想奋斗；你是会选择工作，还是会开始尝试创业——你要做什么？

美国知名广告人Simon Sinek提出了一个思考模式，最初用来进行产品开发和营销策划。仔细琢磨一下，这个思考法则其实可以运用在各行各业，任何领域。只要你想做一件事（What），就可以依次去分析如何做（How），然后深入挖掘原因来支撑你继续下去（Why）；反过来说，如果你深深懂得自己的初心（Why），你一定可以关注各种资源渠道找到方法（How），最终实现想要的结果（What）。无论是从外圈向内圈推演，还是内圈向外圈辐射，都可以应用在梦想的找寻中。

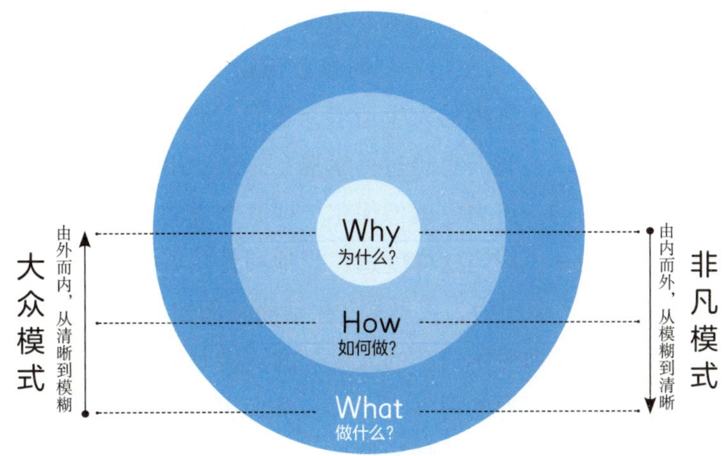

黄金圈法则（注解图片来源：知乎@李苏来也；理论来源：美国知名广告人Simon Sinek）

用这个图来分析一下本章开始《中国合伙人》成东青的例子，可以看到：成东青的What是见到心仪的女生，How是帮助心仪的女生打热水，Why是（自己）感到幸福；成东青心仪的女生同样也有What，是让她的男朋友休息一下，她的How是让成东青帮着打热水，她的Why同样是（自己）感到幸福。有趣的是，一件事成就了几个人的梦想。再看看，让他们去做这件事的驱动力是自己感到幸福，也就是在追求快乐。

还有一种做事的驱动力和追求快乐正好相反，那就是逃避痛苦。“再也不要过这样拮据的生活”“再也不想在这个小地方呆下去”“再也不想眼睁睁地看着亲人离去而没办法医治”“再也不要被人瞧不起”，等等。都可以是一个人内心深处一碰就痛的强烈的Why。这个Why被跨越了之后，每个人还是会希望追求一种感觉叫做幸福。

无论是追求快乐，还是逃避痛苦，这个内心深处的“为什么”是你做一件事情能够坚持下去的重要支撑。它就像铁扇公主的小扇子，在你遭到拒绝、挫折、困难、失败之后，心中的小火苗快要熄灭的时候，轻轻扇一扇，重新把火苗扇旺，不断提醒自己，你的初心是什么。

所以，无论你毕业之后想成为什么样的人，做什么样的事，都请在自己状态最好的时候（去操场跑几圈），嘴角上扬，用坚定的目光，找到那个能够支撑你走得更远，成长为更好的自己的Why。

三、人生终极梦想

听上去有点远，还“人生”，还“终极”。的确有点远，所以，这个年纪能够清晰自己人生终极梦想的人，是小概率群体，是少数。少数又怎样？谁说你不可以是其中之一呢？既然周恩来总理可以在13岁的时候就懂得要 “为中华之崛起而读书”，谁都有可能。每个人有每个人终极的人生追求，我们不能一概而论。不管你想通过什么途径来实现，都不能否认，我们总想过得幸福，总想比出生的时候好那么一些，最好还能为社会贡献出自己的一份力。就像保尔·柯察金说的“人最宝贵的是生命。生命属于人只有一次。人的一生应当这样度过：当他回首往事的时候，不会因为碌碌无为、虚度年华而悔恨，也不会因为为人卑劣、生活庸俗而愧疚。”

关于梦想，一段名为《面对不成功的人生》的演讲非常精彩。你可以说它励志，也可以说它在呼唤人们心中拼搏的勇气。“每一个理想都值得你拿一生去拼命，人生这么短，我就选择做那种又盲目又热情的傻瓜，永远年轻，永远热泪盈眶，永远相信梦想，相信努力的意义，相信遗憾比失败更可怕，因为不成功的人生它只是不完美，但是它完整。”

如果你留心观察每一个振奋人心的演讲，就会发现，凡是能够让你热血澎湃、斗志昂扬的表达，演讲者几乎都是这样一种姿势：双肩打开，头微微抬起，颈部伸直，挺胸收腹，双脚与肩同宽，面带微笑。这个姿势有它的科学道理——人在直立的时候，在迷走神经张开的时候会产生一种觉悟，让我们觉得特别快乐、特别幸福、特别道德、特别想帮助别人（彭凯平）。这种姿势让你更向往积极，向往希望，向往未来。你发现了吗？虽然我们清楚地知道，既然来到这个世界，就总有离开这个世界的那一天，我们总不能坐在那里等着那一天的到来，总要做点什么。因此，认认真真地向着每个阶段性的目标与梦想努力，踏踏实实地充实自己成长自己，赋予生命的每一分每一秒以意义，就已经非常了不起了。

人的体态与状态

第二节　梦想、愿景、使命

《Total Leadership》的作者，沃顿商学院教授Stewart D. Friedman在他的《全面领导力》课程中曾经这样启发过学生们寻找心中的愿景（Vision）：“想象一下15年后的今天，你在哪里，和谁在一起，在做什么。” 有的人说自己在沙滩上沐浴着阳光，有的人说在整理传记，有的人说在爱琴海边书写着浪漫，有的人说和家人在一起享受天伦，有的人说自己成为了企业的领袖，有的人说自己在领奖，有的人说自己带领着更多人实现他们的人生价值……你呢？

Friedman教授继续启发，有没有发现，大多数人15年后的“愿景”中只包含他们自己，或者最亲近的几个人，只有少数人的梦想中包含着和自己没有血缘关系的一群人，并且，从自己做到了什么，实现了什么，延伸到帮助他人，带领他人，体现了什么样的人生价值，这样的人的“愿景”是领导者的Vision，而其他大多数人的“愿景”只是他们自己的“梦想”而已。领导者的愿景包含着给多少人带来了利益，成就了多少人。虽然没有好坏之分，因为能过好自己的一生已经很值得肯定了，不过还是区分出了愿力与格局，以及潜在领导力能走多远。

一、“我”的梦想

梦想基本上是满足自己的渴望，大多数是“我”的。

坐过飞机的人都知道，安全须知中佩戴氧气面罩一定是先给自己戴上，再帮助身边的小朋友或他人。你在保证自己活着的情况下，才能帮到别人。所以，选择先实现自己的梦想无可厚非，因为只有在这个过程中，自己的羽毛才会丰满，肌肉会更结实，能力会更强，资源会更广，为的是“达己”而后才能更好地“成人”。

但是请记得，当你的能力更强了，影响力更广了，你是能够配合、包容、带动、领导、激励其他人的。你的梦想里可以有更多的人，或者你的梦想可以和更多的人梦想相同，众人的梦想拧成一股绳，来成就大事业。

这种思路就是前面“黄金圈法则”从外圈向内圈思考的模式，是先做好自己，然后看看我还能做些什么来给更多人带来利益。

二、“我们”的愿景与使命

愿景和使命里，一定有别人受益，是“我们”的。就像一些革命者、创新者，他们的思路是从“黄金圈法则”的内圈向外圈延伸的。这种从“心”出发的愿力就像内燃机一样推动一个小小的社会人一圈一圈地聚集越来越多同道中人，凝聚成坚强的“硬核”，利益的人更多，改变的人更多，影响的人更多。看看这些由一个个小小的创业者开始的商业帝国，它们无一不是有着清晰的、利他的愿景与使命的。

公司	愿景	使命
Tesla	To create the most compelling car company of the 21st century by driving the world's transition to electric vehicles.	To accelerate the world's transition to sustainable energy.
Google	To provide access to the world's information in one click.	To organize the world's information and make it universally accessible and useful.
Facebook	People use Facebook to stay connected with friends and family, to discover what's going on in the world, and to share and express what matters to them.	To give people the power to share and make the world more open and connected.
Amazon	To be Earth's most customer-centric company, where customers can find and discover anything they might want to buy online.	We strive to offer our customers the lowest possible prices, the best available selection, and the utmost convenience.
Microsoft	To help individuals and businesses realize their full potential.	To empower every person and every organization on the planet to achieve more.
Starbucks	To establish Starbucks as the premier purveyor of the finest coffee in the world while maintaining our uncompromising principles while we grow.	To inspire and nurture the human spirit- one person, one cup and one neighborhood at a time.
腾讯	最受尊敬的互联网企业	通过互联网服务提升人类生活品质
阿里巴巴	分享数据的第一平台，幸福指数最高的企业，活 102 年	促进“开放、透明、分享、责任”的新商业文明

一些大公司的愿景和使命（信息来源：知乎，https://zhuanlan.zhihu.com/p/24847095）

“World”“Earth”“Planet”“最”“人类”这些“大词”把他们的愿景与使命提升到了全新的一个层次。乔布斯说“那些疯狂到以为自己能够改变世界的人，才能真正改变世界。”落地的根基就是“Stay hungry，stay foolish.”（求知若饥，虚心若愚。）

第三节　梦想是创业成功的必要条件

导航之前，请输入你的目的地。不用解释了，如果你连去哪里都不清楚，那你，去哪儿呢？

一、青春就是用来试错的

别误会，不是什么错都可以犯，你懂的。这里指的是像Machine Learning（机器学习）一样通过快速迭代试错来发现甚至提高自身的各种软实力、硬实力。无论你选择就业还是创业，你都要实现幸福人生这个“千秋大业”，都需要各种能力，而这些能力在青春年少的时候会以最高的效率、最饱满的激情来提升。需要岁月沉淀的，交给岁月；需要青春撬动的，不负青春。

有没有听到长辈没说过“心有余而力不足”？他们说的是实话。衰老是自然规律。例如我们身体中的肌肉含量，就会随着年龄的增长，越来越低（见下图）。同样一座山，你在22岁、33岁青春热血的时候去爬，和在55岁甚至80岁的时候参加夕阳红旅行团去爬，心理和生理的感觉会完全不同。虽然年纪大了会多一份品味与包容，但一定会少一份生气与体能。这就是为什么要好好的珍惜青春、充实青春。

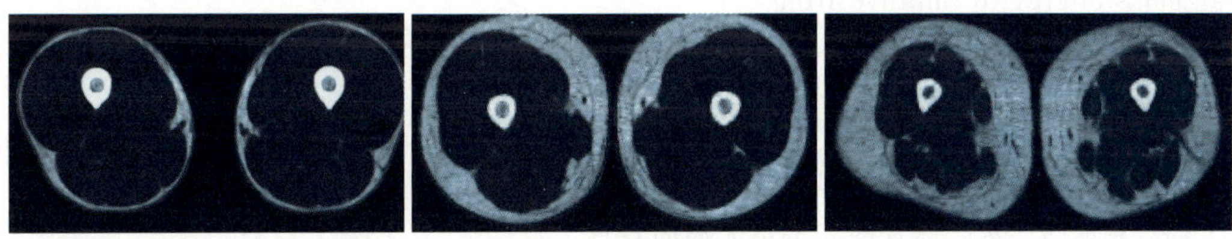

从左到右为33岁、55岁、80岁成人大腿横切面。红色区域是肌肉，骨头在中间，外围白色的是脂肪。随着年龄增长，肌肉消失，由脂肪取代。（图片来源：https://new.qq.com/omn/20190904/20190904A0EU4F00.html；原始来源：BBC纪录片《How To Stay Young》）

试错试什么？如果你的终极梦想是幸福而成功的人生，不妨在这个朝气蓬勃的年纪持续迭代把下面两方面以及这两方面的交集找出来。

1. 你（你团队）的优势是什么？（擅长）

What are your strengths（good at）?

2. 你（你团队）的优势源自哪里？（激情）

What gives you strength（passions）?

每一方面写一个列表，两个列表中重复的交集就是你的"优秀领导区"（Zone of Great Leadership）。有的人说我不用当领导，就不需要了吧？——需要。即便不用领导国家、不用领导企业、不用领导家庭，还是需要领导自己的。无论如何，你会发现，当你找到这个交集，并且在现有的基础上，让它再进步一点点，你的自尊心和自信心就会相应提升。随之而来，你的优势领域会展现出更好的结果，同时，也许有些出乎意料，你其他方面的表现也同样会有所提高。原因是，自尊心和自信心是没有边界的，它们通过在优势领域提升，会顺带让你在其他领域，包括弱势领域，都有动力做得更好。应用在个体自身是如此，应用在团队、组织、企业是同样的道理。

被尊称为"现代管理学之父"的彼得·德鲁克（Peter Drucker）指出"唯有依靠优势才能实现真正的卓越……人不能依靠弱点作出成绩。"（Only when you operate from strengths can you achieve true excellence... One cannot build performance on weaknesses.），"从无能提升到平庸所要付出的精力远远超过从一流提升到卓越所要付出的精力。"（It takes far more energy to improve from incompetence to mediocrity than improve from first-rate performance to excellence.）。

彼得·德鲁克是一位奥地利出生的作家、管理顾问、以及大学教授。他催生了管理这个学科，同时预测知识经济时代的到来。

当自尊心和自信心的边界扩大了，幸福力增强了，你要去的方向会更加清晰和坚定。这个时候，你不仅知道你要去欧洲，还知道你要去意大利，不仅仅是意大利，而且你要去罗马。然后你发现，条条大路通罗马。

二、拥抱福流（Flow）

积极心理学应该成为每个人的必修课，原因是"（人们的）关注焦点在哪里，能量就流向哪里"（Where focus goes，energy flows.）。如果关注幸福人生的正向推动力，那么精力和资源就会倾斜于此，随之而来会产生循环上升的正向结果。

"积极心理学" 一词起源于亚伯拉罕·马斯洛在1954年的书《动机与人格》。这是20世纪90 年代在美国兴起的一个新的心理学研究领域，它与传统心理学主要关注消极和病态心理不同，积极心理学是利用目前心理学已经比较完善和有效的实验方法与测量手段，来看待正常人性，关注人类美德、力量等积极品质，研究人的积极的情绪体验、积极的认知过程、积极的人格特征以及创造力和人才培养等，成为心理学的一种思潮。

积极心理学的研究领域涉及有价值的体验，如幸福感、满足和满意（对过去而言）、希望和乐观（对未来而言）、充盈和快乐（对现在而言）。在个体层面上涉及积极的人格特性，如爱与召唤能力、勇气、灵性、人际交往技巧、审美观、韧性、宽容心、创造性、对未来的憧憬、洞察力、天才和智慧。在群体层面上涉及公民道德和推动个体更好地发展的社会机能，如责任、教养、利他、礼貌、适应、容忍力和职业道德，以寻求人文关怀为宗旨，致力谋取人类幸福和社会繁荣，也就是说，积极心理学以积极的价值观来解读人的心理，试图激发人类内在的积极力量和优秀品质，帮助个体最大限度地挖掘自己的潜力并获得美好的生活。

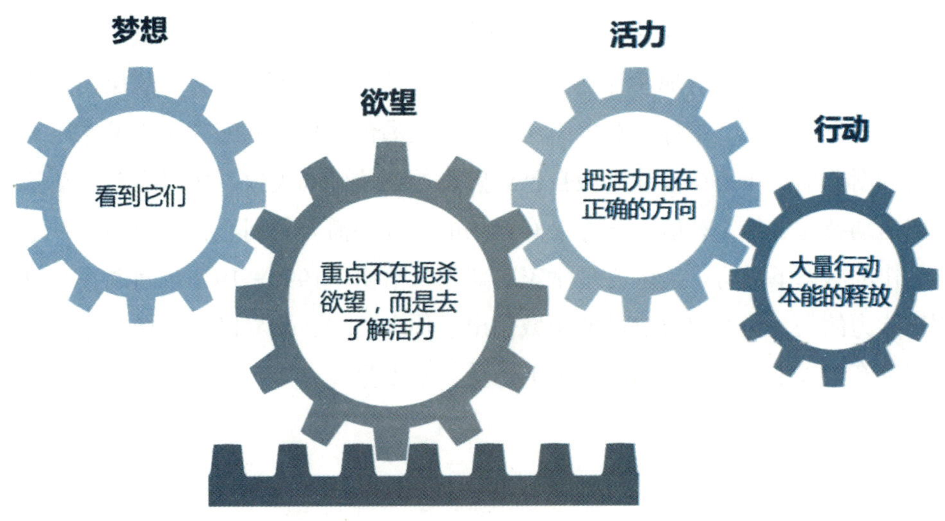

梦想激发欲望，欲望带动活力，活力引发行动

梦想就像一个触发装置，有了这个想要实现的场景或者事件，人们就会产生想做一些什么的欲望，这种由人的本性产生的想达到某种目的的原始本能随之带动身体的每个细胞跃动，人们奋斗（甚至战斗）的活力相应激发了每一天为了实现梦想而付诸的行动。一串相关的连锁反应，就像一组齿轮装置，互相推动，互相牵制。这里要警惕的是反向牵制终端的生物本能——懒惰。人一懒就不想动，无论是动身、动手还是动脑，不行动导致整个身体活力水平急剧下降，什么都不想什么都不要，别提梦想了，活一天算一天。这样的日子太悲催了吧，你本可以活得很精彩的。动起来，让大

脑产生更多的内啡肽，这是活力和快乐的源泉，从而可以推动我们去追逐梦想。

清华大学社会科学学院院长、清华大学心理学系系主任彭凯平教授是中国积极心理学运动的倡导者和推动者。在混沌大学的课堂上他曾经和同学们分享，一方面大量研究和数据说明创新创业的失败和心态大有关系，另一方面创新创业的成功也需要积极的心态。例如美国的咨询公司CB Insights 研究了硅谷的101家创新创业公司，发现他们失败的主要原因有三个：市场的原因、技术的原因、以及心理的原因。

市场和技术的原因可以理解，心理的原因是大多数人没有想到的。心理原因又分为两个方面。第一就是缺乏激情：创业需要激情、需要冲动、需要理想、需要追求，如果没有这样的激情，创业是很难成的、创新是出不来的。第二是心理衰竭（出自Christina Maslach美国社会心理学家，因研究心理衰竭而知名）：很多聪明的人最后一事无成，不是因为他不够聪明，也不是因为他不够努力，有的时候是因为他太聪明、太努力，造成一种现象，英文叫做Burn Out（心力衰竭）；不是身体的累，是心累，不想动、不想说话、不想见人、不想走出家门。所以，硅谷的企业家一定要学心理学，因为心态是创新创业失败的重要原因之一。

创业在什么时候容易成功？是在你积极、快乐、朝气蓬勃、意气风发的时候。为什么美国的大学教授没有那些评估、考核，而是让老师获得终身教职的保护，就是因为发现，所有的考核、指标、竞争、压力都让人的创新精神塞绝。人不是靠压力作出伟大的创新业绩，压力可以让人做自己最熟悉的事情做到极致，所以不需要动脑筋的简单的运动技能、加工技能，压力是有效果的。凡是需要我们心智能力的，一定是在轻松愉快的状态下进行。美国心理学家齐斯真米哈伊于1990—1995年间调查了91位极富创新能力的人，他们都对自己的领域做出了伟大贡献，60岁以上还在工作，调查发现他们都有过以下的创新福流（Flow）感受：心无旁骛、知行合一、物我两忘、酣畅淋漓。

第四节　梦想与目标的可视化

创新创业的成功需要一种未来导向的精神（美国宾州大学心理学家马丁·塞利格曼教授）。憧憬未来是人的天性。我们不是由过去决定，而是由未来召唤。

你生命中的东西是你吸引来的（《秘密：吸引力法则》）。之所以把梦想画出来、写下来，并不是鼓动人心的鸡汤，而是科学地针对我们大脑的懒惰和健忘制定的策略。梦想版会时时刻刻在明显的地方提醒自己，你要的是什么，你的初心是怎样的。只有关注主旋律的音符和律动的时候才会过滤掉纷纷扰扰的噪音和杂念。

梦想板有很多种，比如纸质版或者电子版。制作纸质梦想板，可以拿一张A1尺寸的图画纸，用彩笔画上你想要实现的场景、想要做的事情、想要帮助的人，或者从报刊杂志上剪下和你梦想相关的图片（也可以从网上找出相关图片打印出来），贴在梦想板上。这个梦想板要放在你每天都能看到多次的最显眼的地方。也可以把它拍下来，做成手机屏保或电脑桌面。电子版的梦想板和纸质的内容类似，只不过是电脑或手机制作的，同样它一定要出现在你经常能看到的地方。可以多打印一些，多复印一些，放在不同的地方，越能保持时刻提醒你越有作用。

如果有机会有资源，你可以采访一下身边在任何领域做事成功的前辈，他们大多数都是有自己版本的梦想板的。

下面是一些梦想板的示范（图片来源于网络），供大家参考。

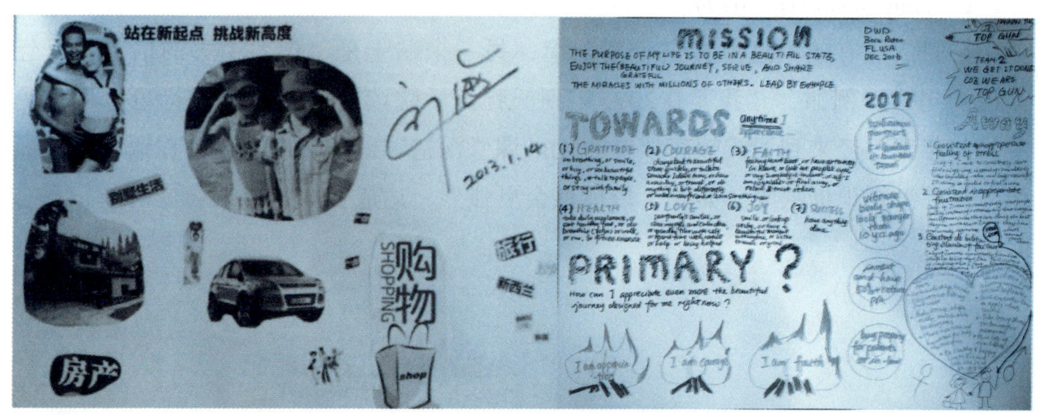

纸质版梦想板

梦想九宫格

宗旨	愿景（5年）			项目（1-6月）
目标（1-2年）	财富	社交	家庭	
	事业	关注（1年内）	效能	
	亲密	学习	健康	

电子版梦想板

在制作梦想板的时候，有一个有效的窍门会让它们更有帮助，那就是，凡是有你想成为的人物，可以用修图软件，把他（她）的脸换成你的脸。你的意识可以专注于一些事，但你的潜意识可以专注于所有事。当你的意识还在弄清这些模式的合理性的时候，其实你的潜意识已经在深层水平整合了它们。

很多关于如何设定目标的资料都会介绍一种实用的SMART原则，

S：Specific具体的

M：Measurable可衡量的

A：Attainable能够达到的

R：Relevant相关的

T：Time-bound有时限的

它们依然有效。这里在这个基础上，另一个贴士是，把写上去的话都用已经完成的句式。例如，“我要在2025年到沃顿商学院读MBA”这个目标可以调整为“2025年我已经来到了沃顿商学院的MBA课堂深造”。道理同上，你在语言的层面给自己的潜意识催眠呢。如此，目标感会更强烈，达成目标的意识会更清晰，意志会更坚定。

延展阅读

- 稻盛和夫，《活法（修订版）》，东方出版社，2009.10。
- Adam Grant，《GIVE and TAKE：Why Helping Others Drives Our Success》，Penguin Group，2014.3。
- Stewart D. Friedman，《Total Leadership》，Harvard Business Review Press，2014。
- 朗达·拜恩，《秘密》，湖南文艺出版社，2013.6。

视听资源

- 电影《中国合伙人》
- 刘媛媛、马薇薇演讲《如何面对不成功的人生》
- 彭凯平《积极心理学：快乐如何激发创新》@混沌App
- 刘丰教授墨尔本论坛演讲《从四个方面分析高维智慧》@哔哩哔哩App
- 杨昊《360度剖析95后大学生》@混沌App
- 泰勒·本·沙哈尔《如何找到最佳领导区》@混沌App

练习

用思维导图记录问题和答案。

姓名：________

学号：________

日期：____年____月____日

第二章　以终为始——愿力驱动

1. 画出你大学毕业后的梦想黄金圈。和同组同学分享你是由内而外还是由外而内思考的。
   - 为什么？________
   - 如何做？________
   - 做什么？________

2. 画出同组三个同学的梦想黄金圈（做什么、如何做、为什么）。他们各是从内到外还是从外到内思考的？
   - 同学1
     姓名：
     做什么、如何做、为什么（顺序）：________
   - 同学2
     姓名：
     做什么、如何做、为什么（顺序）：________
   - 同学3
     姓名：
     做什么、如何做、为什么（顺序）：________

3. 分析并画出你的优秀领导区。
   - 画出列表和交集：________

4. 制作梦想板并把它设成手机锁屏或桌面（保留到本学期结束）。
   - 附上拍照打印的A4尺寸梦想板：________

5. 我可以做哪几件事帮助同组同学实现梦想？
   - 例如：________
   - 例如：________
   - 例如：________

第三章

趋势为王——物形之，势成之

悲催的人生，就是在一个常态的面上，做一个勤奋的点。更悲催的人生，就是在一个看上去常态的面上，做一个勤奋的点，你每天都在想着未来，但其实这个面正在下沉。最悲催的人生，就是在一个看上去常态的面上，做一个勤奋的点，其实这个面附着的经济体正在下沉。

——梁宁

2019年7月艾瑞咨询联合上汽大通、种子计划通过iUserSurvey调研发布了一份《中国95后洞察报告》通过对来自全国各省市的1030份问卷分析显示，在95后喜欢的前10名电影中，多为有深度、有内涵、演技剧本俱佳的经典电影和热门高分电影，可见95后在电影方面的品位不俗。其中的一部和95后年龄相仿的影片《泰坦尼克号》，不同年龄、背景、经历、价值观的观众会有不同的感受和收获。除了冒险精神、唯美爱情、人性考验之外，不知道你看到如此巨大的一艘轮船头朝下竖在茫茫大海之中，船上的人如蝼蚁般噼里啪啦往下掉的时候，有没有感叹生命的渺小和脆弱；有没有替船上的人惋惜“上错船了”，或者些许的小庆幸“还好我没在那艘船上”。

2019年中国95后最喜欢的电影TOP10

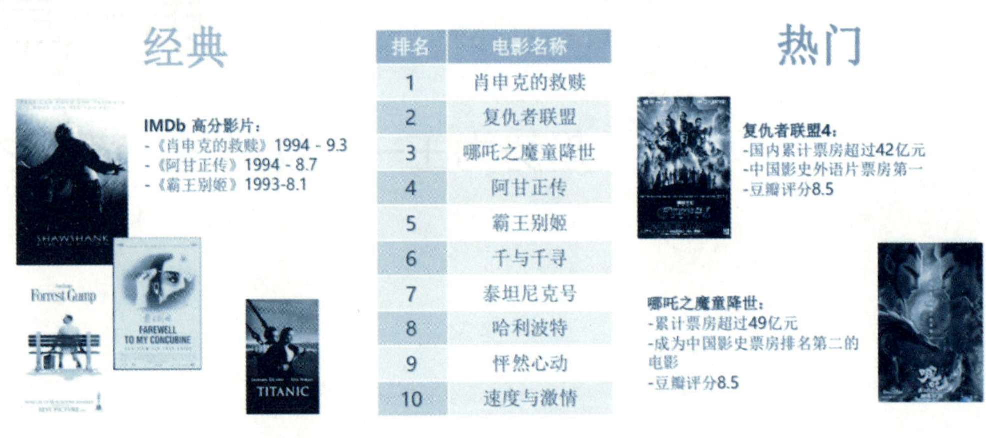

排名	电影名称
1	肖申克的救赎
2	复仇者联盟
3	哪吒之魔童降世
4	阿甘正传
5	霸王别姬
6	千与千寻
7	泰坦尼克号
8	哈利波特
9	怦然心动
10	速度与激情

样本：所有被访者N=1030；于2019年7月艾瑞联合上汽大通、种子计划通过iUserSurvey调研获得。

©2019.12 iResearch Inc.　　www.iresearch.com.cn

95后喜欢的电影（来源：2019年7月艾瑞咨询、上汽大通、种子计划《中国95后洞察报告》）

“我们在沉船上把自己捆结实一点、多占几个位子，一点意义都没有。”（刘丰《墨尔本论坛演讲，从四个方面分析高维智慧》，这位老师的一些观点很有争议，但是这句话应该没问题）。没错，我们每个人都是茫茫宇宙中的一颗微尘，但庆幸的是，我们生在了地球上，生在了一个有着五千年古老文明的国度，生在了这样一个生机勃勃、欣欣向荣的时代。都说时势造英雄，你准备好大显身手了吗？

第一节　运筹帷幄，顺势而为

古代的运筹帷幄在于关键信息的获取，要“加”；当今的决胜千里在于垃圾信息的过滤，要“减”。当地球被互联网连接成一个村子之后，村里的大事小情，张家长李家短的饭后八卦，真真假假的信息流一波一波的冲击着人体本就不太坚固的能量场。为什么“心学”和“心理学”越发盛行起来？就是因为如果你没有强大的内心，如果你不够了解自己和他人作为人类的一些本性，很难分辨哪些是杂草、哪些是有用的绿植，甚至走着走着就会迷失在各种看似合理的“指引”和“教程”里，最后连自己想去哪都忘记了。于是只能原地打转、不知所措。

2020年2月11日 网传NASA（美国国家航空航天局）说当天是唯一一天可以让扫把独自站立的日子。这是什么信息？你怎么看？（漫画来源：小林公众号；其他图片来源：网络）

仅有知识，想做到“运筹帷幄之中，决胜千里之外”肯定是不够的，不然就人人可为了；还要有对于知识体系的把握和运用，需要智慧。除了因地制宜地运用各种“兵法”，最重要的本事就是“透过现象看本质”的能力。培养这种能力，说简单不简单，因为我们很多时候是从已经固化了的成人思维开始的；说难也不难，方法对了，“无他，唯手熟尔”。如何培养呢？先问问题，然后思考答案，再去验证，继而举一反三，最终变成肌肉记忆。对于学习、工作、生活中遇到的任何现象、事件都可以思考追踪到它们发生的本源以及和其他原则规律的链接，到了一个点，会恍然大悟，原来究其根本都是通的。日积月累，你会发现，也能够以不变应万变。

以教授创业创新为目标的混沌大学有很多思维模型，其中的“U型”思维模型非常适合用来挖掘本质。举个例子，如果有个人到商店里要买锤子，一般的思路是，有锤子：成交；没锤子：再见。什么叫看本质呢？就是问个问题，这个人为什么要买锤子？发现原来是要把相框钉在墙上。再问一下，不钉在墙上不行吗？双面胶是不是更好？又发现重点是随时可以看到照片？那么电子相册呢？随时可以翻看一家人温暖幸福、笑容绽放的一刻，享受内心的爱和祥和。其实这样的解决方案有很多，虽然在墙上钉相框无可厚非，但同时衍生出了其他满足底层需求的本质解。

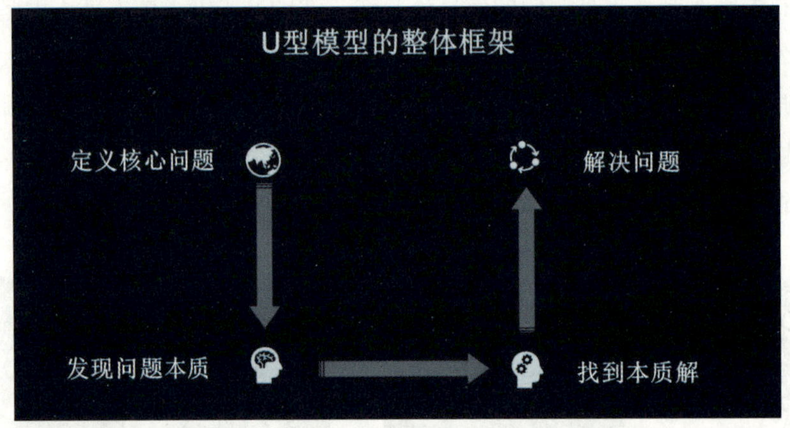

U型模型的整体框架（来源：沈拓《本质思考力决定未来》@混沌App）

由于创业创新风潮的推动，人心稍微多了那么一丝小浮躁，也同时催生了一部分创业人在创业路上关于本质的思考。“底层逻辑”就是其中越来越耳熟能详的概念之一。最玄、最深、也最简单的底层逻辑莫过于“道生一，一生二，二生三，三生万物。”里面的“道”。作为底层逻辑的道，可以暂且理解成一种初始状态、一种事物运行规律。如若深究，需要参考原文正解、历史典故。建议大家选修一下相关的课程——实际上任何哲学类的课程都会在一定程度上帮助思考底层逻辑的问题。有了这样一种原则规律做指导，就像军队有了指挥官，不管遇到什么、需要做什么，都能够以无所畏惧的心态做到兵来将挡、水来土掩。

至于“顺势而为”，就是要尽全力避免上沉船，这样你在这个平台、载体发挥的作用才有意义。当然，除非你是要去沉船上救人。

一、战略与战术

“战略上藐视敌人，战术上重视敌人”千万不要理解成藐视战略、重视战术。

战略是非常重要的，泛指指导或决定全局的计划和策略；战术也同样重要，泛指具体部署和克敌制胜的谋略，包括具体的原则和方法。与时俱进地分析下来，现代世界，国家也好、商业领域也罢，我们更提倡互惠共赢，而非你死我活。所以，这时的“敌人”可以理解为发展壮大过程当中遇到的各种已知未知的困难。藐视敌人在这个时代背景下其实是对困难的轻视，尤其不要被吓得畏缩不前。长期的、全局的计划（战略）和短期的、局部的谋略（战术）实际上优势互补、共同作用于愿景、使命、目标的实现。

无论你要做什么，“战略上藐视”都是一种正向积极的心态，同样的困难，如果你盯住目标，并且放大格局，困难在目标面前自然相对变小并且是可以逾越的；如果总是盯着困难就容易无形中放大它们的阻力，忽视了目标，使目标不易实现。

战略上藐视：目标大了，困难就小了；目标小了，困难就大了。

“战术上重视”的关键在于，你深深的知道目标的达成一定不会一帆风顺，所以准备好了十八般武艺来应对各种挑战。每遇一个坑就像游戏的闯关升级，只会提升自己的“战斗力”并且为升级下一关补充好“血液”和能量。

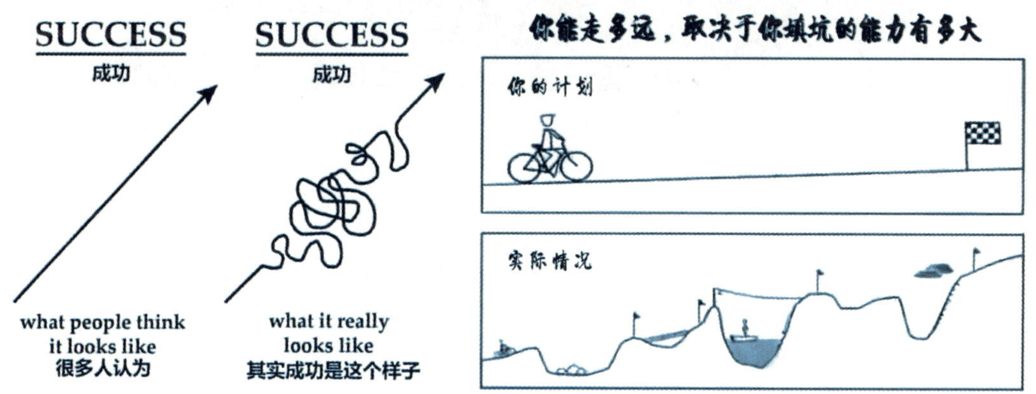

战术上重视：深知成功不是一条直线，并致力于提高“填坑”能力。

至于每个具体的个人，都需要结合自身的优势特长、兴趣爱好来制定人生的战略战术规划。想象一下3年后、10年后、20年后的你在做什么，你会发现学校或社会机构

提供的“职业生涯规划”咨询还是对自己走入社会实现人生的策略、方法等方面有着非常实用的参考价值的，所以不妨从你知道这个概念之时就开始多去了解一下。

二、Lollapalooza [ˌlɒləpə'luːzə] 效应

查理·芒格是一位虽然超级理性，却不乏机智风趣的老人，他在2020年的时候已经96岁了，依然健康矍铄、思维敏捷。作为股神巴菲特的黄金搭档，他拥有百科全书般的知识和自己独特的世界观。Lollapalooza效应是查理·芒格提出的，这个理念建立在他的多元思维模型基础之上。芒格为那些相互强化并极大地放大彼此效应的因素而发明的词组就是“lollapalooza效应”。你肯定听说过“1+1>2”或者“1+1=11”，意为两种因素的叠加大于它们线性相加累积的效果。如果再+1呢？继续+1呢？查理·芒格说的就是这样一件事，几种因素的互相叠加有可能引发“突破爆炸临界点”似的效应。不同的是，他说的是各个基础学科的思维模型的叠加。

Lollapalooza效应（来源：查理·芒格《穷查理宝典》）

这位老人是非常值得尊敬的，可以说是西方、是商界知行合一的典范。和巴菲特一样，查理的家乡在美国的中西部，从年轻开始，他就保持在做每件事的的时候践行自己家乡的“老派”价值观：活到老学到老，对知识抱有好奇心，遇事冷静镇定，不心生妒忌和仇恨，言出必行，能从别人的错误中吸取教训，有毅力恒心，拥有客观的态度，愿意检验自己的信念，等等。正因为他进行观察和作出推论的基础是根本的人

性、基本的真理和许多学科的核心原理，他的思想是经受了时间的考验的。在他的一次演讲中，查理·芒格提出应该给学生们补上“补救式普世智慧”这门课，这门课会包括他的“由数学、物理学、化学和工程学构成的四门基础学科”，以及会计学、历史学、心理学、哲学、统计学、生物学和经济学。他提倡越是专业人士越应该掌握多学科的基础理论和分析工具。这是一种处于生态位的思维角度，也更贴近现实世界，因为我们面对的人事物本来就是多种因素彼此互相影响的产物。

提到多变量分析和最优化，具有理工科背景的人很容易想到运筹学。的确，不论是线性规划、决策论、图论还是排队论，都是从科学（science）的角度用计算的方式解决生产生活中的实际问题。而查理·芒格的Lollapalooza更像是一种艺术（art），你很难用具体的数字来带入这个模型，更多的决策是一系列检验清单之后的感觉（sense）或直觉（intuition）来告诉你下一步怎么选择。对于个体而言，这是一种非常具有竞争力的独立思考和判断的能力。

三、人类误判心理学

还是查理·芒格这位智慧的老人，在他的箴言录《穷查理宝典》中利用幽默、逆向思维和悖论来提供睿智的忠告，引导人们应付最棘手的生活难题。他有一句常用的口头禅“反过来想，总是反过来想”，借此提醒自己，如果不想掉到坑里，就要知道坑在哪里，然后不去那里就是了。对于心理学和心理学家，查理·芒格有着自己的看法，在这里不作讨论。他提出了一系列的人们应该避免的“误判心理学”倒是非常值得借鉴的，尤其在做决策之前，了解自己作为人的弱项和短处并且尽可能避免这些弱项和短处来影响判断，是一个“理性人”应有的明智之举。

一、奖励和惩罚超级反应倾向　　二、喜欢/热爱倾向

三、讨厌/憎恨倾向　　四、避免怀疑倾向

五、避免不一致性倾向　　六、好奇心倾向

七、康德式公平倾向　　八、艳羡/妒忌倾向

九、回馈倾向　　十、受简单联想影响的倾向

十一、简单的、避免痛苦的心理否认　　十二、自视过高的倾向

十三、过度乐观倾向　　十四、被剥夺超级反应倾向

十五、社会认同倾向　　十六、对比错误反应倾向

十七、压力影响倾向　　十八、错误衡量易得性倾向

十九、不用就忘倾向　　二十、化学物质错误影响倾向

二十一、衰老——错误影响倾向　　二十二、权威——错误影响倾向

二十三、废话倾向　　二十四、重视理由倾向

二十五、Lollapalooza倾向——数种心理倾向共同作用造成极端后果的倾向

人类误判心理（来源：查理·芒格《穷查理宝典》）

其实以上的各种倾向在现实生活中起到的积极作用还是值得肯定的，只是在它们的作用下（一种或几种），人们也着实犯了不少错误。基于前面提到的“避免掉到坑里”的思路，我们实在应该学习查理·芒格的极度理性，在做重大或者关键决策之前，用以上清单检验一下自己，有没有犯本可以被免的错误。以上列表中的部分倾向心理学专业书籍中有提到，也有相当一些倾向由于种种原因没有被提及——这也是查理对于心理学顽固“成见”的来源之一。尽管强烈建议心理学家们能够具备各个基础学科的多元思维模型，查理·芒格还是非常欢迎愿意较真的心理学专业人士对他的观点提出批评指正、相应的实验、范例和解决方案，毕竟持不同观点的各方都是以提高人们的心理学常识，避免不必要的决策失误为目标的。

我们未必可以做到经济学中假设的“理性人”（这个假设自诞生以来就成为经济学、哲学、社会学各界争论的焦点），不过还是可以尽量用理性思维武装头脑，作为决策工具箱装备的一部分。

四、你所在的点、线、面、体

本章的开篇，你知道了不能上沉船。那么如何分析自己应该站在哪个巨人的肩膀上（如果你还不是巨人的话），上“哪艘船”呢？

点—线—面—体思维模式，是由曾鸣教授提出的，后来“得到”App的专栏老师梁宁在她的《产品思维30讲》中，把曾鸣教授的战略思想做了进一步的发挥。曾鸣的强项是战略，梁宁的强项是产品，两个背景不同的老师都强调了点—线—面—体思维的重要，可见它必然是处于你未来规划（战略）和个人打造（产品）的核心地位。

淘宝是我们熟悉的电商平台，以淘宝为例，点、线、面、体是什么意思？

- 点：卖家、物流服务、模特服务、软件服务、代运营服务等商家。
- 线：淘宝卖家、淘品牌。（泛指除了自己是一个点，还能串联其他的点，善用其他点的资源，为消费者提供更好的服务）
- 面：淘宝。（泛指平台或生态型企业）

- 体：淘宝、支付、物流、金融，每一个都形成了一个基础性服务。（指由一个面衍生出来的其他的面，更多的面，共同组成一个庞大的生态共生的企业集群，比如阿里系）

梁宁在《产品思维30讲》里举了一个例子：假设一对双胞胎，在2010年一起大学毕业，甲加入腾讯，乙进入报社。7年之后，甲已经是年薪百万，而且满街都是挖他的猎头，投资人也在挖他，只要出来创业就给钱。而乙因为报刊行业沉沦了，工资都快发不出来了，他曾经寄托理想的整个产业都没有了，他的人生可能一切都需要重来。

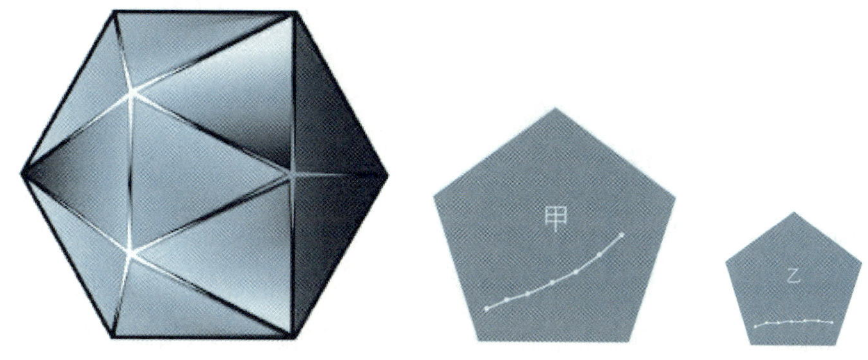

社会（体）、行业（面）、企业（线）、个人（点）（来源：网络、《点线面体思维，关乎你的每一个选择！》https：//zhuanlan.zhihu.com/p/35134397）

即便是两个禀赋相同的人，因为选择的那个点以及所在的面不同，而进入了完全不同的人生通道，也许他们都很努力，甚至进报社的乙比进腾讯的甲更努力，但是7年后的结果却大相径庭，甲在快速崛起，乙在快速陨落。就算他们所在的行业类似，那么此行业在发展中国家和发达国家所处的崛起趋势必然又是不同的。他们两个都是相当努力的点，结果却大相径庭。这个例子是在说明什么？说明选择远比努力更为重要。点线面体理论，就是一个关于如何做出正确选择定位的模型。

第二节　天时——最好的时代

天时地利人和，指古代作战时的自然气候条件，地理环境和人心的向背。出自《孟子·公孙丑下》："天时不如地利，地利不如人和。"最优解是，这三个因素缺了哪个都不妥，因为三角形是最具稳定性的。

一、经济机器是怎样运行的

《原则》的作者、全球最大的对冲基金桥水基金（Bridgewater）的创始人Ray Dalio（瑞·达利奥）在2008年金融危机后分享了一个30分钟的视频《How The Economic Machine Works》（《经济机器是怎样运行的》），以动画的形式清晰简明地介绍了他关于经济运行方式与规律的理解。他坦诚这个模式虽然不符合常规传统经济学，但是已经帮助他预测和躲避了全球金融危机，30多年来对他一直很有用。多看几遍你会发现，即便没有经济学背景，甚至没有研究经济的兴趣，这个短片还是非常容易理解和被喜爱。毕竟，谁不喜欢看动画片呢？而该短片不仅形式简洁又直观，内容还跟生活联系非常紧密。

交易、信贷、经济周期、短期债务周期、长期债务周期、去杠杆化（削减支出/债务重组/财富再分配/发行货币/和谐去杠杆化）是这部短片中的几个关键概念。为什么在本书的这个章节介绍这些内容？就是希望大家关注其中的几个"周期"相关的概念。有周期（波动），就有上升有下降，我们中的大部人都能够感受到这种波动，但是由于离波动太近，每天都身临其境，通常并不认为这是周期。当我们看不清事物的发展趋势的原因是由于"身在此山中"的时候，就要改变思考的维度。本来你在迷宫的里面，现在可以试着跳出来，就像"灵魂出窍"那样，看看迷宫的全景、迷宫的外面，再告诉身处在"迷宫"中的自己，建议未来的你这样走、这样走。

爱因斯坦说"任何傻瓜都能让事情更复杂，只有天才能让事情变简单"，瑞·达利奥是这个领域的"天才"，他分享的一些非常简单的概念很容易被记住，并且容易在思考判断的时候想到它们。作为一个生活在某个经济体中的社会人，建议你认真看几遍这个短片。这里举几个令人印象深刻的例子：

当看不清前方的路时，换个思考维度试试（图片来源：网络）

（一）经济虽然可能看起来复杂，但其实是以简单和机械的方式运行：

1. 生产率的提高；
2. 短期债务周期（持续大约5-8年）；
3. 长期债务周期（持续大约75-100年）。

（二）生产率在长期内最关键，但信贷在短期内最重要。

（三）债务是贷款人的资产，是借款人的负债。

（四）支出是经济的驱动力，这是因为一个人的支出是另一个人的收入。

经济运行　　交易　　信贷

支出是经济的驱动力　　削减支出　　和谐去杠杆化

《经济机器是怎样运行的》几个关键概念与图示（来源：哔哩哔哩App）

（五）我们的知识随时间而逐渐增多，知识的积累会提高我们的生活水平，我们将此 称为生产率的提高。

（六）一个善于创新和勤奋的人，将比那些自满和懒惰的人，更快的提高生产率和生活水平，但在短期内不一定体现出来。

（七）人具有借更多钱和花更多钱的倾向，而不喜欢偿还债务（促成：每个周期的低谷和高峰后，经济增长和债务都超过前一个周期）。

（八）希望大家学到三条经验法则：

1. 不要让债务的增长速度超过收入（因为债务负担最终将把你压垮）；
2. 不要让收入的增长速度超过生产率（因为这最终将使你失去竞争力）；
3. 尽一切努力提高生产率（因为生产率在长期内起着最关键的作用）。

二、眺望2035

为什么是2035？十九大指出，到2050年中国建成富饶美丽现代化的强国，在2035年基本实现现代化。2035是中国实现现代化的门槛。面向这个阶段性目标，如果历史的发展处在一个十字路口，抬头看路比低头拉车更重要。从个体角度来讲，如果你的人生发展同样处在一个十字路口，就更要顺应时代的车轮，分析“面”“体”给自己贴切定位，成为助力实现更高维度目标的一个（闪光）“点”。

长久以来，拉动中国GDP增长的三驾马车：投资、消费、出口，渐渐只剩下消费为主了，甚至已经开始成为世界最大的消费市场。虽然中国经济有它由结构性因素决定的特殊性，我们还是可以从宏观上分析未来一定时间内的发展重点和经济走向。中银国际研究公司董事长、原中国银行首席经济学家曹远征在混沌大学课程《面向2035的中国经济百年变局中的机会》中分析到几个趋势性要点，具体内容可以参考他的视频课程。这里希望和大家一起分析的是，在这些类别、方向、行业、机会中，你的契合点在哪里？可以肯定，不会每个方向都适合你；同时可以肯定的是，找到适合自己的定位、方向，事半功倍。

趋势要点	你的契合点
高速度到高质量	很多劳动密集型企业都转向东南亚了，你可以作为其间的桥梁吗？一路一带有没有你的一席之地？高品质的产品有你可以贡献的科技含量吗？你对打造“自己”这个产品的品质有什么要求？
节能减排	理工科、环境科学、新能源专业直接相关，但是别忘记每个企业都是人组成的，涉及到人的组织与管理都需要相应的人才。

（续上表）

趋势要点	你的契合点
服务业增长	你的性格适合引领服务业还是参与到其中，是适合前端还是后台？你愿意以满足客户的需求为己任吗？这个方向是需要更多的人与人的链接还是科技角度的专业性？行业细分可以怎样影响服务业的兴衰？
增加居民收入	3亿多中高收入人口对比10亿多低收入人口，你可以怎样帮助你有能力帮助的一群人增加收入？政策层面的参与？创造就业机会？
城市化	以往的城市化关键在土地，现在的城市化是农民工的市民化。除了政策层面，你可以帮助解决他们的就业、住房、子女教育细分下去的哪一块需求？
教育	教育渠道、教育资源、教育理念、教育的阶段性到终身性的转变，教育的形式、内容、目的、对象，你如何定位自己的兴趣特长、发展方向？
医疗	医生、护士，理论、实践，预防、治疗，政策、体系、平台、管理、保险、保障，你适合哪里？
养老	中国人口的老龄化速度之快、影响之广、给年轻人的压力之大已经显现；授人以渔？授人以鱼？越来越多的老年人收入从哪里来？他们需要什么？有没有根本的解决方案？你能做什么？真的可以好好的“老吾老以及人之老”吗？

宏观经济发展趋势与你（趋势要点来源：曹远征《面向2035的中国经济百年变局中的机会》@混沌App）

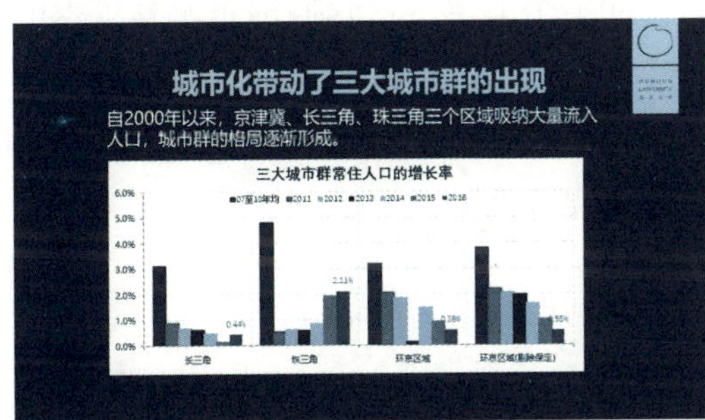

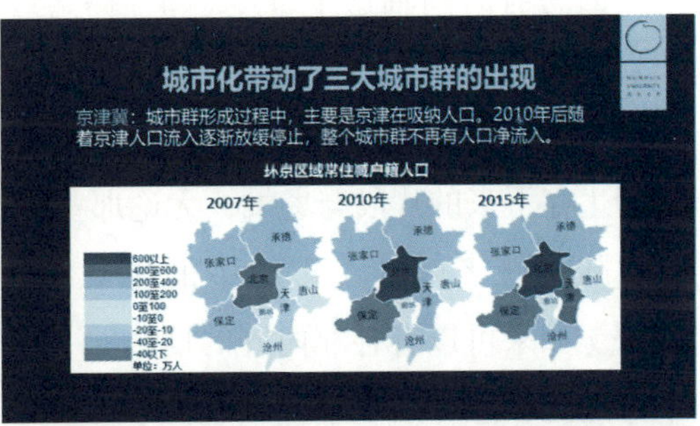

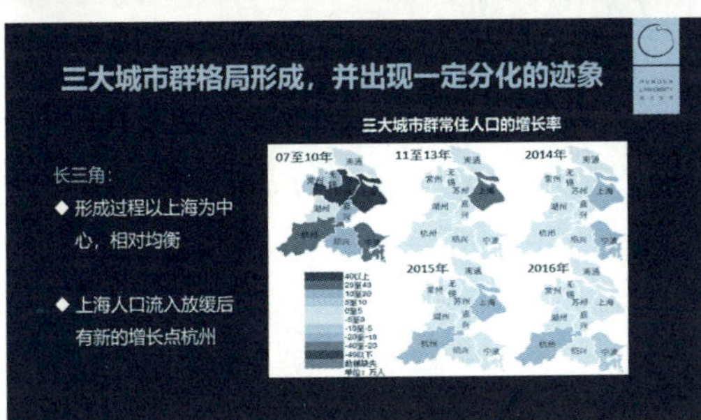

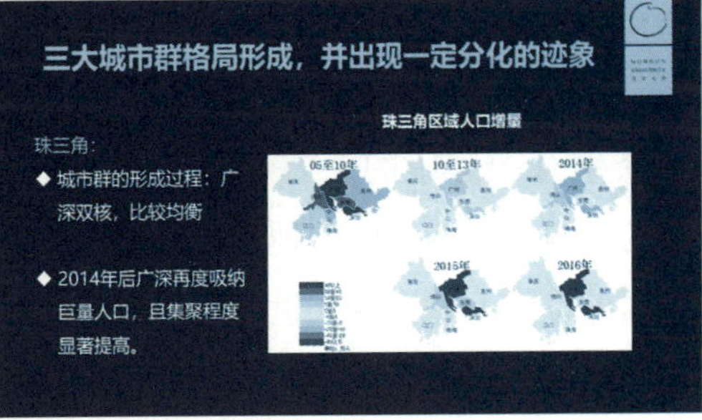

城市化带动京津冀、长三角、珠三角三大城市群（图片来源：曹远征《面向2035的中国经济百年变局中的机会》@混沌App）

“中国不能带着8亿农民进入现代化”，你准备好了吗？事实上，自2000年以来，城市化已经带动了三大城市群的出现，包括京津冀、长三角、珠三角地区，随便聊个天，就可以感受到这些地区人口背景的多元性。“有人的地方就有江湖”，有人的地方就有市场，有人的地方就有发展前景。这三大城市群在过去20年的人口流入程度呈以下形态。那么随着综合分析趋势要点、分析科技发展节点、分析人性特点、分析自己的擅长点，你也许已经有了一些战略的雏形浮现在脑中，在这个阶段，对于大多数人来讲，可以了。

你不一定身处这些城市之中，但是一定要认清，希望上进、希望改变自己和下一代命运的一大群人，愿意付出、愿意成长、愿意奋斗的人，就在这里（以及一些单点式急剧增长的中原城市群之中）。无论是不是身在其中，网络这么发达，你的价值其实也可以体现在这里。

三、庚子初的振荡

落笔之时，这场振荡还没有结束。“我明白你的感受”这句话是骗人的，除非有相同的经历、相同的处境（注意：是“相同的”，不是“相似的”）。没有身处其中的人永远不会明白亲身经历的人从每个毛孔里喷张的恐惧、痛苦与挣扎。没有身处其中就不会有从事发现和向外看的视角，所以不便发表任何评论，这是对当事人的尊重。

因为有时间轴这个维度，事情总会过去。如果不能重来，我们都希望它过去的快点。物竞天择，为了活着，为了好好的生存，为了有希望的活着，再过几年、十几年、几十年，不同的人回首往事再来看这场“战役”，也会选择性地记住那些有利于他们生存下来的片段与场景，无论那些片段与场景是什么。

陆晓娅老师的《影像中的生死课》如果可以有补充内容的话，不知道她会怎样启发学生从这件事情（的纪录片或影片）当中认识生命。“牺牲”了很多生命，希望换来众生对于健康的关心、对于预防的重视、对于彼此的理解、对于生命的尊重。“在现代世界里，愚蠢的人总是自信满满，而聪明的人却充满疑问”（罗素），希望这次“小”病毒带来的“大”伤害能够

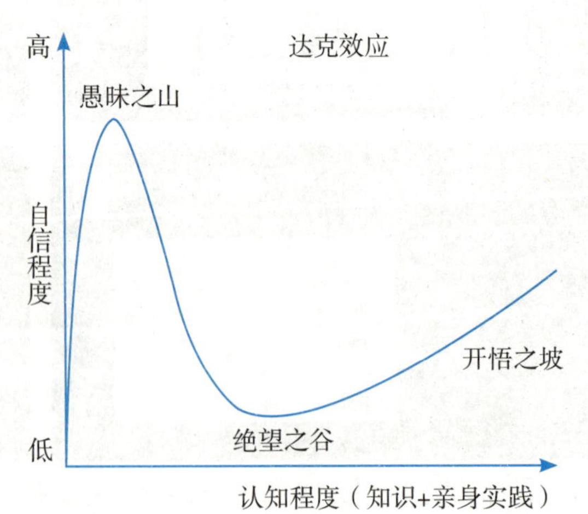

愚昧之山、绝望之谷、开悟之坡（图片来源：网络）

给每个人敲响警钟。过度的膨胀、过度的浮躁、过度的自负把人们拱上愚昧之山，这次的振荡也许也是人类进化之路上的必经点，从山上猝不及防的跌到绝望之谷，开始醒悟、开始反思，然后走上开悟之坡。“多么痛的领悟”！事情一定会过去，必须预防的是“好了伤疤忘了疼”。

时间点往回退一个月，就在武汉封城这个标志性事件发生前的2019年底，麦肯锡发布了一份《2020年中国消费者调查报告》，其中的消费者信心指数与零售业增速的对比可以看出尽管中国GDP增长逐年放缓，尽管中美贸易争端不断，消费者信心却在反弹。本来报告里还有很多可以参考的分析，但被这次的突发事件打乱了。

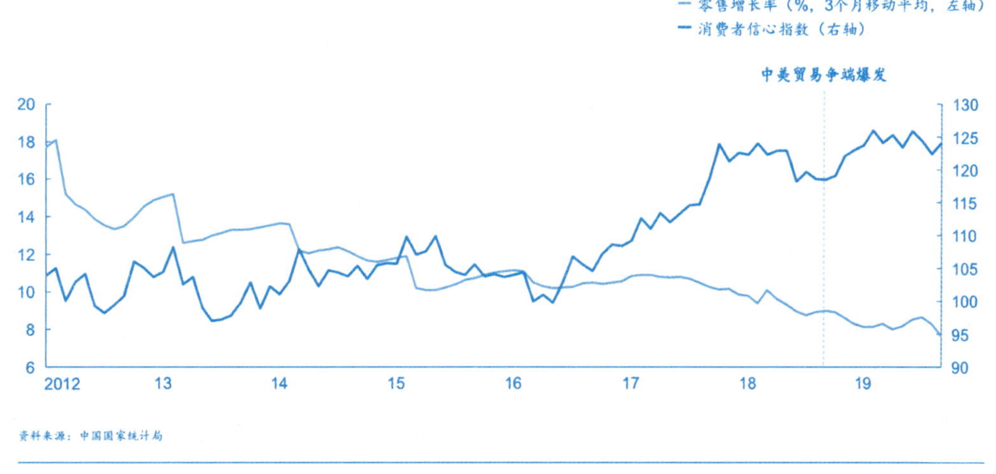

零售增速与消费者信心指数（2012年1月至2019年9月）（来源：麦肯锡《2020年中国消费者调查报告》）

不知道经历庚子年这振荡之后的曲线会如何发展，但从各自朋友圈的反应速度、调整方式就可以看出一个个生命都是顽强的，为了发展、为了生存迅速转型、积极应对。分析“危”中之“机”的文章、视频、课程不计其数；关注前方后方，强势弱势，海内海外，利他利己，正面负面的声音此起彼伏。对错不在讨论范围之内，只希望我们每个人都能从这件事中学会向内看，自问你是不是那个仰望星空的人。也许真的是时候思考一下这个哲学问题了——“我是谁？我从哪里来？要到哪里去？”。毕竟，“一个民族有一群仰望星空的人，他们才有希望”。针对危机最好的解药也许是每个人的觉悟。

第三节　地利——中国文化课

看到一句话“何其有幸，生于华夏家”，深有同感。

在这个有没有职称都可以称“老师”，有没有建树都可以称“专家”的大环境下，每个人都需要的一种护身能力，那就是独立思考的能力。同时代“老师”“专家”所传播的价值观难免掺入自身的背景、经历、利益、局限的投射；书本从这个角度而言也许可以教会我们更客观的看待问题。不妨以史为师、以史为镜、以史为鉴。中华民族悠悠五千年流传下来的文化，够充实了。

古巴比伦文明消失了，古埃及文明消失了，古印度文明消失了，古中国文明还在并且演变成了崛起中的巨龙。只这一件事，就足够让生长在这片沃土上的每个人自豪。

余秋雨老师在《中国文化课》中分析了中国文化长寿的原因，也比较了中国文化的弱项，利弊同台，未必全面却相对客观。同样的，具体的内容可以读一读这本书，看上去内容比较多却非常容易理解容易接受。我们这里还是比较一下，从自身的角度出发，如何能够帮助华夏文明延续升华、发挥优势、修补弊端。生在了这块土地，有幸站在巨人的肩膀上借势它文化的博大精深，同时也必然有责任有义务把这块沃土上的软实力夯实，从“长寿”到“健康长寿”。

先说中国文化长寿的原因：体量巨大、从未远征、以统为大、家国同构，简易思维、以德为帜、避开极端、科举制度。每种原因简单解释一下。

一、宏观上

- 体量巨大：地域辽阔、人口众多。
- 从未远征：文化的中断常与跨国远征有关。
- 以统为大：避免逐渐分裂、土崩瓦解。
- 家国同构：没有规矩不成方圆。

二、内容上

- 简易思维：瘦身见筋骨，减重显生机（负面隐患：浅薄、浮滑、投机）。
- 以德为帜：君子怀德，止于至善（负面隐患：虚德、伪德、诈德）。

●避开极端：对于安定百世，中庸利大于弊（负面隐患：左右徘徊、错失时机）。

●科举制度：目的是选拔官员（负面隐患：选举不是选拔）。

喜马拉雅山有北坡、有南麓，中国文化有优势、有弊端。罗素（Bertrand Russell，1872–1970）是二十世纪欧洲最重要的哲学家，曾在二十世纪二十年代初到中国考察访问。他对中国文化有很多正面评价，也出于对真理的尊重指出了三种普遍的缺点：贪婪、胆小、冷漠。罗素的理解有它的时代背景，在这些方面目前相对于那个年代一定有所进步。所以，余秋雨老师将不限年代的综合分析精简成了三项弊端：漠视公共空间，忽视实证意识，轻视创新思维。

●漠视公共空间："两耳不闻窗外事、一心只读圣贤书""对人道主义的冷漠""公共空间中国的美学灾难"。其实，大学过滤下来的知识分子，每个人，如果能像康德在肯定法国启蒙运动时定义的那样（康德的定义是"有勇气在一切公共事务上运用理性"），就可以带头弥补这一缺陷。不怕得罪人、不矫情地重视在每个公共空间做表率。比如，在任何情况下——不闯红灯、不随地吐痰、不乱扔垃圾、不大声喧哗，等等。都是小事吗？如果和对公共空间足够尊重的国度对比一下就会发现，"越落后越讲大话""等到真正发展了，就只剩下了对公共空间日常行为的细细叮咛"。

●忽视实证意识：造谣一张嘴，辟谣跑断腿。"谣言哪个国家都有，但对中国伤害最深"因为"中国文化历来不具备发现虚假、抵制伪造、消除谣言的机制和程序"。真实应该大于褒贬、大于仪式、大于理想、大于制度。证伪同样需要勇气，需要敏感、责任、手段、背景和舆论。

●轻视创新思维：余秋雨老师是从文化角度看创新思维，比如民族情感、比如文化遗产。从商业、市场的角度看来，当"创新"出现在顶层战略规划中之后，人们似乎有些浮躁和激进。虽然开始重视创新了，这种重视却多多少少有一些盲目或功利。因为"创新"本不是中国文化长寿基因中携带的，突然要转变，还真是摸着石头过河。不会啊，怎么办？各种教、各种学、各种快速试错。失败一定比成功多，这是概率。新本事还是要学，因为是大势所趋。我们可以不要只盯着结果，切实地把创新思维带进日常生活，带进文化领域，让它随着历史的洪流沉淀、延续。

有国才有家、有家才有你我，每一个中国人其实都希望中华文化生生不息。像对待我们自身的健康一样，对于文化的健康传承，我们需要做的就是：维护来之不易的、修复破败受损的、预防负面隐蔽的。

可以试想一下"假如你是你孙子的孙子"，不仅仅是换位思考，是希望每个人在做每一件事的时候想一想，你的后代会因为你的一举一动有着怎样的生存、生活环境，他们在若干年后过的还好吗？要知道我们的一个动作一种行为，影响到的不止是我们自己和身边的人。比如教育、比如环保、比如爱的传递、比如文化的传承、文明的接力，都是滴水汇成的。他们会如何评价你——他们的祖先呢？

希望他们有一天也会同样感叹：何其有幸，生于华夏家。

第四节 人和——得民心者得天下

要做事，你得有队伍。就像建造一座大厦，砖有砖的作用、瓦有瓦的功能、水泥有它要浇筑的地方、钢筋有它必须的支撑。在建造大厦的过程中，你可以是一砖、一瓦、一掊水泥、一条钢筋、一块玻璃、一辆铲车；你也可以是大厦的建筑工人、设计师、投资方、承租者。天生我材必有用，你肯定可以找到你最擅长的位置，嵌进去和大厦一起平地而起，从无到有。在这个时代、这个地方，有理想的人很多，要做事的人很多，不想庸庸碌碌过一生的很多。找到他们，得道多助，得民心者得天下。

一、水利万物而不争

假如，你想要带领团队建造大厦，那就要认清，你需要有能力托起以上提到的每一块材料、聚起每一个角色。《道德经》第八章讲“上善若水。水利万物而不争，处众人之所恶，故几于道。居善地，心善渊，与善仁，言善信，政善治，事善能，动善时。夫唯不争，故无尤。”。也许你雷厉风行，只要一根杠杆、一个支点就可以撬动地球；也许你擅长“处众人之所恶”，用不争之争托起一群人的梦想；也许你是一个特立独行的天才，人们也愿意支持与跟随。风格各异，本质相同。

走在领导力提升路上的人或早或晚都会听到约翰·C·麦克斯韦尔的名字，他总能抓住领导力的要害并且提供实际操作方法从根本上培养领导艺术。比如作为一个民心所向的领导人，或者对自己有要求的人，这些都是关键的品质。

Character 品格是优秀领导力的基石	Charisma 锻炼能影响大局的个人魅力	Commitment 全力以赴可以创造任何奇迹
Communication 练就卓越的沟通能力	Competence 干练：让平凡的人拥有不平凡的成就	Courage 勇气：使你比大部分人更卓越
Discernment 辨析能力：不可或缺的领导品质	Focus 专注：使领导更能发挥效果	Generosity 慷慨：蜡烛照亮他人的同时也闪亮自己

（续上表）

Initiative 主动性：机会是自己主动寻找来的	Listening 倾听：用耳朵与他人的心灵相连	Passion 激情：炽热，方能成功
Positive Attitude 积极的心态是一切成功的前提	Problem Solving 解决问题的能力：面对挑战性的问题时，要挺身而出	Relationships 人际关系：如果你易于相处，人们就愿追随你左右
Responsibility 责任感：如果不带球，就永远无法带领球队	Security 安全感：不安时能力永远无法掩盖的	Self-Discipline 自律：做领导者之前，先学会自律
Servant Hood 仆人精神：欲站人前，先居人后	Teachability 求知欲：领导到老，学习到老	Vision 远见：目光所及之处，方是收获之所

领导人的21品质（内容来源：约翰·C·麦克斯韦尔《领导力21法则：如何培养领袖气质》）

从古至今，即便最优秀的领导人也未必可以在每一种品质上打满分。处在不同的历史时期、不同的国家地域、不同的企业组织、不同的家庭群体，对于各自领导人品质要求的权重也会有所不同。还可以由几位品质分数不同的人组成一个优势互补的领导人团队，各自在强项领域施展拳脚。正所谓人无完人，你也不必强求自己在短时间内在每一个品质上都有质的飞跃。——这是战略上藐视敌人的策略，因为心态上苛求完美反而会因为压力太大起反作用。战术上还是要重视，对比一下每个品质，如果用1-10分衡量，给自己打几分呢？你的目标又是几分呢？你的榜样（不同品质可以有不同的榜样）在这个品质上打几分呢？用我们之前的梦想版，把分数打出来，表格贴出来，时时刻刻和大脑的懒惰做斗争，提醒自己我要成长为更具领导力的自己。

领导品质自测及目标设置

自测日期：2020年 3月1日　　　　目标日期：2022年7月1日

Character品格 目前：6　目标：8　榜样：9	Charisma个人魅力 目前：2　目标：4　榜样：8	Commitment 全力以赴 目前：5　目标：6　榜样：7
Communication沟通 目前：5　目标：8　榜样：9	Competence干练 目前：7　目标：9　榜样：9	Courage勇气 目前：6　目标：8　榜样：9

（续上表）

Discernment 辨析能力 目前：4　目标：7　榜样：10	Focus 专注 目前：3　目标：5　榜样：8	Generosity慷慨 目前：7　目标：8　榜样：10
Initiative 主动性 目前：4　目标：6　榜样：8	Listening 倾听 目前：8　目标：8　榜样：9	Passion 激情 目前：5　目标：8　榜样：9
Positive Attitude积极的心态 目前：5　目标：8　榜样：10	Problem Solving解决问题 目前：8　目标：10　榜样：10	Relationships 人际关系 目前：6　目标：8　榜样：9
Responsibility 责任感 目前：6　目标：8　榜样：10	Security 安全感 目前：4　目标：7　榜样：9	Self-Discipline 自律 目前：6　目标：7　榜样：9
Servant Hood 仆人精神 目前：5　目标：7　榜样：7	Teachability求知欲 目前：9　目标：10　榜样：10	Vision 远见 目前：4　目标：6　榜样：8

或者你觉得21个品质一起罗列有点多，那就拆分一下，一组一组地分阶段来提升。没有解决不了的问题，只有不愿解决的问题，因为你总可以从不同的角度来看待它。这么说有一点点诡辩，又不无道理。

二、他人是我

法国哲学家萨特（Jean Paul Sartre，1905—1980）拗口地说“他人是我，是另一个我，是不是我的我，是我所不是的人。” 虽然拗口，却是看待事物的维度和格局的提升。就像《天道》里简单的一句“神即道、道法自然、如来”，万法归一。基本的生活需求物质需求满足了之后，人们追求的一定是精神层面的满足，灵性层面的提升。就像你能感受的一样，“江山代有才人出，各领风骚数百年”——这一代优秀的年轻人都不一般，是带着更高维度觉醒的智慧来的，看问题更全面、更深刻、更客观。能够内修外求兼顾，在个人发展上既个性又得体的越来越多。

人和，说到底就是提高社会上每个个体的素质、心性、能量等级。星星之火，可以燎原，由此推动整个社会的进步，整个人类的发展。人生如镜，你照见的，就是你自己；你推动的，就是你自己。大道可以至简，对于每个想做好自己不负此生的人来说，创业的第一性原理无非就是“致良知”。

延展阅读

- 查理·芒格，《穷查理宝典》（第三版），中信出版集团，2016.8。
- 孙武，陈曦译注，《孙子兵法》，中华书局，2017.7。
- 老子，《道德经》，中译出版社，企鹅兰登，2019.11。
- 愚叔整理，《中国95后洞察报告（PPT）》，艾瑞&上汽大通&种子计划，2019。
- 陆晓娅，《影像中的生死课》，北京师范大学出版社，2016.8。
- 麦肯锡，《2020年中国消费者调查报告》白皮书，2019.12。
- 约翰·C·麦克斯韦尔，《领导力21法则：如何培养领袖气质》，时代华文书局，2016.7。
- 约翰·C·麦克斯韦尔，《领导力21法则：追随这些法则，人们就会追随你》，北京时代华文书局，2016.1。
- 约翰·C·麦克斯韦尔，《卓越领导人问伟大的问题》，金城出版社，2016.1。

视听资源

- 梁宁《产品思维30讲》@得到App
- 曹远征《面向2035的中国经济百年变局中的机会》@混沌App
- 刘润《商业洞察力30讲》@得到App
- 黄明哲《黄明哲正解道德经》@喜马拉雅App
- 刘丰《墨尔本论坛演讲，从四个方面分析高维智慧》@哔哩哔哩App
- Ray Dalio《经济机器是怎样运行的》@哔哩哔哩App
- 杨燕绥《别做被养老毁掉的年轻人》@腾讯新闻“清华教授：对不起，我设计的社保，尚不足以应对你的养老危机”
- 电视剧《天道》

练习

用思维导图记录问题和答案。

姓名：________

学号：________

日期：______年____月____日

第三章　趋势为王——物形之，势成之

1. 观看《经济机器是怎样运行的》，写下你感受最深的一点及原因。和同组同学分享并思考为什么你们的收获会不同？
   - 我感受最深的一点及原因是：________
   - 我们收获不同的原因是：________

2. 你在“愚昧之山，绝望之谷，开悟之坡”的哪个位置，为什么？
   - 位置：________
   - 原因：________

3. 你有为中国文化的传承做些什么？你的同组同学呢？
   - 我能做的：________
   - 同学1______能做的：________
   - 同学2______能做的：________
   - 同学3______能做的：________

4. 你的top 3领导人品质是？你的同组同学呢？
   - 我的______top 3品质：________
   - 同学1______top 3品质：________
   - 同学2______top 3品质：________
   - 同学3______top 3品质：________

5. 分析你自己或你的创业项目所在的点线面体。你/你们需要调整思路吗？
   - 分析：________

第四章

所谓财商——现金流＞利润

我的博士父亲会说，你以为我是谁，是有钱人吗？我可付不起！而我的富爸爸说，这就是他贫穷的原因——穷人会说，我付不起，我做不到，我没时间——因为这是一种逃避。（同样遇到这种情况）我的富爸爸会说，我怎样才能付得起！

——罗伯特·清崎

“财商”是指创造财富与管理财富的能力。每个人都希望有一张属于自己的财富地图，对于“钱”的观念、知识与行为决定了你（和你的家族）在财富地图上可以走多远，以及走在这张地图上的状态、感受。下面有两组价值观，凭直觉判断一下哪组更有可能实现财富的创造与传承？再扪心自问，目前看来，有哪些价值观可能是你财商提升之路的绊脚石？

第一组价值观		
1. 相信：“我创造我的人生。”	7. 与积极的成功人士交往。	13. 专注于自己的净值。
2. 玩钓鱼游戏是为了赢。	8. 乐意宣传自己和自己的价值观。	14. 很会管理他们的钱。
3. 努力让自己有钱。	9. 大于他们的问题。	15. 让钱帮他们辛苦工作。
4. 想的很大。	10. 是很棒的接受者。	16. 就算恐惧也会采取行动。
5. 专注于机会。	11. 选择根据结果拿酬劳。	17. 持续学习成长。
6. 欣赏有钱人和成功人士。	12. 想着：“如何两个都要？”	

第二组价值观		
1. 相信：“人生发生在我身上。”	7. 与消极的人或不成功的人交往。	13. 专注于自己的工作收入。
2. 玩金钱游戏是为了不要输。	8. 把推销和宣传看成不好的事。	14. 很会搞丢他们的钱。
3. 一直想着要变得有钱。	9. 小于他们的问题。	15. 辛苦工作赚钱。
4. 想的很小。	10. 是差劲的接受者。	16. 会让恐惧挡住他们的行动。
5. 专注于障碍。	11. 选择根据时间拿酬劳。	17. 认为他们已经知道一切。
6. 讨厌有钱人和成功人士。	12. 想着：“如何二选一？”	

价值观对比（内容来源：哈维·艾克《有钱人和你想的不一样》

如同“闻道有先后，术业有专攻”，学术造诣和财商水平总体来说没有多大关系，因为两者是完全不相干的教育体系的产物，这两种教育系统关于财富的价值观是有侧重、有区别的。学校教育给了每个人品德、知识、技能的引导，塑造了绝大多数能够独立工作生活、成为社会和谐运转一份子的个体；学校教育力所不能及的是如何打造这些个体保持自己高品质生活的能力和实现全方位幸福人生的能力。创造高品质生活和实现全方位幸福人生的价值体系根源在于每个个体原生家庭以及成人后所在的成长环境。是否有主流教育体系以外的导师、教练（他们本身在这些方面做得很不错）来引导、推动，是造成个体财务管理、审美水准、感知幸福、回馈社会等方面的“段位”参差不齐的主要原因。父母是孩子的第一任老师，家庭是孩子的第一所学校，除了知识，还有很多门课都和每个孩子的一生幸福息息相关。虽然本章想讨论一下财商（创业不能不谈钱），但也是建立在这样一个共识之上（Anthony Robbins）——

Success without fulfillment is the ultimate failure.

第一节　富爸爸穷爸爸

罗伯特·清崎的《富爸爸穷爸爸》系列通俗财商教育读物从第一版到现在已经有20多年了，它们从不同程度上教育了这几届大学生的父母一代。所以，直接的效果是，这一期年轻人整体的理财观念明显强于前辈们同龄的时候，他们既大胆消费刺激经济，也小心储蓄从跬步开始累积。父母们深深地感受到了特定历史环境下自己一代关于财商教育、财富教育的缺失，所以不遗余力地要在下一代身上弥补回来，从这个角度来讲，这代年轻人是如此幸运。从最初的智商（智力商数），到情商（情绪），到逆商（逆境），到财商（财富），到健商（健康），到爱商（爱与被爱），到灵商（灵性）……能不能量化的都被用商数（Quality）来衡量。这种从一元到多元的分化、普及本身就体现着人们整体认知维度的扩充与提升。对财富的定义也不仅仅局限于金钱领域，而是延伸到其他领域的满足、充实，多维财富的实现、以及对当下生命的投入体验被认为是真正意义上的人生富足。虽然“没有钱是万万不能的”，但是一定请记住“钱不是万能的”，尤其是对于如此珍贵的生命历程来讲。

罗伯特·清崎《富爸爸穷爸爸》系列丛书

不过既然“不能不谈钱”，就让我们来看看金钱维度的财富——为什么要赚钱？我们希望看到的是，赚钱的目的不是得到钱本身，而是钱能给你（甚至你的家族）带来的实现各个维度自由的选择权。虽然对于刚刚成人的你来说，基本上已经有自己的金钱观，这里也并不想把某种价值体系强加于人，只是希望大家从创造财富、积累财富的角度来检视一下自己，是不是自己一直秉持的金钱观、财富观让你生活得比较辛苦？本来可以用来做自己喜欢事情的时间，被浪费在辛苦打拼赚生活费上了（或许这种状况是可以改变的呢）。比如，你有没有觉得自己不配得到那么多金钱（我好像没做什么）？你有没有觉得钱是坏东西（富人的钱都不是正规途径赚的）？你有没有觉得钱够花就行了（要那么多钱干嘛）？你有没有觉得赚钱好辛苦啊（也许父母就是这样教你的）？等等。所有这些对于金钱有所排斥的想法都会让你跟金钱没有亲近感，你不愿意亲近它，它怎么会愿意亲近你呢？这种未必显化的意识就是穷爸爸脑中的声音，就是穷爸爸之所以穷的原因——他的思维在他和财富之间筑起了一道屏障。

作为经济领域商品交换的媒介，钱其实是中性的，你是什么样的人，你的钱就会放大你的品格和作为。你是善良的、乐于助人的，你的钱越多就可以帮助越多的人，你的钱越多就可以为整个社会创造更大的价值，推动社会发展进步。所以，“你是谁”比什么都重要！有个说法是“贫穷限制了想象力”，其实不无道理，你都没去见过世界怎么有世界观呢？好在互联网给了我们看世界的渠道——如果想提升自己金钱财富方面的梦想和格局，不妨玩玩这个“花掉比尔·盖茨的钱”游戏（网站https://neal.fun/spend/），因为它的假设是你要花掉900亿美金……

在这个游戏中，k比尔·盖茨这900亿美金可以用在9亿份100美金的慈善捐助上，也可以买45万辆法拉利或者兰博基尼，或着6000架F16战斗机，亦或60亿本书，再或者买450亿个汉堡包，怎么花取决于你的兴趣爱好和价值体系。这上面列出来的只是中性的实物，当然还有很多其他的消费或投资渠道。总之，可以看到背后的信息是，你创造出来的财富可以放大你的能量，在你认可的领域继续推动刺激经济。这就是为什么世界上大多数富人其实是值得尊敬的原因，他们整合各种资源，他们创造就业机会，他们创造财富，他们推动科技的进步，他们为社会创造更多的价值。只是创造财富与传承财富的“秘密”，即规律、准则和智慧，不是主流教育渠道关注的重点，不是绝大多数家庭能够有机会浸染甚至触及的，所以看上去才遥不可及、才不真实、才导致感觉不太可靠。反过来讲，如果有一些“富人”愿意把这些财富积累的秘密分享出来，你是不是也愿意摘掉以往的有色眼睛，姑且按照他们的方法试试看呢？

你有一个富爸爸还是穷爸爸？每个人的起点不同、原生家庭不同、成长环境不同，财富观会千差万别。也许你没有富爸爸，但是从你意识到可以自我教育的那一刻起，就应该选择做自己财商教育维度的“富爸爸”了。

一、现金流象限

现金流象限是罗伯特·清崎提出的关于收入来源的分类。只要你有收入，你的收入就可以来自以下的一个或多个象限。这四个象限是：E（Employee，雇员）、S（Self-employed or Small-business owner，个体工作者）、B（Business owner，企业主）、I（Investor，投资者）。E象限的人主要是通过付出自己的时间为他人、公司工作的方式来赚钱；S象限的人主要是通过付出时间为自己工作来赚钱，不管是凭借个人的专业技术（如牙医、律师、会计师、理发师、心理咨询师、健身教练等）还是做小生意；B象限的人一般拥有大规模企业（500人以上），建立系统用别人的时间赚钱；I象限的人通过各种投资渠道来赚钱，用钱生钱。

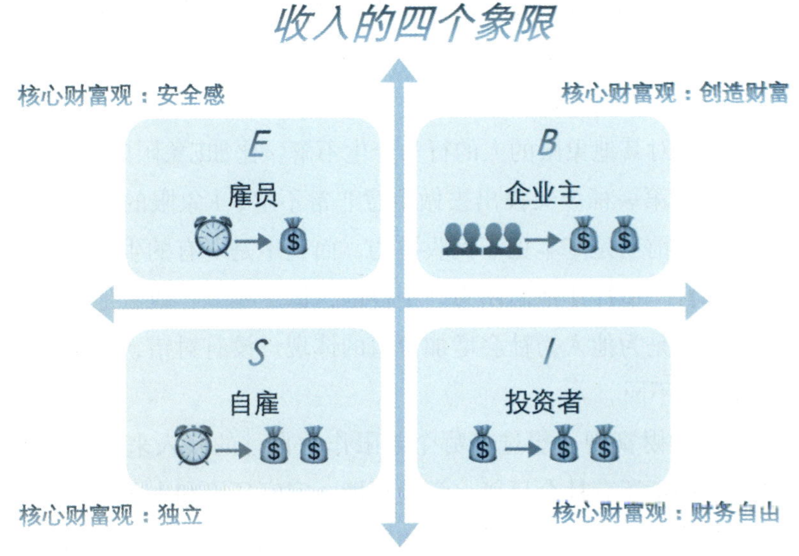

收入的四个象限及其核心价值观（内容来源：《富爸爸穷爸爸》）

刚进大学的学生们多数还没有赚钱的经历，没关系，可以看看自己的父母、长辈、亲朋好友以及其他那些你认识的已经有收入的人，看看他们的收入是不是可以归到这四个象限的一个或几个当中？他们的主要收入来源是哪个象限？左边的E和S象限的人们用自己的时间换取金钱，由于能力有高低，境遇有差别，他们的时间可以换取或多或少的报酬。有的人的报酬真的可以很高，同时也发现他们能够支配的属于自己的时间非常有限。右边的B和I象限的人们要么用别人的时间赚钱，要么用钱来赚钱，自己的时间可以灵活自主，但是真正能赚到钱也需要一定的前提条件，比如建立系统的能力、比如足够的启动资金、投资知识与抗风险能力、一定的运气。必须承认，每个象限都有收入非常高的人。不过比较一下左右两边，不知你有没有发现，左边用时间换钱的人们，不管换多换少，一旦停止用自己的时间去交换金钱，收入就停止了。而右边的两个象限，本来收入和自己的时间就不直接挂钩，他们撬动的是别人的时间这个杠杆或者金钱这个杠杆来为自己赚钱，不用主动付出自己的时间去交换，这样的收入称为被动收入。

我们在上一章了解了一个概念叫做透过现象看本质。往本质上挖掘，形形色色的人为什么会选择某个象限来获取自己的收入呢？其根源在于他们的思维，在于各自的价值体系、财富观的不同。E象限的人必须马上看到自己的付出有所收获，他们需要即时的满足感才觉得安全。S象限的人期望更广阔的发展空间，不愿听别人安排自己的时间，他们需要独立。B象限的人自己未必是专家或者大咖，但是他们整合资源的能力非常强，无论是人力资源、资金技术、战略规划、产品研发，他们自己不行，但总能找恰当的角色嵌入到他们要建立的系统当中，把零件、人工拼拼凑凑就组成了一部“机器”，他们要的是创造财富。I象限的人有专业的金融、投资知识，有承担强烈波动风险的能力，有一个好的心脏（定力），他们要用一定的启动资金来换财务自由。财富观不同导致人们对其他象限的人的行为产生不解，比如E象限的人会对B象限的人把好不容易攒下来的第一桶金又投出去做生意非常不解，E象限的人们会觉得非常没有安全感，因为生意前期是基本见不到收益的，而且不是所有的生意都能做成功。而B和I象限的人们的冒险精神让他们认为“不自由，毋宁死”，或者他们认为用撬动杠杆折腾出来的财富才是为他人为社会增加价值的体现。没有对错，只是人们能力特长的差异与人生选择的不同。

你会有什么样的财富观、想选择哪个象限作为自己的收入来源，除了本身的性格，最主要的影响因素还有社会环境、学校环境、家庭环境和人脉关系。有这样一种说法，你的收入是你周围五个交往最频繁的朋友的收入平均。其实不无道理，究其根本在于财富观的相似，导致收入来源的相似，能力差不多的话收入也基本不会有太大出入。因为是讲创业的思维，所以，有创业意向的同学就要把自己扔进有同样价值观财富观的圈子；这还不够，更重要的是找到那些已经创业成功的人拜师、交朋友，向他们取经，他们的一句话也许对你就是让你醍醐灌顶，弯道超车指南。

当然，现在的信息化如此普及，看书、看视频、听音频、线上课、线下课等都可以成为学习成长的媒介。这里只是提醒大家，我们要学习的不仅仅是信息表达终端的内容本身，我们其实需要的是和进行信息传递的有温度的“人”建立良好的关系。在创业的领域，“整合资源”是必不可少的能力，尤其是人力资源。美国社会心理学家米尔格伦的“六度分离理论”告诉我们，“你和任何一个陌生人之间所间隔的人不会超过五个，也就是说，最多通过五个人你就能够认识任何一个陌生人。”当你建立事业系统的时候，再好的书都是没有办法把你引荐给VC（Venture Capital，风险投资）或PE（Private Equity，私募股权投资）的，也没有办法把人才和合伙人引荐给你。

同样的道理，如果你不准备创业而是想钻研学术、或者成为政府公务员、或者出国留学等，一样可以找到对应的圈子，把自己融入进去。这就是为什么私立学校和精英学校越来越受到重视的原因，有远见的父母们要的不仅仅是优质的学校教育资源，还有子女的同学们背后的家长（视角、能力、财富）以及家长背后的人脉、社会关系。

二、别做被“养老”毁掉的年轻人

《别做被“养老”毁掉的年轻人》这个题目是清华大学教授杨燕绥的一次演讲主题。杨教授的学术职称和社会职位都很多，她主持完成的国家级和省部级项目多达30多个，大部分集中在社会保障与养老问题领域，可以说是这方面的权威专家。对于大学生们来说，如果不是有这方面的兴趣，如果不是好奇心足够强，如果不是要战略性地规划人生，在20岁上下的年纪很少会有人关心“养老”那些事。为什么“养老”要在这里强调一下？不仅仅是因为谁都会有老的那一天，它还和每个即将走上工作岗位、走进社会的年轻人即时相关，其原因就在于杨燕绥教授研究的重点之一“老龄化”。

清华教授杨燕绥：别做被“养老”毁掉的年轻人（图片来源：https://new.qq.com/omn/20190624/20190624A0OEOK.html）

根据联合国《人口老龄化及其社会经济后果》确定的标准，当一个国家65岁以上的人口比例达到7%的时候，这个国家就进入了老龄化社会；达到14%时，进入深度老龄化社会；达到20%时，进入超级老龄化社会。中国在2000年进入老龄化社会，2020-2025年进入深度老龄化社会，到2030年，65岁以上的老人会达到20%。从一个年轻的社会进入一个老龄社会、深度老龄社会、超级老龄社会，一共30年。对比一下美国，从1950年到2015年进入老龄化社会，一共65年，足够他们有备而老。相较之下，我们准备好了吗？从进入老龄化社会时的人均GDP来看，2019年中国65岁及以上人口占比达12.6%，美日韩老年人口比重达12.6%时人均GDP均在2.4万美元以上，而中国仅1万美元（《中国人口报告2020》），“未富先老”是中国面临的现实。

这些和“年少轻狂，快乐时光”的你有什么关系呢？只要你开始工作，开始交养老金，就有关系了。你工作时自己交的、工作单位为你交的、以及国家给你交的养老金并不是等到你老了时才使用的，它们在你交上去之后会马上被统一安排，发放给当下正在领取养老金的老年人。关键问题是，人口老龄化加剧导致工作的、上交养老金的年轻人少了，不工作的、领取养老金的老年人多了，形成了养老金入不敷出的态势。这就是2012年杨燕绥教授提出的“延迟退休”要解决的问题。交钱的人少了，领钱的人多了，生育率又在下降；让年轻人和企业多交点，年轻人和企业不同意，让老年人少领点，老年人不同意，只能用“延迟退休”等鼓励工作的政策来应对老龄化社会下养老金入不敷出的窘态。

国家有国家的政策，作为个体该怎么配合和计划呢？你愿意延迟退休吗？你愿意年轻时交很多养老金可是到自己要用的时候又不得不量入为出吗？从个人层面来讲，在健康长寿已经成为趋势，百岁人生（黑发五十年、白发五十年）已经不是梦想的时代，对于自己一生的财务规划都要尽早准备，正所谓“你不理财，财不理你”。创不创业都要面临这个问题，并且无论你的财富收入来自于上一节讲的哪个收入象限，几个诺贝尔经济学奖得主的建议都值得借鉴。

在有能力工作期间，挣下足够的钱。（平滑消费）一个理性的人，应该将自己一生的财富平均到每一天消费，才能得到幸福最大值。

——米尔顿·弗里德曼（1976年诺贝尔经济学奖）

把握两个时间节点，一个是何时实现财务自由，没有负债；另一个是何时退出劳动力市场。

——弗兰科·莫迪利安尼（1985年诺贝尔经济学奖）

时间是一种成本，而人力资源的投资恰恰与时间相关，什么是人力资源？就是人类智力与劳动力本身。

——加里·贝克尔（1992年诺贝尔经济学奖）

这几位诺贝尔奖经济学得主的观点放在这与本节的主题相结合，是希望沟通这样几个理念：假设你是健康长寿的（看看家里老人的平均寿命，没有意外的情况下你是会接近或超过他们的），你需要仔仔细细计算一下自己的一生需要花多少钱（不同年龄段的花销会有差别）；你需要根据自己20岁、30岁、40岁等时间点的能力估算自己在每个时段能赚多少钱；你需要考虑怎样做才能尽早实现财务自由、让所有收入的总和大于所有支出的总和；你还需要计算一下什么时候退出劳动力市场，在不用主动工作的情况下也能有足够的不间断的现金流入，并且有抵抗突发风险的能力（例如保险）。记得不要忘记把通货膨胀计算在内。在基本财务免疫力有所保障的时候，即便在退休年龄之后选择工作，那也是你的“爱好”，而非“不得已”。

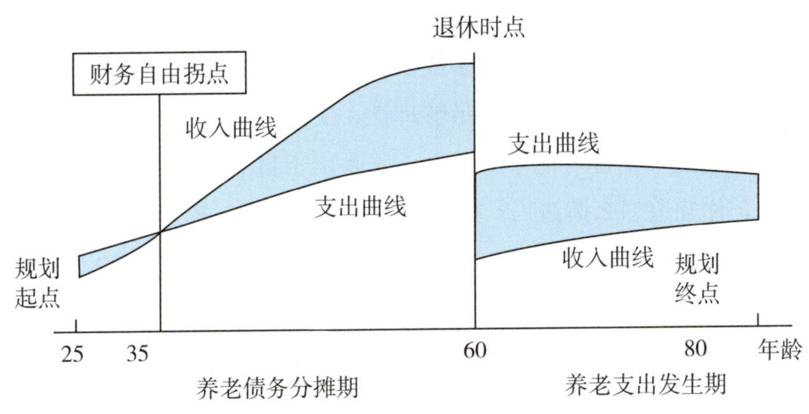

个人理财生命周期（图片来源：《清华教授杨燕绥：别做被“养老”毁掉的年轻人》）

想要优雅老去，就要终生自立。也许这对于一少部分退休收入和退休前工资相差不多的公职人员、事业单位人员来说并不适用；但是对于绝大多数人来说，长远规划一下“优雅老去”的财务解决方案还是必要的。如何保证在退休的时点有足够的现金流支撑高品质的退休生活，如何保证在遇到急需用钱的情况（至亲重病、金融危机、全球疫情等）有足够的经济保障等都是值得落实的。其实就算是百分之百拿退休前工资的人来说，只依靠退休工资在很多时候也不一定够用，或者说限制了很多事情的选择自由度。老龄化程度越来越深的社会，多渠道收入来源组合（Multi-steam Income）已经不是选项而是必需的财务策略了，就像投资不把鸡蛋放在一个篮子里一样，将来的收入也不能只靠一个渠道。

第二节 永远先支付自己

这一代人的家庭经济条件已经较上几代人好太多了。就算没有那么富的富爸爸，家里的条件基本也能给你们“挤”出一定的启动资金来。不管这些资金是用来找工作、投资、出国、结婚、创业等，或多或少都会有一些。对于已经成人的自己来讲，这些都是父辈的心意，如果足够成熟足够理性，父母的心意归心意，自己该准备的还是要准备，或者这些资金也可能不够——不管是出于自立还是未雨绸缪，你总需要自己的第一桶金。你知道怎么攒钱吗？攒下来的钱怎么分配？攒多少呢？

其实综合前面几章的一些要点，可以大概推理一下。比如你的专业能力值多少钱，你能整合多少资源，你想实现什么目标与梦想，为了实现目标和梦想你的花费是多少，有哪些收入渠道可以给你带来现金流，有哪些对抗财务风险的规避方式，你希望什么时候达到财务自由，你希望什么时候退出劳动力市场，你的主要收入来源是哪个渠道……这些都和你需要攒多少钱息息相关。并且，这些因素其实在某种意义上如果相互作用，就会产生查理·芒格提出的Lollapalooza效应。

当然，你也可以请专业人士来为你提供整套解决方案。不过在这一点上，你如果什么都不懂、又对自己的状况不甚了解，那么碰到有职业道德、有侦探一般敏锐洞察力的、值得信任的人作为理财事务的助手还好，否则很有可能还不如什么都不做。你整合其他资源的前提最好是你有足够的专业认知和判断。

一、资产与负债

非财务相关专业的同学们有想过什么是资产、什么是负债吗？“资产”和“负债”都有其经济学意义上的完整定义，对于个人或家庭这些组成社会的最小单元来讲，其实可以简化一下便于理解和日常操作。简化到什么程度呢？例如，如果是这样定义，多数人都很容易理解——

现金流（又叫收入）：你挣的钱。

费用（又叫支出）：你花的钱。

资产：把钱放进你口袋的东西。

负债：把钱从你的口袋取走的东西。

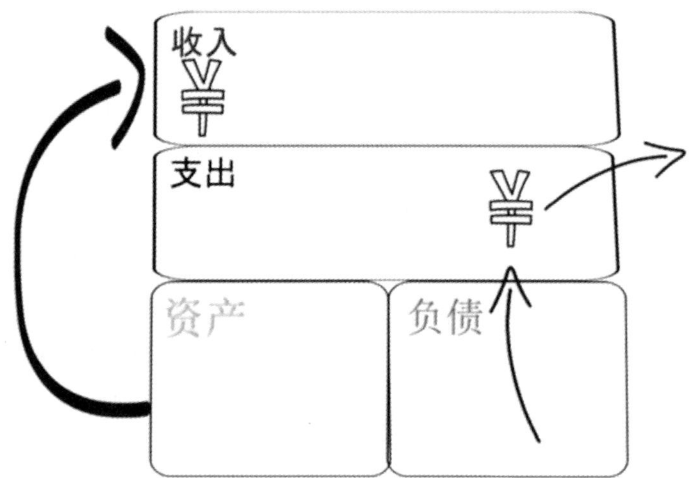

直观定义：现金流、费用、资产、负债（来源：《富爸爸穷爸爸》，罗伯特·清琦——如何成为富人，https：//m.v.qq.com/page/f/j/e/f0556aya3je.html?ptag=m.baidu.com%23v.play.adaptor%232）

坊间有一句话叫做“穷人和富人的区别不在于口袋而在于脑袋”，你怎么认为？很多时候“穷人”不是故意的，是先天观念和环境信息的植入让他们处于无意识“犯错”的状态。当后来意识到的时候，很多思维、习惯就像灌注好水泥的大厦，从地基上、结构上、整体设计上已经很难更改了，除非下决心推倒重来。举个例子，如房产，到底是资产还是负债呢？很多人觉得几百万甚至几千万的房子产权写上自己的名字，当然是自己的资产了！参照上面的定义，就会发现，如果你还在为这些房产还贷、交水电煤、物业费，那么它们是把钱从你的口袋取走的东西，其实是负债；如果你不用还房贷，房子是租出去的，并且每个月都给你带来租金收入，那么它们是把钱放进你口袋的东西，这种情况下，它们才是资产。当然，如果你这一代把贷款还清，下一代从你这里继承房产直接收租，那么同样一套房子，在你这里是负债，在你的下一代那里就是资产。

我们无意把人分成三六九等，然而从消费习惯以及财富累积的结果上看来，不妨看看不同消费思维导致的消费结果。

A类人：赚多少花多少，甚至花将来的钱（信用卡等），钱都花在所谓的日常支出上面，比如吃的、喝的、玩的、用的；

B类人：购买他们认为是资产的负债，比如需要还贷的房子；

C类人：花时间和精力买入真正的资产，这些资产带来现金流，然后买入更多的资产。

资产有各种类型，可以是不动产、企业、股票、你的产品甚至你自己（没错，你就是带来你人生现金流的不可多得的资产）。很多人会问，要是我创业做产品或者做企业亏了怎么办？对，创业和投资都是有风险的，可是在购买新电视、新车、新游戏、甚至垃圾食品的时候很多人却没有问同样的问题，尽管这些东西实际上是无法带来现金流的。C类人的思路是，宁愿把钱放在感兴趣、并且将来有可能带来收入的东西上，而不是买一堆不需要的，即使它们再便宜都是如此。C类人认为，就算失败了，亏钱了，但是在这个过程中得到的经验和知识是无价的，比花在那些不需要的物品上面要有价值的多，这个时候，C类人自身的价值是提升了的，经历的失败带来的经验和知识让他们变成了对于自己而言更值钱的资产。大多数人不愿意接受失败，可是你见过不摔倒就学会走路的吗？在创造源源不断的现金流这件事上，思路是相同的。“不在非战略机会点上，消耗战略竞争力量，要有战略耐性。”，希望你的每一分钱都花在能够带来持续现金流的刀刃上。

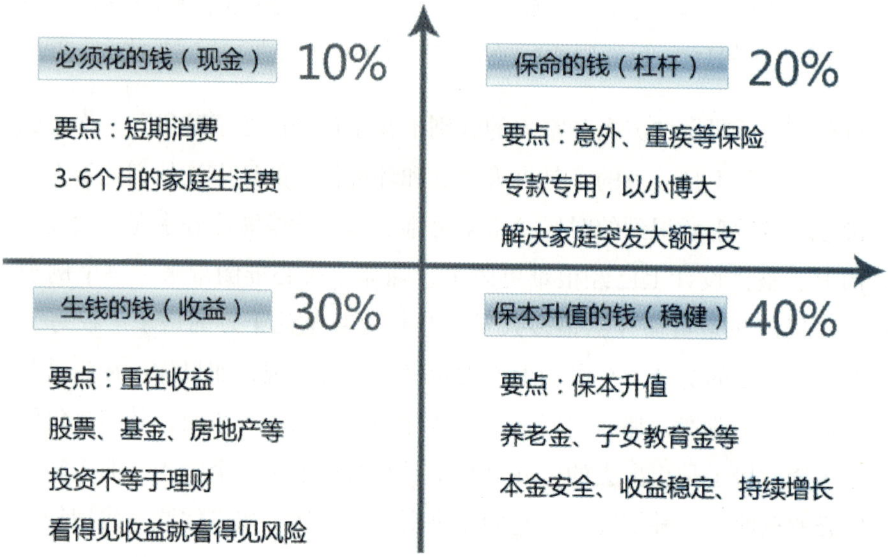

必须花的钱（现金） 10%

要点：短期消费

3-6个月的家庭生活费

保命的钱（杠杆） 20%

要点：意外、重疾等保险

专款专用，以小博大

解决家庭突发大额开支

生钱的钱（收益） 30%

要点：重在收益

股票、基金、房地产等

投资不等于理财

看得见收益就看得见风险

保本升值的钱（稳健） 40%

要点：保本升值

养老金、子女教育金等

本金安全、收益稳定、持续增长

标准普尔家庭资产象限图

标准普尔公司曾调研全球十万个资产稳健增长的中产家庭，分析总结出他们的家庭理财方式，从而得到家庭资产象限图。 这张图被公认为最合理稳健的家庭资产分配方式。值得提醒的是，这些是“稳健增长”的“中产家庭”的配置结构，如果你的年龄不同、目标不同，分配比例也应该随之调整。例如，在20岁的年纪，你可能愿意把“保本升值的钱”的比例降一些，把“生钱的钱”的比例升一些，因为子女教育、养老还比较远，而年轻时的主要任务之一就是“生钱”；而且，年轻时的风险承受能力要更强一些，毕竟占据了年龄优势。

二、储蓄的意义

你挣了多少钱并不重要，重要的是你存下了多少钱。就像一个蓄水池，进水量、出水量、蓄水量都是必不可少的关键因素。主要蓄水池还可以接出去分水池，分别用于不同类别的用途，这些水池就是你的银行账户了。你可以有多个银行账户，可以有活期有定期，也可以有其他投资类别的账户。这里要强调巴菲特的一个提醒“正确的储蓄方法不是花钱之后把剩下的钱存起来，而是在存钱之后花剩下的。”

CASH is still the KING

“现金仍然为王”（图片来源：Keith J. Cunningham March 28，2020《Crisis Survival Guide》）

主要原因就是，你赚的钱不都是你的。很遗憾，事实就是如此，比如你要交税（个人所得税、消费税）、要付学费、要交房租、要交水电费、交物业费、交各种媒体平台的费用、买衣服、日用品、吃饭的费用，三下五除二，就花得差不多了。养成好的消费习惯的方法是，在拿到常规收入的时候，最好是自己还没看见收入的时候，就转至少10%到另一个储蓄账户；拿到额外奖金的时候，至少转奖金的50%去存起来，剩下的再去做其他花销。这一点对于一些人来讲并不容易，但是却非常非常重要。比例可以按自己的实际情况设置，但是这个习惯一定要有。过半年一年之后再看看自己的账户，跟那些“钱花着花着就没了”的阶段比，你会发现“钱存着存着就多了”。“月光族”们要对五花八门的刺激消费广告有足够的警惕性，因为那些广告并没有考虑到每个人其实非常需要一些傍身的钱，以渡过突发的危机。这一点，经历了2020年年初疫情的人都会有切身的体会，因为在削减甚至停止收入的情况下，拼的都是积蓄。

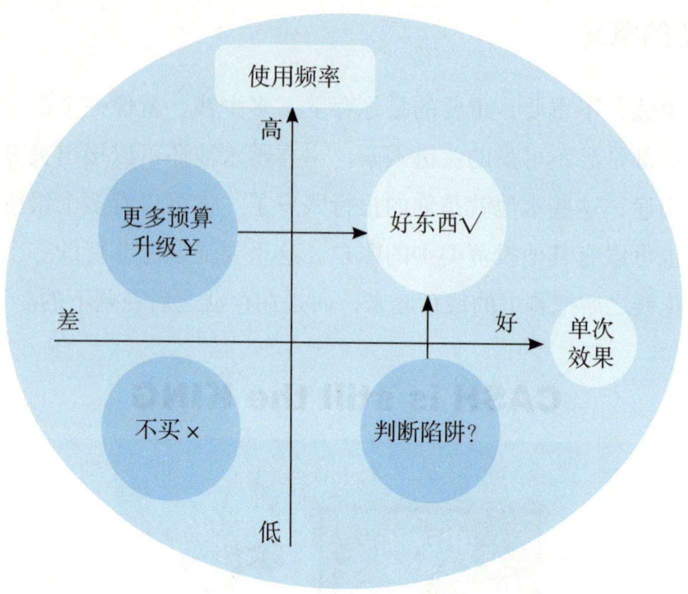

"好东西"分数＝（购买时的快乐＋享受频率×单次愉悦度）/产品价格（来源：简七《巴比伦富翁新解》）

如果我们有"富爸爸"，他可能会在日常生活中提醒我们，"欲望"不等于"必需品"，理性消费有助于长期财务健康。当然，我们在前一章提到过一个人的支出是另一个人的收入，消费也是刺激经济增长的重要手段。只是具体到每个人来讲，"好东西"更有助于提高生活质量、节省不必要的开支和精力。例如，买一台1000元的电脑，价格有优势，但是可能用着用着就三天两头死机、速度越来越慢、软件版本更新跟不上、很多程序不能应用、容易中病毒，影响心情影响学习工作效率，1～2年左右就得换；如果买一台8000元的电脑，速度快、更新快、非常稳定、不易中毒，心情好、工作效率高，创造的价值、回报都相应提高，用个3～5年很正常——你觉得哪个更"划算"呢？如果你没法直观判断，也可以参考一下上面的"好东西"公式来协助消费决策。本节希望大家印在心里的是：

良好的储蓄习惯＝开源＋节流＋先支付自己

第三节　撬动复利杠杆

年轻真是太好了，尤其当你知道了“复利”。网上有很多关于复利的故事，有古代的、有现代的、有国内的、有国外的，总的来说都是几个意思：前面增长缓慢让人表示不屑一顾、后面增长迅速让人表示难以置信。所以说“眼见为实”是不太靠谱的，在很多事情上“逻辑比事实更真实”，人是有先入为主的思维模式的，当所发生的和人们脑子里面固有的东西不一致人们又无法解释的时候，所发生的就“看”起来不那么“真实”。就像这个复利公式，只是看着这几个字母你也未必觉得怎么样，但是比较了它们带来的结果，也许你就会重新思考一下对他们的看法。

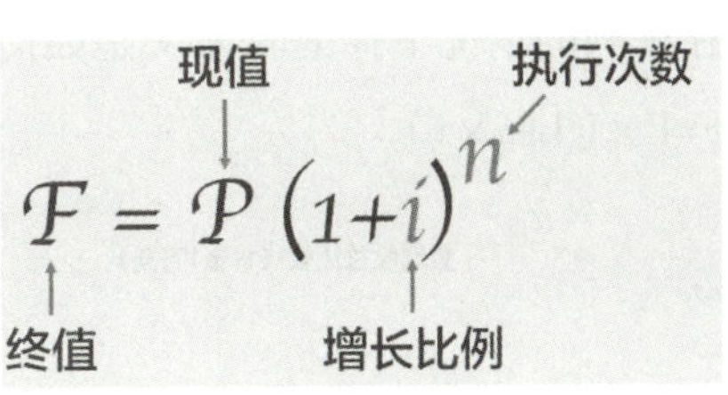

复利的公式

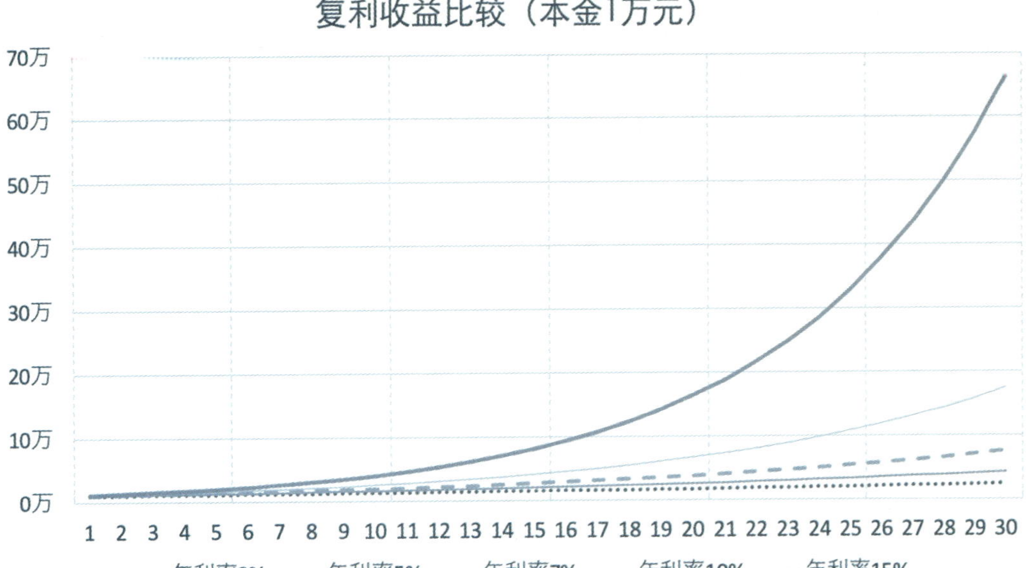

本金1万元在不同复利利率下累积30年的收益比较

举个例子，假如你有1万元的本金，在不同的复利利率下存30年会有怎样的不同累积收益呢？我们用Excel画一张最简单的图比较一下利率分别为3%、5%、7%、10%、15%的时候，会出现什么情况？（参照上页图）

一、第八大奇迹

对上面的图有点感觉了吗？如果你说30年在利率15%的情况下才累积了66万，好像也没啥。别忘了你的起点，只有1万元而已。如果还没有感觉，那我们来比较一下在单利的情况下你的收益又是如何，毕竟没有比较就没有伤害。单利的公式可以写成F=P×（1+n×i）。

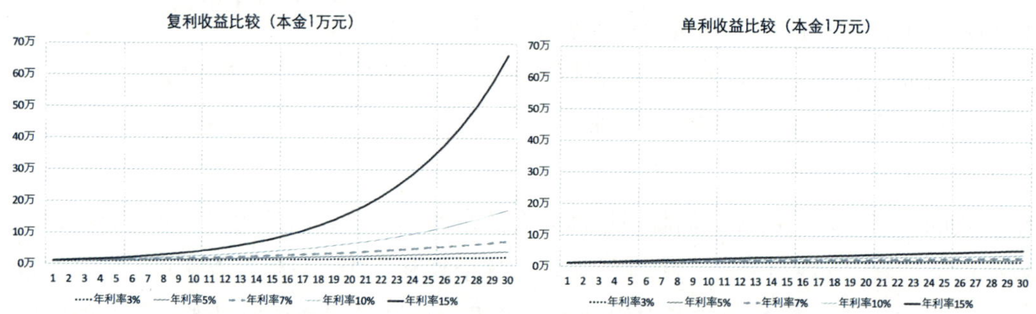

本金1万元在不同利率下累积30年的收益比较，复利和单利计算的区别（1）

为了便于观察，我们把单利作用下的图表设置成和复利作用下图表的的纵坐标系一致。可以看到，同样是30年，如果仅仅是单利累积，1万元的本金即便在15%的利率情况下也只有区区5.5万元。66万除以5.5万，复利累积是单利的12倍。

如果放大一下上面的图表，设置成和单利作用下的纵坐标系一致是这样的：

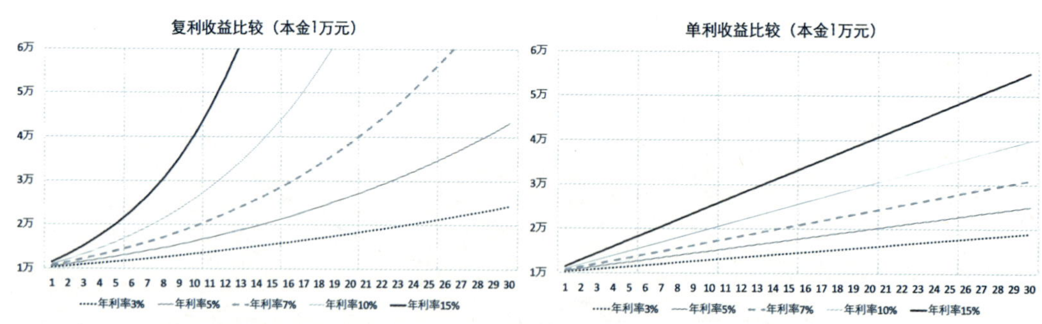

本金1万元在不同利率下累积30年的收益比较，复利和单利计算的区别（2）

不同的利率在单利和复利作用下的前3～5年里是没有太大差别的。可是随着时间的增加，复利利率值越大，后面的增长就越快，曲线就越陡峭，结果就越不可思议。

据说爱因斯坦曾经把复利称为“世界上第八大奇迹”，这句话是不是真的有待考证。不过，无论爱因斯坦有没有这样说过，复利的力量是不可小觑的。还是来看看股神巴菲特在1964年讲的一个故事吧。

1626年，曼哈顿岛有一群印第安人，他们将这座小岛卖给彼得·米纽伊特，后者是荷属美洲新尼德兰省的总督，以善于挥霍浪费而臭名昭著。根据巴菲特的了解，印第安人从这笔交易中净落到手的钱只有可怜的24美元，米纽伊特则得到了曼哈顿岛上22.3平方英里的所有土地。按照讲述年份1964年时的可比土地销售的价格基础进行估算，曼哈顿岛当时每平方英尺土地价格为20美元，整个曼哈顿岛的土地总价值算下来约为125亿美元。初看上去，印第安人是赔大了，米纽伊特是赚大了。然而，巴菲特做出个假设，假如印第安人只需要能在之后取得每年6.5%的投资收益率，就能轻松笑到最后。按照6.5%的年复利收益率来计算，他们当时卖岛拿到的24美元在经过338年的累计增值后，已经价值约420亿美元，而且只要他们努力争取每年多赚上半个百分点让年收益率达到7%，那在338年后的1964年，他们的24美元就能增值到2050亿美元，年份足够长即使7%的复利增长也妥妥的配得上“奇迹”的称号了。

我们可以看到，在这里巴菲特想要强调的是，想通过投资理财来赚钱，需要靠长期经验和财富的积累，千万不能急功近利。故事是有些理想化的，然而巴菲特和他的搭档芒格在这几十年里用“复利”给他们带来的实际收益从侧面印证了这种理想化也不是没有实例化的可能。

二、湿湿的雪，长长的坡

“人生就像滚雪球，关键是找到湿湿的雪和长长的坡。”如果把这句话仅仅理解为投资股票选择公司那就不免有局限了。巴菲特自己的解释是：“只有找对了雪地才可以滚雪球，我就是这样做的。我所指的不仅仅是赚钱方面，在认识世界、结交朋友的时候同样如此。我们一生中要面临诸多选择，要争取做一个受欢迎的人，其实就是让自己的雪球在雪地上越滚越大。最好是一边前进一边选择积雪皑皑的地方，因为我们不能回到山顶重新开始滚雪球，生活正是如此。”

巴菲特和芒格合作了近60年，他们一起掌管的伯克希尔·哈撒韦公司在1990年6月1日的股价是每股7 100美元；在将近30年后的2019年12月31日的股价是每股339 590美元，单从股价上来看就是1990年6月1日的48倍，简单应用复利公式339590=7100×（1+i）×29.5，计算得出相应的复利利率约为14%。芒格说他自己不是一个擅长退出的人，他擅长的是挑选，追求永远不必退出。而巴菲特最成功的选择莫过于他的“秘密武器”查理·芒格了，两人投资理念相近（价值投资），能力旗鼓相当，都是“行走的图书”，都非常清楚自己的能力边界，并且相当勤奋。可以这么说，芒格就是巴菲特价值投资的实践之一，伯克希尔·哈撒韦就是两人共同的价值投资的实践体现。

再看看国内的一家知名的公司贵州茅台，2001年8月31日的股价是8.91元人民币，2019年8月30日的股价是每股1 142元人民币，单从股价上来看就是2001年8月31日的128倍，简单应用复利公式1142=8.91×（1+i）×18，计算得出相应的复利利率约为31%。

能不能用复利积累财富的关键点就那么几个（说起来容易，实践起来有很多层面被障眼法锁住，需要穿透迷雾看本质）：

●复利利率要尽量高（“天时、地利、人和”要素怎样？是不是值得？既要看到潜力，也要看到危机，同时管理你的预期）。

●要足够有耐心等待（做时间的朋友。你是擅长退出还是擅长选择）。

第四节　不能不懂的财务初阶

“财务”“会计”“审计”几个概念是财务初阶里面的基础知识，它们之间的关系最通俗的表达方法可以参考下面的表格。

	会计	财务	审计
举例	儿子向爸爸打报告要钱去商场买玩具，这就是财务。 回来后，交回小票及余钱，爸爸再据此记个小账，这就是会计。 妈妈疑心儿子贪污了几个小钱，去商场查验价格，再对账，这就是审计。 打个比方，我决定未来一个月，对于每笔花销，进行分类记录，这就是会计。 而如果未来一个月，我汇总了所有记录，分析各类花销的每月差异，总结了我目前是否过于浪费，继而制订出未来的省钱计划，这就是财务。 每个月每笔花销记录后，怀疑有什么错误的地方，再进行核查一遍，这就是审计。		
（一）	会计讲述昨天的故事	财务编织明天的梦想	审计检验昨天的故事和明天的梦想的实现过程是否符合要求
（二）	会计是信息的创造者	财务是信息的利用者	审计是信息的监察者
（三）	会计的主要任务是记录企业的所有经营活动，所以会计总是给人一种账房先生的感觉，因为他们的日常工作就是记账、做分录	财务的工作则是根据会计所记录的数据，分析出其中的关系，并将这些数据有效地应用起来，为企业制定出有利且可行的方案、策略，从而创造价值	审计的工作是对重大项目和财务收支进行事前和事后的审查的独立性经济监督活动
（四）	会计负责结账核算已经完成的资金活动，并描述资金账目	财务则负责分析资金运转，并对未来资金做预算	审计负责对会计的核算进行检查，又包括对计算行为及所有的经济活动进行实地考察、调查、分析、检验

“财务”“会计”“审计”的区别（资料：http://news.esnai.com/2017/1116/165933.shtml）

财务/会计这件事，可以不亲自做，却不能不懂。为什么可以不必亲自做？因为术业有专攻，你可能还有更重要的事情去做；为什么不能不懂？因为财务/会计是商业这一领域的语言，各行各业都有它们自己的语言，你进入了一个新的领域，懂了它的语言，才明白这个语言要表达的现象是什么意思。财务/会计报表（Finance/Accounting）就是商业的语言。巴菲特关于这方面的建议非常中肯——懂它！如果你不懂商业领域的计分牌，你就不知道分数是多少；如果你看不懂分数是多少，你都不知道谁输谁赢。

几种体育比赛的计分牌——你能看懂几个？

记录企业财务运营数据的目的是双向的：它既集中精力关注管理中最重要的部分；同时也监控运营行为以确保企业运营得以改进并取得成果——最终目的是确保企业的可持续性发展。

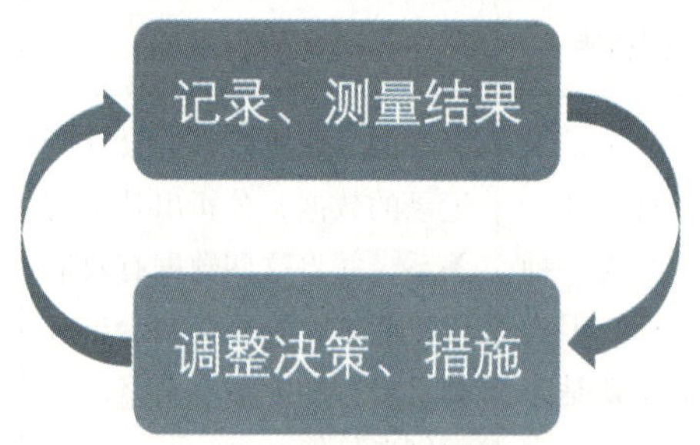

财务管理的双向目的（内容来源：Keith J. Cunningham）

如果创业的话，无论公司规模多么小，我们都应该让它“五脏俱全”——关于资金、运营方面的数据一个都不能少。一段时间以后，你会发现，你的数据其实会说话。它们向你反映了你目前的财务状况，它们也在无声地“告诉”你，在哪些方面的哪些活动上你需要调整，使得你的结果会更加接近预期。如果投资的话，对于上市公司的这些数据更要心中有数，它们反映了你正在分析的公司的基本财务状况，它们也在无声地从它们的角度“提醒”你，这些公司的价值在哪里，是不是你要找的“湿湿的雪、长长的坡”。

一、资产负债表、利润表、现金流量表

资产负债表（Balance Sheet）、利润表（Income Statement）、现金流量表（Cash Flow Statement）是财务报表（Financial Statements）里最重要最基础的三张表格。教科书和网络关于它们的定义、解释可以详细到非财务专业的同学根本不想继续了解。所以我们只关心两点：它们之间的关系，以及采取行动保证现金流的重要性。

读书比较高的境界是“能深入、能浅出”。讲清楚一门相对专业的课程同样需要这个水平的能力。好在时代给予我们的优势是，只要你想学，总能找到资源——免费的或者收费的。Keith J. Cunningham在美国几所知名的商学院给MBA学生讲《20分钟学懂2年的财会课程》，受欢迎的程度让商学院的教授们戏称，还好Keith没有被商学院长期雇佣，否则他们就失业了。这么专业的东西真的很容易懂吗？我们来看看。

资产负债表
Balance Sheet

资产
THINGS & STUFF
货币资金
Cash
应收账款
Accounts/Receivables
库存
Inventory/Stock
固定资产
Prop./Plant/Equip
……

负债
OWE
应付账款
Accounts/Payable
应付税金
Taxes/Payable
应付票据
Notes/Payable
……

所有者权益
OWN
投资
Investment
当前收益
Earnings: Current
保留盈余
Earnings: Retained
……

利润表
Income Statement
营业收入
Sales/Revenue
- 营业支出
- Expenses
最下行
Bottom Line
收益
Earnings
毛利
Profits
纯利润
Net Income

现金流量表
Cash Flow Statement
经营活动
Operating
投资活动
Investing
融资活动
Financing
……

20分钟讲清三张基础财务报表（内容来源：Keith J. Cunningham《20分钟学懂2年的财会课程》—— Anthony Robbins《商业大师》2016年8月，悉尼）

资产负债表（Balance Sheet）是静态的（见上图左半边），反映了某一时间点的资产和负债情况。它可以分成左右两个部分：左边记录了企业所拥有的东西；右边的上

半部分记录了当时的欠下的东西、右边的下半部分记录了当时企业所拥有的权益。关键点是：左边和右边是平衡的，所以名字叫Balance Sheet。资产负债表就像一张世界地图，我们能看见某个时间点企业财务情况的全貌。

利润表（Income Statement）是动态的（见上图右上角），反映了某段时间企业的收入和支出情况。收入为正值、支出为负值，收入减去支出得到了利润表的最下行（Bottom Line），这行的内容也被称作利润（Earnings）。关键点是：虽然利润表是动态的，但是它里面最重要的内容——利润，是没有办法花出去的，所以它反映了“理论上”的一系列动作。

现金流量表（Cash Flow Statement）是动态的（见上图右下角），反映了某段时间企业的现金流动情况（进/出）。它主要有三个类别，运营活动的现金、投资活动的现金、以及融资活动的现金。关键点是：它们加加减减剩下来的净值才是商业活动可动用的“钱”，是企业主和投资人最看中的数字之一。

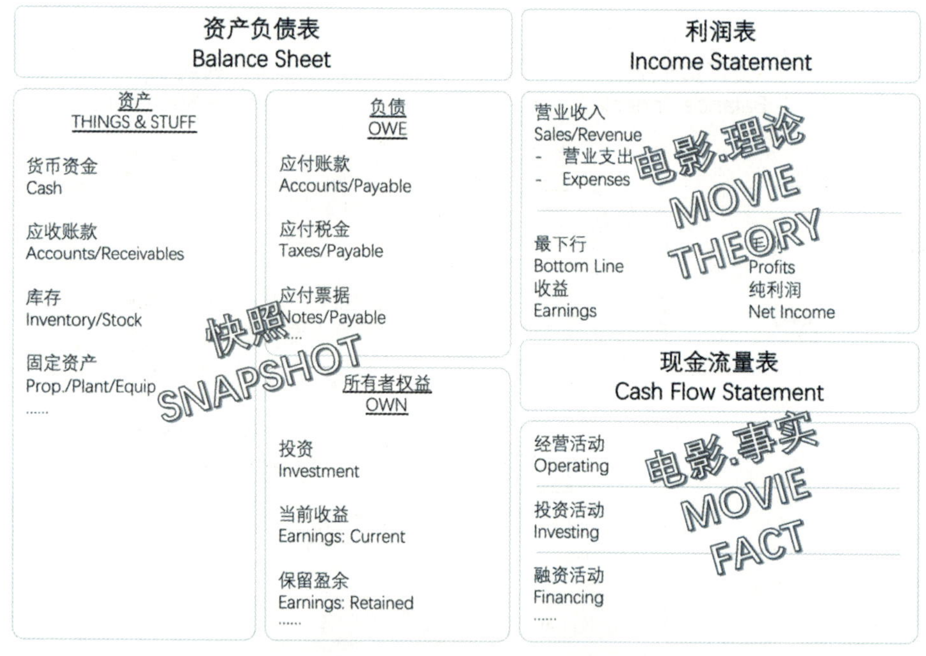

三张基础财务报表的关系之一（来源：同上）

我们说资产负债表像一张世界地图，利润表和现金流量表就像世界地图某个点放大后的街区地图（上图）。管理的目的是更有效的决策，有效的决策带来相应的商业活动，相应的商业活动产生反应现象的数字。这三张表的结合就是希望通过数字，倒推出哪些活动没有带给我们期望的商业结果，找到哪些决策是不当的甚至失误的，从而更有效的管理企业。层层放大查找就可以理解商业语言背后的含义。

三张基础财务报表的关系之二（来源：同上）

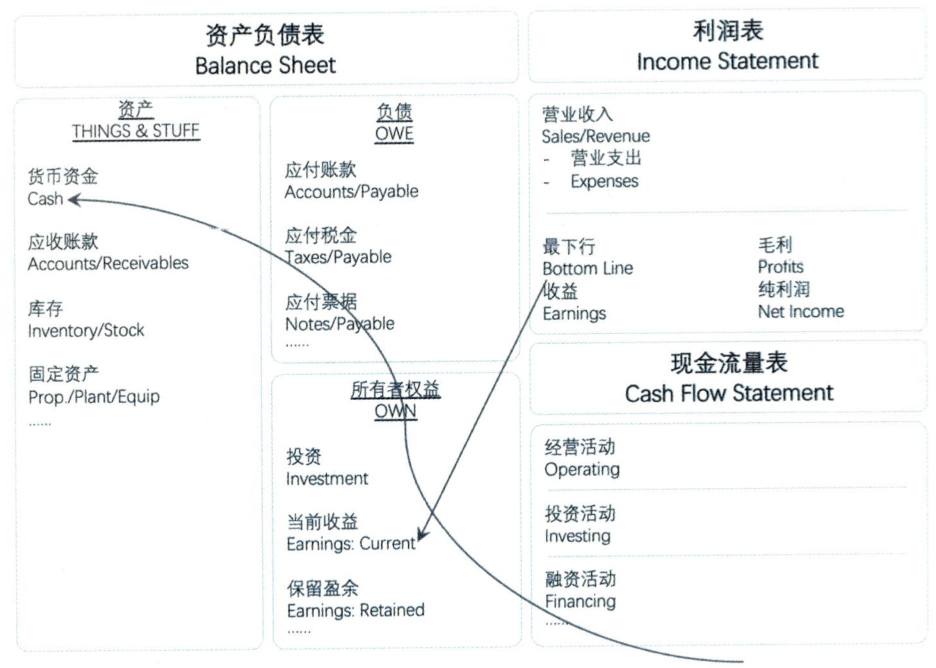

三张基础财务报表的关系之三（来源：同上）

资产负债表是静态的快照，它的背后有着动态的支撑（上图）。怎么支撑的呢？上图带箭头的线段指出了其中的关系：现金流量表里加加减减后的现金净值就是资产负债表里的货币资金；利润表里的最下行就是资产负债表里的收益。如此以来，看到资产负债表以后，对利润不太满意的话可以去仔细研究一下利润表的每一项；对现金有更大的期待也可以对应的查看现金流量表的每一个动作。

记得前面提到的“资产就是把钱放进你口袋的东西”吗？经商就是一个建立资产的过程，资产带来收入，收入带来利润，但是利润还不是最重要的（因为不能花），最最重要的还是利润带来的现金。

这些财务数据之间的关系属于纵向比较，我们还可以横向分析每年同样类别的数据变化情况，也就是财务状况的“趋势”。未来是很难预测的，但是商业活动是必须要对未来进行预测的，不管准确率有多低。一个创业人的能力也是从经历这一次次的分析、忐忑、决策、判断中锻炼出来的。这些经商的肌肉在不断的刻意练习之后就越来越强壮了。

二、创造财富，传承财富

“富不过三代”是一种常见的现象，往往第一代是白手起家、创造财富的人，但是第一代的祖先不是；第一代对第二代的教育不以创造财富和守护财富为主，而是把对第二代的培养变成实现自己未完成的愿望；第二代对第一代创造财富的技能学习只知其然不知其所以然，没有经历过足够的失败，没有吃过足够的苦；第三代基本就是享福的，等第一代年纪渐长想起来要教育后代传承财富的时候，第三代的观念、思维已经成型，财富也渐渐以消耗为主。

	隐私保密性	债务隔离	税务筹划	传承效果	保值增值	家族宪章 家族文化
遗嘱	次弱	弱	弱	次弱	弱	—
赠与	次弱	弱	弱	次弱	弱	—
保险	强	次强	次强	次强	次强	—
信托	强	强	强	次强	次强	次强
保险金信托	强	强	强	强	强	强

高净值人群越来越多，财富创造、财富保护、财富传承是几代人的事。对于财富传承的规划也越来越提前。

与这种现象相抗衡的能够让财富逐代传承、累积甚至增长的方式是：方法的传承、习惯的传承以及对于金钱的教育和价值观的传承（和孩子、和家人谈钱）。而这又需要对的家庭环境、社会环境和对的人脉关系。传承财富的公认的家族榜样是罗斯柴尔德家族；公认的民族榜样是犹太人。一个家族的命运可能是需要几代人来改写的，该学习孟母的时候一定要迁出那些给自己设置思维牢笼的小环境、大环境。

“高净值”是最近对富人的一种更清晰定义和称呼。当普通人还在为生计奋斗的时候，高净值家族已经开始规划如何让财富延续了。BBC的纪录片《人生七年》深刻地展现几位不同阶层的主人公每7年的变化（目前已经纪录到63岁），基本上富者仍富、穷者仍穷。阶层的难以逾越值得每一个想从现金流象限左边过渡到右边的人深深地警醒。每一次你想要用富人的思维武装自己并且做出改变的时候，总有一股力量从旧思维和舒适圈伸出来把你往回拽，这个时候记得保持清醒和理性，它们只是想保护你不吃眼前的苦头不要太累，你需要更大的力量甚至环境的力量来告诉这股舒适圈的力量说：放心，我知道我要的是什么，思维的改变——值得！

当有了方向、有了思路、有了工具之后，你就可以“热爱工作”了，因为它是获得一切财富的秘诀。没有一个创造财富的人不是勤奋的人；反而是平庸的人容易与懒惰相伴。

三、回馈社会

“穷则独善其身，达则兼济天下”，挺有道理。虽然倡导及时回馈社会，但我们也反对道德绑架。企业有其社会责任，创造财富、解决就业、提供产品服务解决社会问题已经很值得肯定了，是否做慈善做公益、何时做慈善做公益完全由企业自身决定。不过从“不以善小而不为”的角度来讲，回馈社会的习惯最好尽早培养，如果能“无论穷达，兼济天下”就称得上发扬中华民族的传统美德了。所谓取之于民、用之于民，“舍”就是“得”。

延展阅读

- 哈维·艾克，《有钱人和你想的不一样》，湖南文艺出版社，2017.6。
- 罗伯特·清崎，《富爸爸，穷爸爸》系列，南海出版社，2011.4。
- 罗伯特·清崎，《21世纪的生意》，南海出版社，2013.1。
- 简七，《巴比伦富翁新解》，中信出版集团，2018.8。
- 《中国人口报告2020：少子老龄化挑战》
- https://finance.sina.com.cn/china/gncj/2020-02-25/doc-iimxyqvz5539802.shtml Keith J. Cunningham 《Crisis Survival Guide》（March 28, 2020）
- https://keystothevault.com/wp-content/uploads/2020/03/Cash-is-still-the-King-Webinar-Survival-Guide-3-26-20_AV-edit.pdf

视听资源

- 清华教授杨燕绥：对不起，我设计的社保，尚不足以应对你的养老危机
  https://new.qq.com/omn/20190624/20190624A0OEOK.html
- Keith J. Cunningham：Cash is STILL the King
  https://vimeo.com/401507058
- 《富爸爸穷爸爸》：罗伯特·清琦——穷人花钱变穷，富人花钱变富
  https://m.v.qq.com/page/b/0/1/b0557pdef01.html?ptag=m.baidu.com%23v.play.adaptor%232
- 《富爸爸穷爸爸》：罗伯特·清琦——如何成为富人
  https://m.v.qq.com/page/f/j/e/f0556aya3je.html?ptag=m.baidu.com%23v.play.adaptor%232
- 《刘润：商业洞察力30讲》@得到App
- BBC纪录片《人生七年》@哔哩哔哩App

练习

用思维导图记录问题和答案。

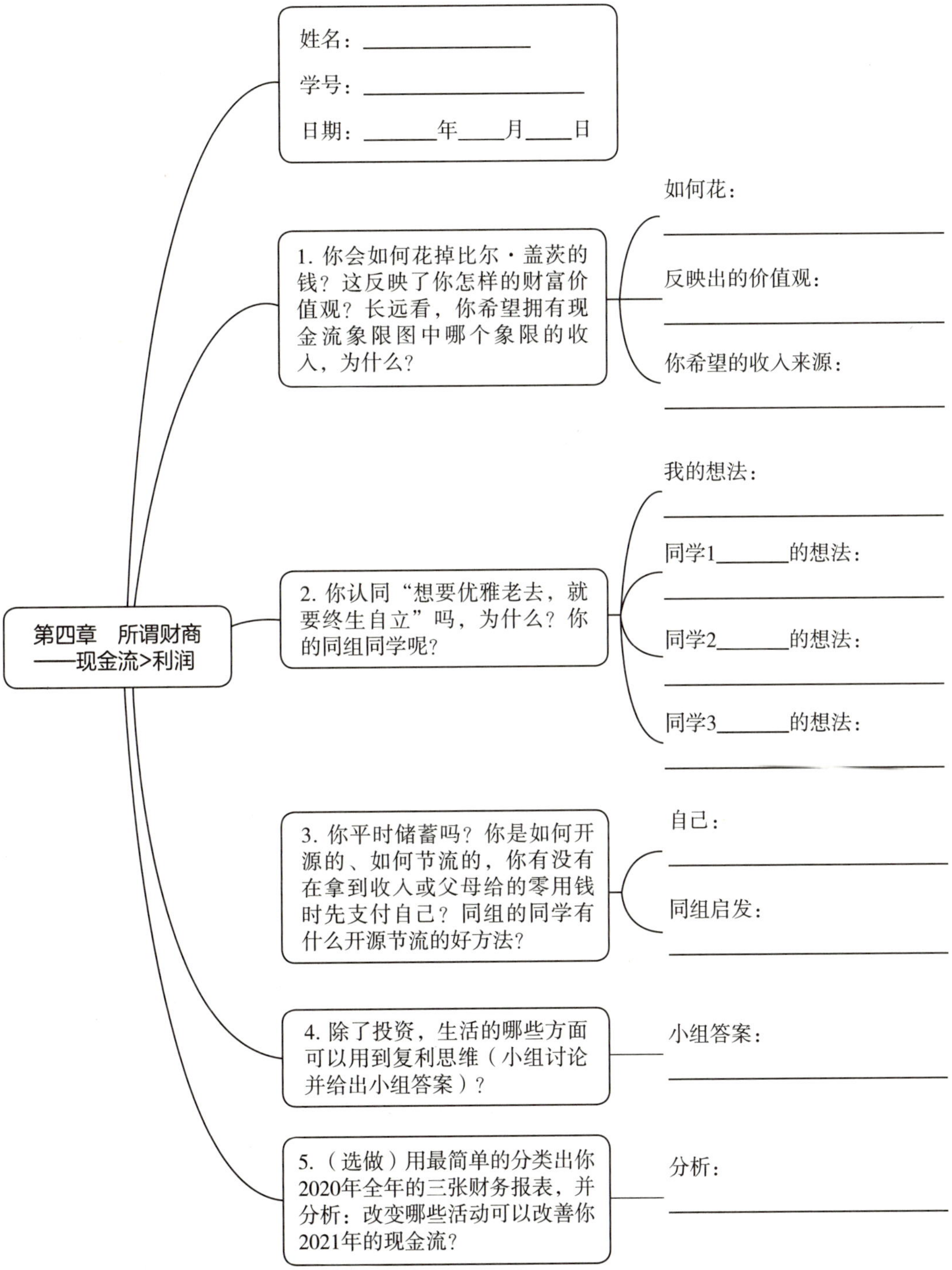

第四章　所谓财商——现金流>利润

姓名：________________

学号：____________________

日期：_______年_____月_____日

1. 你会如何花掉比尔·盖茨的钱？这反映了你怎样的财富价值观？长远看，你希望拥有现金流象限图中哪个象限的收入，为什么？
   - 如何花：__________________________
   - 反映出的价值观：__________________________
   - 你希望的收入来源：__________________________

2. 你认同“想要优雅老去，就要终生自立”吗，为什么？你的同组同学呢？
   - 我的想法：__________________________
   - 同学1_______的想法：__________________________
   - 同学2_______的想法：__________________________
   - 同学3_______的想法：__________________________

3. 你平时储蓄吗？你是如何开源的、如何节流的，你有没有在拿到收入或父母给的零用钱时先支付自己？同组的同学有什么开源节流的好方法？
   - 自己：__________________________
   - 同组启发：__________________________

4. 除了投资，生活的哪些方面可以用到复利思维（小组讨论并给出小组答案）？
   - 小组答案：__________________________

5. （选做）用最简单的分类出你2020年全年的三张财务报表，并分析：改变哪些活动可以改善你2021年的现金流？
   - 分析：__________________________

第五章

要事第一——做时间的朋友

无用之用，方为大用。

——庄子

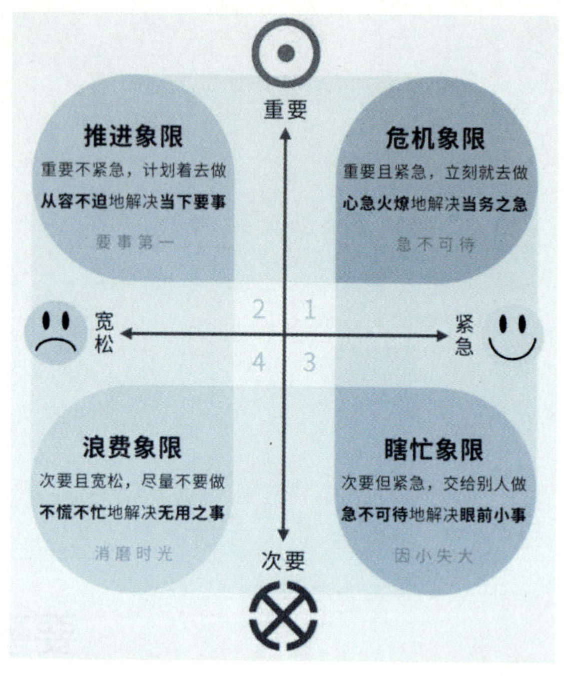

重要紧急四象限——高效是做重要的事而不是更快做事

现代人之于原始人显然忙碌了很多，于是聪明的我们学会了梳理忙碌的日常，时间管理也好、精力管理也罢，总有这样一种分类方法，就是把你能想到的要做的事归为四类：重要紧急、重要不紧急、紧急不重要、不紧急不重要（如右图），然后根据分类的侧重点来分配时间精力。

“重要/不重要”或“紧急/不紧急”都有一个隐含的前提假设，就是以时间为维度的参照系。有的事，可能在某个时间点或某段时间内重要（或紧急），过了这个时间点或这个时间段就没那么重要（或紧急）了。从这个角度上来看，一件事之所以重要，原因是此时重视了、完成了，会对未来彼时的一系列事件的事态发展、状态层级、难易程度等起着积极的作用。每个人的人生都是由这样的大小事件组成的，今天的浇水施肥也许辛苦劳累，却为明天的硕果累累打下了坚实的基础；昨天如果没能未雨绸缪，今天也许就要手忙脚乱地亡羊补牢。

做为这个年龄段的学生，之前的十八九年，父母亲人、家庭学校协助你播种的行为习惯种子造就了今天的你；从成人之始，你有责任、有义务、自主有意识地造就后面若干年的自己了。历史的车轮越滚越快，科技飞速发展，环境瞬息万变，我们能做的就是找到并且去做那些虽没那么紧急却着实重要的事，打好立足未来的根基，练好“我自岿然不动”的内功，最终以不变应万变。

就像播种和收获从来不在一个季节，“重要不紧急”的事，因为“不紧急”所以不会马上看到结果，所以很难给人即时的成就感，所以很大程度上需要认知层面的自律来支撑。你的智慧程度决定了自律程度，决定了自律区别于强迫症或偏执狂的“度”。也许你今天的决定源自十年前懂得的一个道理，也许你今天修炼的慧眼会帮助你十年后的明智抉择。

第一节　批判性思考

思考就行了，为什么要“批判”地去思考？这是因为我们当下自认为合理的认知其实未必是“对的”。把“批判”打上引号是因为这个词的翻译其实是有一点直译，“Critical Thinking”从意义上来说可以译成“逻辑清晰严密的思考”，这就比译成“批判性思考”更加中性，也更容易理解和操作。如果直译成“批判”很容易让人从字面上理解成“找茬”和“怼人”，虽然它也的确需要一定程度的反思。我们每个人所拥有的意识从小到大就是被形形色色的人和能触达的媒介所植入的，包括我们认知的内容、认知的层次、认知的角度、认知的效率，等等。很多认知不能简单地以对错来区分，所以这里的“对的”也打了引号。

批判性思考：逻辑清晰严密的思考

我们用“修身齐家治国平天下”自勉，这段话出自《礼记·大学》，原文是“古之欲明德于天下者，先治其国；欲治其国者，先齐其家；欲齐其家者，先修其身；欲修其身者，先正其心；欲正其心者，先诚其意；欲诚其意者，先致其知，致知在格物。物格而后知至，知至而后意诚，意诚而后心正，心正而后身修，身修而后家齐，家齐而后国治，国治而后天下平。”你找到其中的起点了么？——就是“格物致知”，意即探究事物原理，进而从中获得智慧或从中感悟到某种心得。一个动作是“探究原理”，需要逻辑清晰严密的思考来钻研；一个动作是“获得智慧”，需要客

观反思分析的论证来总结。“平天下”这么大的事也是起步于个人的格物致知、正心修身，一个有效方法论的重要性可见一斑。

一、修智慧的智慧

人的一生是由无数大大小小的选择而决定的。既要有目标、立大志向，又不能过于追求完美、过于执着，这当中就需要东方文化中的“平衡”，即“度”的把握。就像炒菜，火小了不熟，火大了又可能会焦。这当中的“度”需要智慧来分辨。神学家尼布尔的祈祷文也这样说，“亲爱的上帝，请赐给我雅量，从容的接受不可改变的事；赐给我勇气，去改变应该改变的事；并赐给我智慧，去分辨什么是可以改变的，什么是不可以改变的。”

神学家尼布尔的宁静祷文：God，grant me the serenity to accept the things I cannot change，courage to change the things I can，and wisdom to know the difference.

智慧是一个古老的概念，它是怎么来的呢？有各种宗教信仰的人可能会有不同的答案。也许是神赐的，但神也是通过一系列事件把智慧传送过来；也许是与生俱来的，只是被层层的障碍遮蔽了，你需要把障碍一层层地移除；也许是遇事哭过、笑过、痛苦过、快乐过之后，一点一点总结出来的。抛开宗教不说，得到智慧就像机器学习（Machine Learning）一样，是通过事先输入规则算法，进行不断地大量试错（Trial and Error），随之修正最初的规则算法总结而来的。

我们的人生有限，不可能把所有规律遍历一次，因此博览群书就可以成为开启智慧之门的途径——借鉴前人的人生经验，从已经成型的思想内容中消化吸收，启发自身的价值判断体系，觉悟人生的道理。与此同时，在学习工作生活中，也要用心体悟身边经历的各种人、事、物的规律，用对现实的观察来验证习得的指导原则。这个时候的思考是要带点“批判性”的，原因是习得的不一定都是“对”的，不一定都是适用于你的，不一定是更接近真理真相的。多问“为什么”，逐步形成自己的“慧眼”。明白了哪些是可以改变的、哪些是无法改变的，然后去应用：鼓起勇气去改变你力所能及的；欣然平静地接受你无法改变的。也许用对了，也许用错了，再循环进行下一轮的反思。

为什么修智慧这件事对于创业来说尤其重要？因为在不确定的创业过程中需要更快速更密集地进行决断和取舍，你创的业往哪个方向发展，以什么样的动能前行，发展空间如何，绝大程度上取决于你的思考判断，你的智慧。

二、找方法的方法

第一章第一节里我们提到了赖声川的“创意金字塔”，它就是由智慧和方法两个角度结合而来的。越是底层的要素，你越早修炼越早掌握，经过一定时间带来的复利效应就越显著。修智慧需要生活，需要“吾日三省吾身”式的自我迭代升级；找方法需要不断扩大认知边界，从广撒网捕到的鱼里确定属于你的那一条，认知越深，边界越宽。

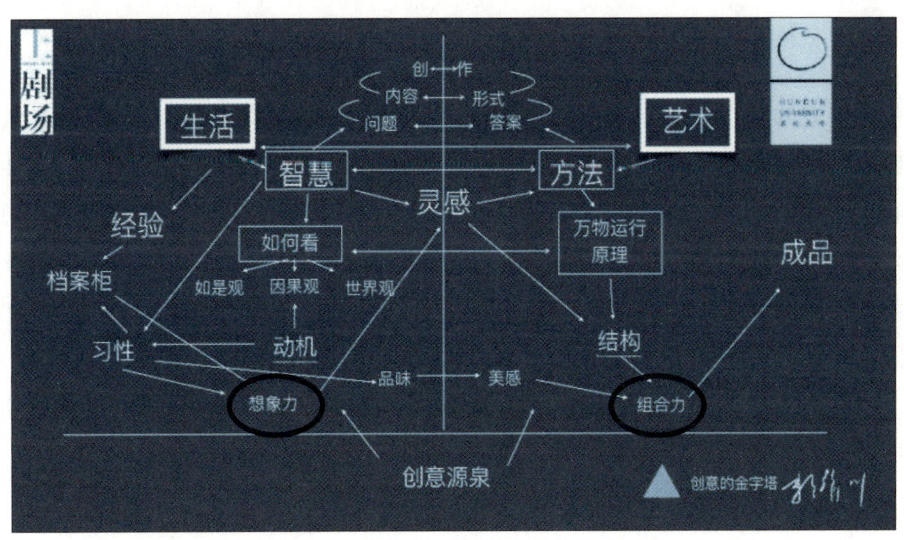

创意金字塔（来源：赖声川《如何获得源源不断的创意》@混沌App）

图示的底部和创意源泉紧紧相连的是想象力和组合力，它们分别对应“开创”的两个动作：创造和创新。之前一直觉得创造和创新差不多，直到写到这里注意到了区别并开始思考为止。刘丰老师在他每次讲课前都要声明一句“讲的人是最大的受益者”。的确如此，输出让人思考，思考使人进步。仔细琢磨一下，创造和创新还真是两回事，一种用左脑的想象力多些，一种用右脑的逻辑力多些；一种讲求“original”，一种侧重“new”。创造力基本上是少数人与生俱来或成长背景赋予的，而创新力是大多数普通人都可以学习的，有模型和方法论来支撑。创业过程大多数需要现有事物基础上的创新，只有少数反映的是从无到有的创造。

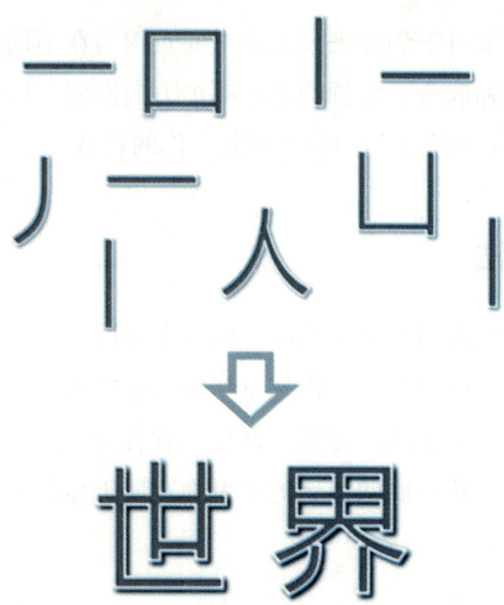

图：“旧要素，新组合”——组合创新（来源：混沌大学学员于圣泽理解的创新思维模型）

有心创业的同学可以分配一定的时间学习混沌大学的课程，有条件的话，最好是能参加线下的实践营，既掌握第一手信息又拓展了自己的人脉，还能和一群自强不息的创业人互相鼓励积极打拼。有机会观摩、参与真实世界的真实商战，是一件想想都会很兴奋的事情。混沌大学创始人李善友教授自己创业过，也教授过中欧国际商学院的创新课，同时还是一位有情怀的创业导师，他希望通过专门教授的哲科思维和创新方法论来帮助大中小企业的创业人、创新者们找对方向、突破瓶颈、抓住机遇、完成使命。混沌大学的各种思维模型、方法和案例非常实用，是审视、打磨自己的创业底层逻辑的宝贵资源平台。

李善友教授在讲课开始（尤其是哲思课），习惯用一句“我讲的都是错的”来启发学员们在被动接受信息的过程中能够贯穿主动的思考：多问“为什么”来追寻本质解；多问“还能怎样”来举一反三。

第二节 习惯决定人生

爱默生说过，“习惯不是最好的仆人，便是最坏的主人。”你希望有最好的仆人相伴一生？还是让自己的人生路被最坏的主人所主宰？每个人都会有一些好习惯，也会有一些坏习惯；好习惯可以帮助我们每天进步，坏习惯会拖后腿，让我们退步；好好坏坏众多习惯的叠加，就像第三章第一节提到的Lollapalooza效应一样，塑造了不一样的你，而且时间越久，你和别人的差距就越明显。对每个人来说，好消息是，习惯不是天生的，我们可以有意识地培养像最好仆人一样的好习惯，然后让这些习惯变成自动波反过来塑造更好我们。更好的消息是，习惯的养成有路径可循。

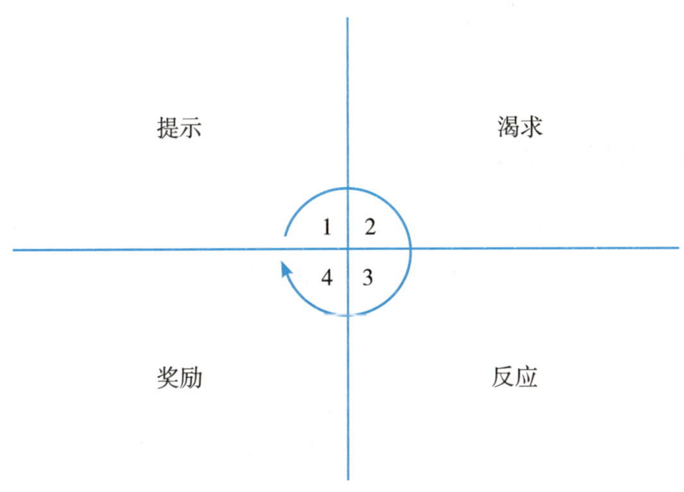

习惯循环（来源：詹姆斯·克利尔《掌控习惯》第3章）

詹姆斯·克利尔在他的《掌控习惯》（Atomic Habits）里提到养成习惯分成几步：提示、渴求、反应、奖励。好习惯带来的往往是延迟满足，而坏习惯带来的是即刻满足，所以好习惯比坏习惯难养成。原理清楚了，作为可以逆熵增的现代人，要做的就是：让好习惯在每一步都非常简单、易操作、有吸引力；让坏习惯在每一步都显得麻烦、不方便、令人反感。

	如何培养好习惯
第一定律（提示）	让它显而易见
第二定律（渴求）	让它有吸引力
第三定律（反应）	让它简便易行
第四定律（奖励）	让它令人愉悦

	如何戒除坏习惯
第一定律反应（提示）	使其无从显现
第二定律的反应（渴求）	使其缺乏吸引力
第三定律反用（反应）	使其难以施行
第四定律反用（奖励）	使其令人厌烦

养成好习惯 vs 戒除坏习惯（来源：詹姆斯·克利尔《掌控习惯》第3章）

就像高考状元们都有一些的共同品质一样，有助于我们塑造精彩人生的习惯也有一些共性。从世俗的角度看，具有这些习惯的人若不是名利双收，也是各个领域的精英或中坚力量；从脱俗点的角度来讲，具有这些习惯的人，能够更大程度的给他人、社会甚至整个人类增加价值。

一、从依赖到独立到互赖

从成长、成熟到有所成就，是一个从依赖到独立到互赖的过程。史蒂芬·柯维在他的《高效能人士的七个习惯》中给出的模型再贴切不过了。

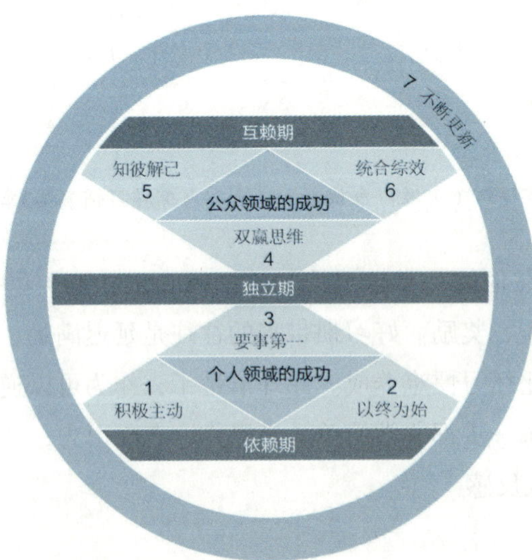

高效能人士的七个习惯模型（来源：史蒂芬·柯维《高效能人士的七个习惯》）

读大学的年纪，是这七个习惯的养成、完善并且形成肌肉记忆（“自动化”）的最佳时期。如果年纪再小一些，因为身、心、智还在发育中，被迫从对父母家庭的依赖过渡到自我独立容易引发不安全感；年纪再大一些，没有这些习惯而直接进入到社会，容易被现实打得措手不及，引发挫败感。大学是象牙塔，也是个小社会，给了大家成长、纠错、再成长的包容环境，所以要尽可能的珍惜，好好利用这段时间，做最重要的事。

《掌控习惯》的英文名是Atomic Habits，直译是原子习惯，就是习惯的最小单位、最小步骤，拆得不能再拆了。例如，跑步的第一步——穿上跑鞋，其实就是“跑步”这种习惯的原子习惯；“看书”的第一步——打开书；“写作”的第一步——写一句话，等等。这些原子习惯都非常简易非常具体。你有没有注意到，与原子习惯有所不同的是，史蒂芬·柯维模型中的七个习惯都比较抽象，更像是一种底层的思维，是一种身份为“高效能人士” 的思维习惯。身份的设定，是一种更加本质的让行为得以改变、目标得以达成的方式。在《掌控习惯》中关于拒绝吸烟的举例非常形象，当有人让烟给正在戒烟的人时，甲说：“不用了，谢谢，我正在戒烟。”乙说：“不，谢谢。我不抽烟了。”甲对自己的身份认定是吸烟者，只不过这段时间不吸烟；乙已经从烟民的身份转变到了不吸烟的人——对于他们达到戒烟这个目的来说，过了这段时间，甲很可能从不得不戒烟转回原来的吸烟身份；而乙因为对自己身份的认定，容易坚持下来成为一个不吸烟的人。

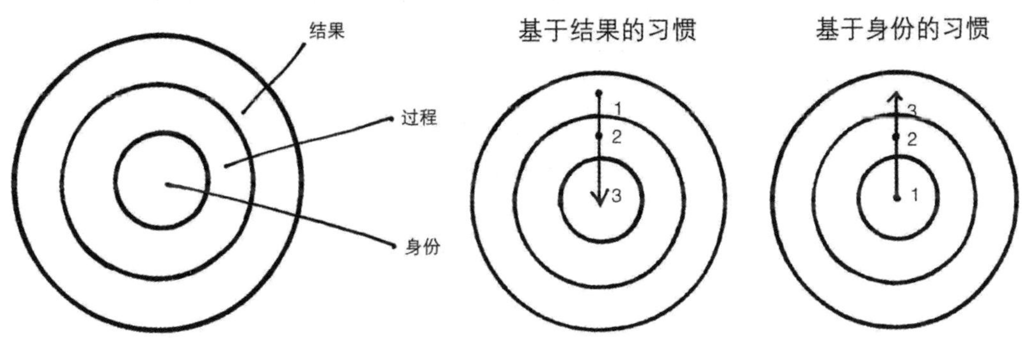

行为转变的三个层次、基于结果的习惯、基于身份的习惯（来源：詹姆斯·克利尔《掌控习惯》）

作为创业的思考方式也同理。不管是否创业，从个人特质上来说，具有创业思维的人是“高效能人士”的“子集”。知道自己要成为谁之后，用这个“身份”来要求自己，自然而然就容易把这个身份所拥有的“抽象习惯”应用到其涵盖的具体习惯当中去了。学习也好、工作也好、生活也好，具有“高效能人士”这种身份的人是（高效能人士的七个习惯）：

1.“积极主动”的；
2.“以终为始”的；
3. 确保“要事第一”的；
4. 具有“双赢思维”的；
5. 愿意“知彼解己”的；
6. 解决问题“统合综效”的；
7. 并且“不断更新”、不断完善的。

无论创业与否，有了这些思维习惯作为指导原则，没有特殊情况的话，成为“高效能人士”只是一个结果，因为“起初是我们造成习惯，后来是习惯造就我们。”

如果是高效能人士中的创业者，那么就会多出一个特质——第八个习惯。

二、从效能迈向卓越

When you are not a leader，grow yourself； when you become a leader，grow others. ——Jack Welch（当你还不是领导者的时候，让自己成长；当你成为了领导者之后，帮助他人成长。——杰克·韦尔奇）史蒂芬·柯维提出的“第八个习惯”就是关于领导力的：找到你自己的心声并激励他人去寻找他们的心声，先领导好自己，然后引领他人。一些人天生具有领导才能，多数人的领导才能都是后天培养的，剩下一些人没有成为领导者的愿望。如果你是认同终身成长的，如果你是有大志向的，那么请选择成为一个领导者，影响自己、影响更多的人。

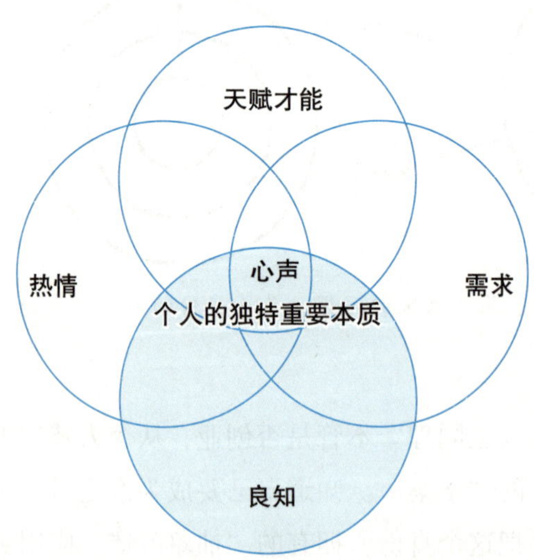

心声、天赋才能、热情、需求及良知（来源：史蒂芬·柯维《高效能人士的第八个习惯》引子）

从效能迈向卓越的“第八个习惯”探讨的重点是“心声”。心声，内心的声音，是每个人的独特的重要本质。当我们面临巨大挑战时会表现出这种重要本质，也正是这种重要本质使我们得以战胜挑战。我们每个人的内心都有一个深藏的、先天的、几乎无法表达的渴望，它驱使我们去寻找自己的心声。如果你从事的某项工作能开发你的天赋才能（你的天赋和天然优势）、唤起你的热情（激励、鼓励、动员、激发你的热情），而且世界也极其需要（包括世界由于极其需要而付钱给你、要你做的事务）、你的良知也敦促你去从事该项工作（内心深处安静的独白，它让你分清对错并敦促你行动），那么，你的心声、你的召唤、你的灵魂密码就在那儿。（史蒂芬·柯维）

作为一种……的领导力	
地位（形式上的权威）	选择（道德权威）
力量就是真理	真理就是力量
效忠高于诚信	诚信高于效忠
为了处得好，只有跟着走	断然拒绝
被逮住才算“错”	做错就是“错”
居高位的人不相信它	以品格、情感、理性进行说服
居高位的人不身体力行	做规范，不做批评者
形象就是一切	“实在做人，不求其表。”
“没有人告诉我。”	询问；做推荐和介绍
我按你说的做了，没用。现在怎么办？	“我打算去……”
只有这么多了。	足够了，还有节余。

图：“作为一种地位的领导力（形式上的权威）”与“作为一种选择的领导力（道德权威）”的区别（来源：史蒂芬·柯维《高效能人士的第八个习惯》第十五章）

时代进步了，“如何领导”也逐步从工业时代的形式上的权威（管制），逐步过渡到了知识时代的道德权威（放权/授权），这也是为什么要“批判性思考”的原因，大环境变了，在你的祖父辈、父辈的年代有效的领导模式在当下已经越来越不适用了。尤其是对于选择范围更广、视野更宽阔、思维更活跃的一代人，“以德服人”要比生硬说教来得有效。

回到习惯这个主题，当你清楚了你的未来“身份”是一个从效能迈向卓越的人，倒推回来，在这个身份下的一系列思维习惯就可以帮助你把行为习惯加以归类、拆分到最小单位，并且愉悦地执行，一步一步把未来的自己塑造出来。

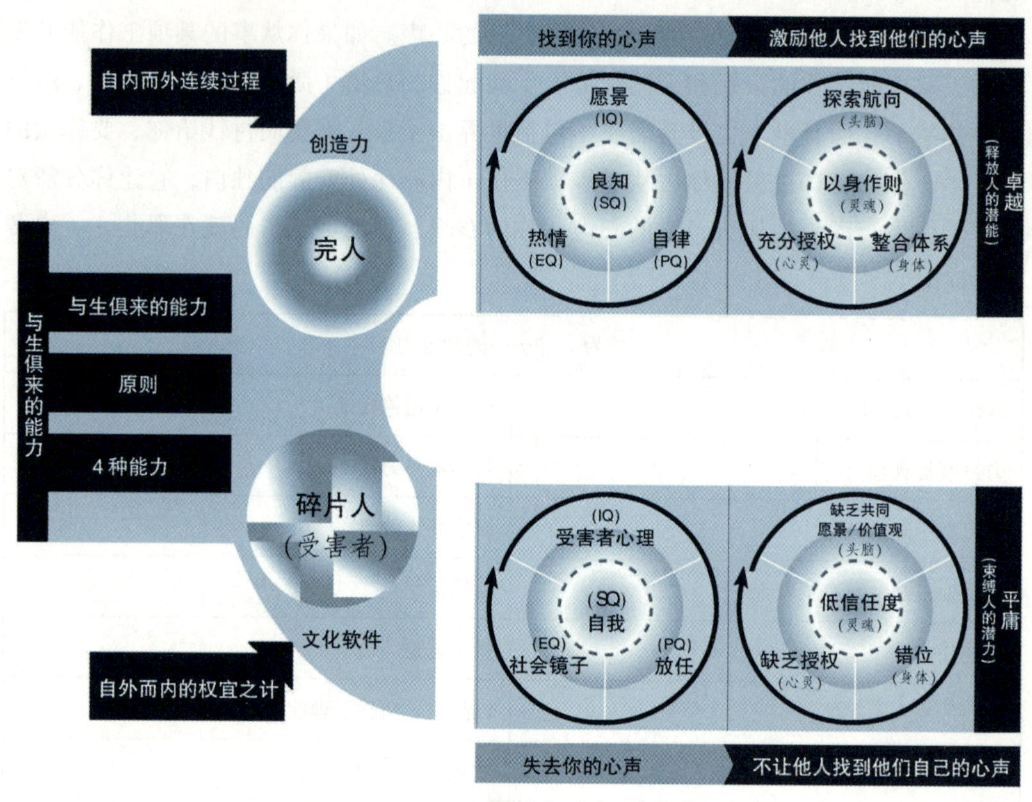

生活中两条完全不同的道路（第八个习惯地图）（来源：史蒂芬·柯维《高效能人士的第八个习惯》第六章）

第三节　心性与格局

人生是关乎提升自己价值的，创业是关乎提升他人和社会价值的。与提升价值有关的事，思考时涵盖一些价值投资的理念和视角，对于创造出复利性的增长无疑是有帮助的。

高瓴资本的创始人兼CEO张磊，主张并一直践行着价值投资的原则。他曾和高毅资产董事长兼CEO邱国鹭进行了一场关于“投资人的自我修养”的主题对话。对话中两人反反复复强调了一个词组“Intellectual Honesty”非常值得留意，它表达的是一种诚实地面对自己，诚实地、真诚地去衡量自己的品质。高瓴有一句话：“We are entrepreneurs who happen to be investors.” “我们是投资人，但首先我们第一位是企业家。让自己站在企业家角度想问题，这是一个很重要的出发点，这样你就有同理心，真正能够去理解企业。创业很艰难，永远在路上。”张磊说。这意味着价值投资的主体，既要有投资人的特质，又要有企业家精神——“到最后投资人比的是品质和心性，企业家最后比的是品质和格局观”（张磊）。

一、修心养性

投资人的心性在于理智地、诚实地面对自己。想想看，让一个20岁上下的年轻人修心养性实在是一件违反生长规律的事，年纪轻轻荷尔蒙旺盛，就应该冲、就应该动。关键是去冲、去动、去做了之后，要及时自我反省体察，从中学习经验或者教训。感受、思考、体悟每件事教给你的道理，进而增强自己的心力，雕琢自己的品性。修心养性，使心灵纯洁，使本性不受损害，不是简单地把自己放在一个“无菌”的环境里（这样的环境在现实世界中也很难找到），而是带着“修心”和“养性”的目的、带着成长的目的去经历“见山是山，见水是水；见山不是山，见水不是水；见山还是山，见水还是水”的几重境界。信息如此发达的时代，能否过滤掉无效垃圾信息甚至负向干扰的噪音，过滤出自己需要的正向信号、有效数据，是在当代保持心灵纯洁，本性不受损害的必修课。修心养性，而后明心见性、去伪存真、直击本质。有一句话叫“逻辑比事实更真实”（王东岳），万物运行总有表面的浮躁喧嚣，直通本质需要拨开迷雾发掘背后的规律推手，总结出适合自己心性的道理，再反过来指导自己的人生选择。

高瓴资本创始人张磊在中国人民大学2017年毕业典礼上致辞并捐赠3亿元人民币

Investing is one of the most fascinating activities on the face of the earth. Successful investing requires extraordinarily broad range of skills:

投资是整个世界上最具魅力的活动之一。成功的投资要求投资者具备广泛的特质和素养：

- Intellectual curiosity, because nearly everything, everywhere influences the markets.
  好奇心、求知欲，因为几乎任何事情、任何地点都可以对市场有所影响。
- Raw intelligence, because you need to be as smart as, or smarter than your competitors.
  极致聪慧，因为你至少要和你的竞争对手一样聪明或更聪明。
- Self-confidence, because when you make a buy decision, or a sell decision, you are basically betting that the market is wrong.
  自信心，因为当你做出一个买进或卖出的决定时，实际上你是在下注市场走向是错的。
- Humility, because sometimes the market is right.
  谦逊，因为有时市场又是正确的。
- Work ethics, because you are competing against other very hard-workers.
  敬业，因为你在和其他很多同样辛勤工作的人竞争。
- Judgement, because gathering facts is not enough, you need to draw the correct conclusions.
  判断力，因为仅仅搜集堆砌事实是不够的，你需要得出正确的结论。
- And passion, because if you don't love what you are doing, you lose.
  热忱，因为如果你不热爱你现在正在做的事情，你会失败。

耶鲁大学首席投资官大卫·史文森（David F. Swensen）——投资者的特质和素养

张磊在中国人民大学2017年毕业典礼致辞时分享了他的三个投资哲学："守正用奇""弱水三千，但取一瓢""桃李不言、下自成蹊"，这三句话分别源自《道德经》《论语》《史记》。高瓴的投资哲学同样适用于个人增强心力和定性："守正用奇"，坚守正道的基础上激发创新；"弱水三千，但取一瓢"，在有限的天赋里做好自己最擅长的部分；"桃李不言，下自成蹊"，好好做自己的事，成功自会找上门来。张磊在耶鲁大学的导师，也是他创业的投资人，耶鲁大学首席投资官大卫·史文森（David F. Swensen）对于张磊的评价和对于成功投资人素养的总结非常值得借鉴。不是每个人都可以拥有这些品质并成为成功的投资人，然而用这些品质来要求自己，对于自己心性的修炼却可以助一臂之力。

二、厚德载物

"你永远赚不到超出你认知范围的钱，除非你靠运气。但是靠运气赚到的钱，最后往往都会靠实力亏掉。你所赚的每一分钱，都是你对这个世界认知的变现。你所亏的每一分钱，都是因为对这个世界认知有缺陷。这个世界最大的公平在于：当一个人的财富大于自己的认知的时候，这个社会会有100种方式收割你。直到你的认知和你的财富相匹配为止。"不知道这么火的一段话是谁说的，但可以肯定的是，它是一段真理一样的描述。所以需要认知升级，而认知升级对于个体来说是一个逆熵增的过程。

双创的时代，"熵增"这个词逐渐被更多关注创业、创造、成长、创新的人知晓。熵本来是热力学第二定律描述封闭系统混乱程度的一种计量单位，现在更多的人把熵的增加（"熵增"）和混沌、有序性的衰减、惰性、混乱递增、不确定、衰败等类比起来用在商业领域和个人成长之中。任正非对于华为的整个管理思想的核心就是熵。

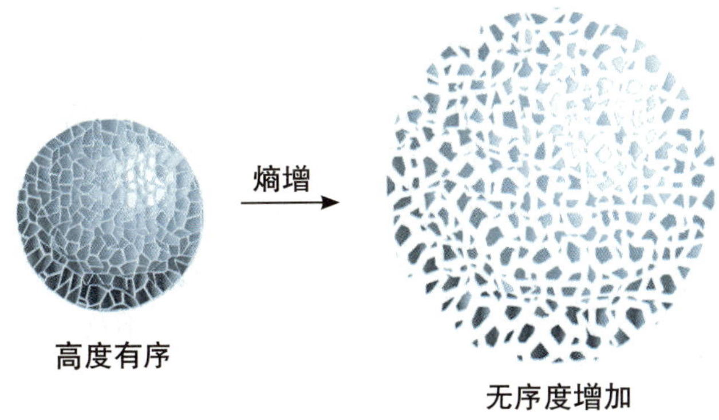

熵增示意（图片来源：网络）

在商言熵，2013年任正非曾说：“我把热力学第二定律从自然科学引入社会科学中来，就是要拉开差距，由数千中坚力量带动十五万人的队伍滚滚向前。我们要不断激活我们的队伍，防止‘熵死’。我们绝不允许出现组织‘黑洞’，这个黑洞就是惰怠，不能让它吞噬了我们的光和热，吞噬了活力。”（《熵减：华为活力之源》）没有活力的企业和个人都是满足现状的，是停止成长的。这样的企业和个人不会想到继续为自己和他人增加价值，是无法承载更多的社会责任和财富的。

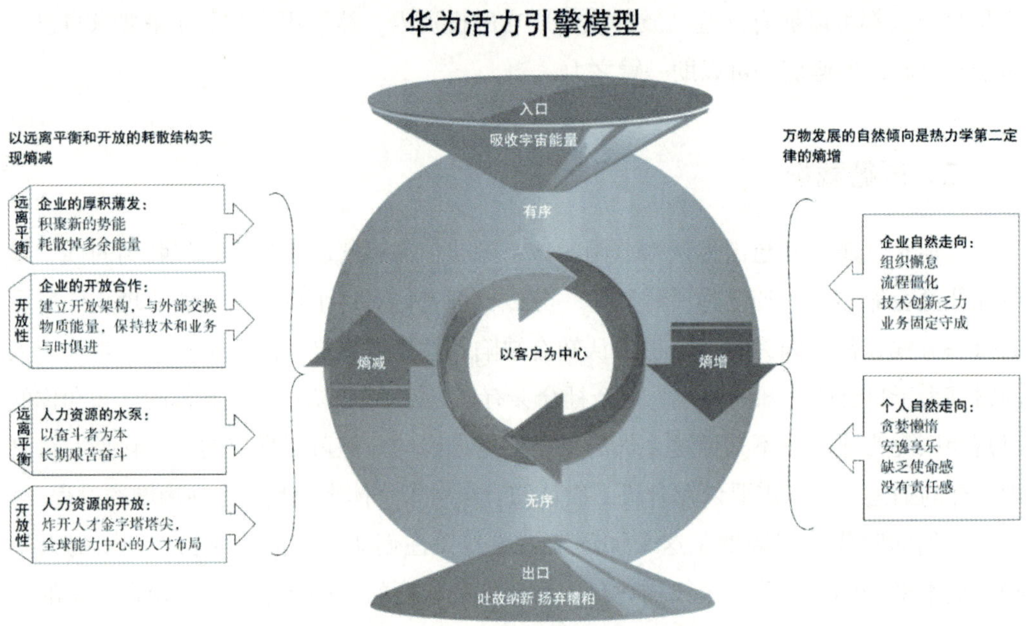

华为活力引擎模型

任正非以耗散结构为基础，打造华为活力引擎模型（来源：《熵减：华为活力之源》）

Intellectual Honesty这时候的重要性在于警醒，在于敬畏，在于不自欺欺人、理智而诚实。面对得失，需要自信、需要谦逊，不能妄自尊大、不能妄自菲薄。说起来轻巧，实际操作起来这个“度”也不是那么容易掌握，因为自己是最好骗的——心理暗示的作用很容易让结果在正负间来回博弈。所以要有逆熵增这根弦，不断扩大认知边界，持续认知升级，眼界的拓宽，格局的放大，会让你发现，原来自己做到的也没什么，所获得的也有运气的成分，如此便不会轻易飘飘然，更容易做到荣辱不惊。福报不嫌多，要有足够的德行承载。《周易·系辞下》里有几句话可供自省：“德不配位，必有灾殃。德薄而位尊，智小而谋大；力小而任重，鲜不及矣。”

第四节　身心免疫

人体免疫系统的打造对于我们抵御外部的细菌病毒的入侵非常重要，它的不紧急体现在无法一蹴而就。罗马不是一天建成的，免疫系统也需要时间来学习如何识别对身体有害的物质以及如何消灭它们。和身体免疫同样重要的是心灵的免疫，因为伤害你的不止是物质上的东西，还可能是你接触到的不良信息、遭遇到的不测风云，某个人、某句话、某个情景、某件事，都可能是对于心灵的成长起干扰性、破坏性甚至杀伤性作用的。如何避免？如果真的不巧遇到了该怎么办？你的心灵当中有没有一套识别并且消灭它们的保护机制呢？

一、身体免疫

2020年，“提高免疫力”成了高频词。身体是革命的本钱，免疫的目的是保护革命的本钱。2020年，“钟南山”也成了高频词。这不仅是由于他的专业，更在于他身体力行的示范。1936年出生的他，无论外形、精气神、反应速度，别说是同龄人中的佼佼者，就是比他小二十岁、三十岁、四十岁的中年人青年人，能有这个状态的都不多。年轻时热爱体育运动，并且常年保持运动的习惯，这使得钟南山即使84岁高龄身体却依然硬朗。他说：“锻炼就像吃饭一样，是生活的一部分，我们要建立一种观念，就是要一辈子运动，这样才能享有比较好的生活质量。最大的成功就是健康地活着。”

为什么强调提高免疫力？因为病毒这种东西对人体的伤害，只有免疫系统能抗衡，别无他法。下面的图示简要说明了人体疾病的发生原理，大部分疾病都是源自各种各样的损伤。损伤大致可以分成四类：其中外伤可以去医院处理，细菌感染可以使用抗生素，氧化损伤可以通过抗氧化来抵御，唯独病毒的入侵，只能靠人体的免疫系统来识别并且清除，未能识别（疫苗的重要）或者识别出来了但是打不过它（免疫力够不够强），都会导致病毒对人体的损害。

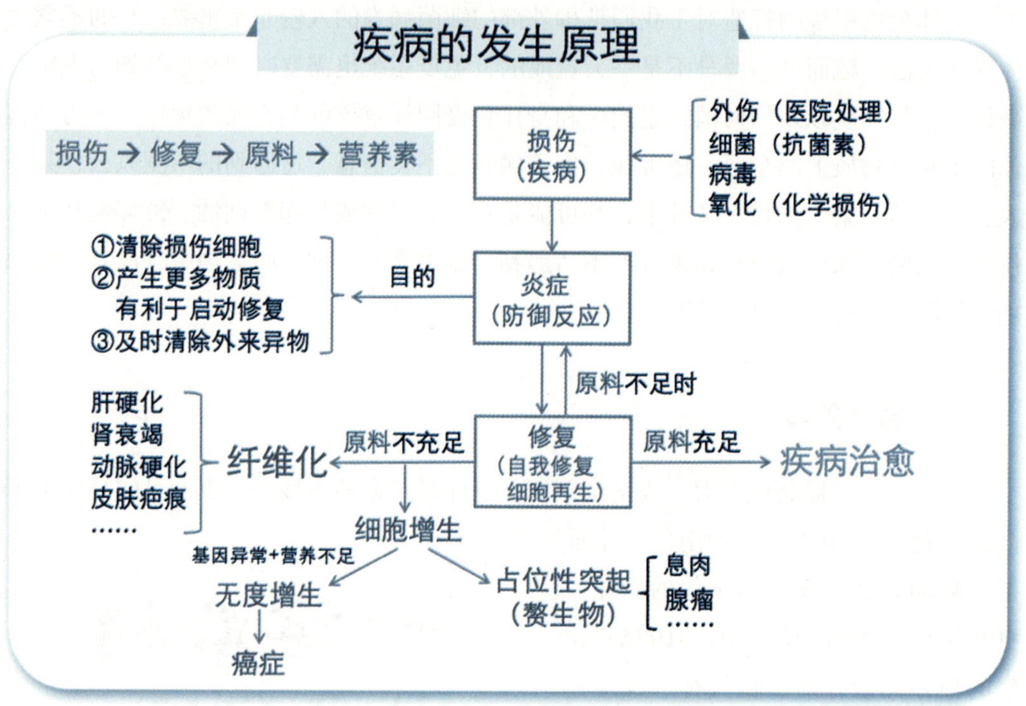

疾病的发生原理（来源：周一萍医生总结）

二、心灵免疫

和身体同样可能遇到损伤的是心灵。对于心灵的免疫，也需要我们不定期地给自己选择“疫苗”来注射。已经被科学证实有效的途径和正在被研究被探讨的角度都是可以参考的。

幽默感

逆境商数（adversity quotient）简称AQ，是评估一个人处理压力或挫折的能力。听起来挺专业，处理起来并不复杂。把心放大，压力也好，挫折也罢——天空飘来五个字“那都不是事”。理智的乐观和心态的豁达能够迅速识别和排除琐事、压力、挫折的干扰。什么事都会过去的，无论你的人生有多长或者有多短。反正会过去，为什么让已经发生的、改变不了的东西困扰自己呢？反正还没有发生，为什么让还没发生的、不确定的东西困扰自己呢？

小林老师的治愈系漫画（来源：小林老师）

心理学

对自我的觉察是免疫机制的启动按钮。了解自己的生理结构、心理特征，知道在什么样的情况下自己会做出哪些反应，都是及时止损的判断基准。了解他人、了解社会，知道什么人在什么情况下是出于什么日的做什么事情，有助于提前识别并远离对我们有害的人或事。

能量层级

美国的精神科医师大卫·霍金斯（Dr. David R. Hawkins）博士研究了不同国家地区几千人次和几百万笔数据资料经过统计分析发现人们各种不同的意识层次都有其对应的能量指数。人的身体会随着精神状况而有强弱起伏。虽然这不是主流科学研究的范畴之一，它的参考价值却在于，我们知道什么事物会带给自己低能量层级的情绪，只需远离或者无视它们，就起到了免疫作用。

生命观	水平		能量	情绪	生命状态
不可思议	开悟	↑	700-1000	不可说	妙
都一样	和平	↑	600	至喜	平等
好美呀	喜乐	↑	540	清朗	清净
我爱你	爱	↑源	500	敬爱	慈悲
有道理	理智	↑能	400	理解	知止
我错了	宽恕	↑&	350	宽恕	修身
我喜欢	主动	↑动	310	乐观	使命感
我不怕	淡定	↑力	250	信任	安全感
我能行	勇气	↑▲	200	肯定	信心
我怕谁	骄傲	↓▼	175	藐视	狂妄
我怨	愤怒	↓压	150	憎恨	抱怨
我要	欲望	↓力	125	渴望	吝啬
我怕	恐惧	↓&	100	焦虑	退缩
好可怕	悲伤	↓抗	75	失望	悲观
好无奈	冷淡	↓拒	50	绝望	自我放弃
没意思	罪恶感	↓	30	自责	自我否定
死了算	羞愧	↓	20	自闭	自我封闭

霍金斯能量层级

感恩

上亿的精子中只有那么一个和卵子结合，产生了人，这个称之为生命的幸运旅程，已经再值得感恩不过了。不管下面这句是释迦摩尼的教诲还是鸡汤，对于保持心灵的健康都是有益的——“无论你遇见谁，他都是在你生命中该出现的人。不管事情开始于哪个时刻，都是对的时刻。无论发生什么事，那都是唯一会发生的事。已经结束的，已经结束了。”

第五节　当下的要义

大学不（只）是来玩游戏和谈恋爱的！认同吗？

老师家长们常说，初中是一个分水岭，也说高中是一个分水岭。其实大学还是一个分水岭，想象中的终点、可以喘口气的几年，其实才是自我独立的起点、是今后人生道路的重要转折点——如果有人告诉你了并且给你相应的指点，那么你太幸运了，请珍惜给你指点的贵人；如果压根儿没有人告诉你真相，那么至少你现在知道了，“Better late than never”。之前的分水岭和学校教育、家庭教育以及学习成绩呈强相关；大学这个分水岭和自我教育、社会实践以及学习成绩呈强相关。学习成绩在哪个分水岭都是重要的，虽然它不是唯一目的，却是横向比较的参考标准、是结果的呈现；除此以外，大学更需要关注的是自驱式学习习惯的养成，同时，组织能力、人际交往等软实力的增强也有助于学生角色向社会人角色的过渡。

时间只是一个维度，大学的几年，转瞬即逝，珍惜身边的学习资源，珍惜身边的人。

一、多读书——经典是根

“你的气质里，藏着你读过的书，走过的路，爱过的人。”

世上没有白走的路，每一步都算数。大学可以过的很懒散，也可以过得很充实，你的状态、你的时间表取决于你想成为怎样的人。世上没有白读的书，每一本都融化在你的血液里成为你的气质元素。专业书籍当然必读，非专业书籍更能启发多角度看问题并且把本质横向关联的能力。如果可以的话，多读各个学科、各个领域的经典书籍是自我塑造的不二法门。经典之所以可以成为经典，就在于每一代人都受益，所以它们能够得以流传。经典不只是融在血液里，经典所传递的思想文化内涵是融在筋骨之中的。

大学期间多读耗时的书，原因是走向社会之后大概率你会比上学的时候忙得多得多，而且多数是身不由己的，再想读这些书就要挤碎片时间了，读起来思路容易中断，不够爽。至于具体读哪些书，同样取决于你要成为怎样的人。经典也有很多，如果你有榜样的话，去研究一下他们读过的、觉得受益匪浅的、或者他们建议的书有哪些，这样可以更合理地分配时间精力，也更适合你。“哥伦比亚大学要求所有本科生完成核心课程（Core Curriculum），核心课程的要求之一是所有学生无论什么专业，都要把奠基西方几千年文明的100多本经典著作通读一遍，包括从《荷马史诗》、希腊哲学戏剧、中古哲学，到文艺复兴、启蒙运动、现代科学革命的所有经典著作。”能到有这样要求的学校浸染是幸运的，没有也是幸运的，因为有机会刻意练习自我鞭策的能力。

查理·芒格是价值投资的活历史，他把芒格家族财产交给外人管理仅有一例，这个资产管理者就是李录。李录的投资理念、视角在此不予赘述，有兴趣可以扩展学习；在这里想提一下他的书《文明、现代化、价值投资与中国》；他的书也不是此处重点，这里想要引导大家留意的是这本书的附录——推荐阅读书单，如果你有选择读其中适合你兴趣点的部分或者全部书籍，相信无论创业与否，你的气质都会越发出众。

一、科学、哲学、进化、人类文明史、人类历史

1. ［美］贾雷德·戴蒙德，《枪炮、病菌与钢铁：人类社会的命运》，上海译文出版社，2006。

Jared M. Diamond. Guns，Germs，and Steel：The Fates of Human Societies.New York，NY，US：W.W. Norton & Co，1999.

2. ［美］伊恩·莫里斯，《西方将主宰多久：从历史的发展模式看世界的未来》，中信出版社，2011。

Ian Morris. Why the West Rules — for Now：The Patterns of History，and What They Reveal About the Future . Picador. 2011.

3. ［美］伊恩·莫里斯，《文明的度量：社会发展如何决定国家命运》，中信出版社，2014。

Ian Morris. The Measure of Civilization：How Social Development Decides the Fate of Nations. Princeton，NJ，US：Princeton University Press，2013.

4. ［美］爱德华·奥斯本·威尔森，《群的征服：人的演化、人的本性、人的社会，如何让人成为地球的主导力量》，左岸出版社，2018。E. O. Wilson. The Social Conquest of Earth. New York，NY，US：W. W. Norton & Co，2012.

5. ［英］戴维·多伊奇，《无穷的开始：世界进步的本源》，人民邮电出版社，2014。

David Deutsch. The Beginning of Infinity：Explanations that Transform the World. London，UK：Allen Lane. 2011.

二、中国文明、历史、文化

1. 钱穆，《先秦诸子系年》，商务印书馆，2001。
2. 钱穆，《中华文化十二讲》，九州出版社，2013。
3. ［汉］司马迁，《史记（白话本）》，商务印书馆，2016。
4. 李解民等，《白话二十五史精选》，新世界出版社，2009。
5. ［宋］朱熹（编），《四书章句集注》，上海古籍出版社，2006。

（续上表）

三、中国当代经济改革开放 1．黄仁宇，《资本主义与二十一世纪》，三联书店，2006。 2．钱穆，《中国经济史》，北京联合出版公司，2013。 3．［美］傅高义，《邓小平时代》，三联书店，2013。 4．吴敬琏，《中国经济改革进程》，中国大百科全书出版社，2018。 5．林毅夫，《解读中国经济（增订版）》，北京大学出版社，2014。
四、价值投资、金融和资本主义 1．［美］本杰明·格雷厄姆，《聪明的投资者》，江苏人民出版社，2000。 Benjamin Graham. The Intelligent Investor. Collins Business，1994. 2．［美］本杰明·格雷厄姆、戴维·多德，《证券分析》，中国人民大学出版社，2013。 Benjamin Graham and David Dodd. Security Analysis. McGraw–Hill Education，1996. 3．Roger Lowenstein. Buffett： The Making of an American Capitalist. RandomHouse，1995. 4．［美］彼得·考夫曼（编），《穷查理宝典：查理·芒格的智慧箴言录》，中信出版社，2016。 Peter D. Kaufman. Poor Charlie’s Almanack： The Wit and Wisdom of Charles T. Munger. Walworth Publishing Company. 2005. 5．Peter Bevelin. Seeking Wisdom： From Darwin to Munger. PCA Publications.2007.
五、西方文明史 1．［古希腊］柏拉图，《柏拉图对话集》，上海译文出版社，2013。 2．［古希腊］柏拉图，《理想国》，商务印书馆，1986。 3．［古希腊］荷马，《荷马史诗·伊利亚特》，人民文学出版社，2015。 4．［古希腊］荷马，《荷马史诗·奥德赛》，人民文学出版社，2015。 5．［古希腊］亚里士多德，《尼各马可伦理学》，商务印书馆，2003。
六、传记类及其他 1．［美］本杰明·富兰克林，《穷理查年鉴——财富之路》，上海远东出版社，2003。 Benjamin Franklin. Poor Richard’s Almanack. Peter Pauper Press，1980. 2．Gordon S. Wood. The Americanization of Benjamin Franklin. Penguin Books，2005. 3．［美］沃尔特·艾萨克森，《富兰克林传》，中信出版社，2016。 Walter Isaacson. Benjamin Franklin： An American Life. Simon & Schuster，2003. 4．［美］沃尔特·艾萨克森，《列奥纳多·达·芬奇传：从凡人到天才的创造力密码》，中信出版社，2018。 Walter Isaacson. Einstein： His Life and Universe. Simon & Schuster，2008. 5．［英］大卫·坎纳丁，《梅隆：一个美国金融政治家的人生》，上海远东出版社，2010。 David Cannadine. Mellon： An American Life. Knopf，2006.

李录在《文明、现代化、价值投资与中国》附录中的推荐书单（类别及每类的前5本书）（来源：李录《文明、现代化、价值投资与中国》）

从思考创业意向，到思考增加价值，到关注价值投资，到学习查理·芒格，到了解查理·芒格的理财专家李录，到李录的推荐书单。这里只是举个自我学习路径的例子。你的经典书籍扩充之路也可以参照完成，比如听到老师在课堂上提到的一本好书，课后就可以去借、去下载、去学习了。

二、多交友——人品是本

很久以前，有一首校园歌曲叫《睡在我上铺的兄弟》。校园的友情很美好，可以聊理想、聊爱情；毕业后的校友情更美好，可以聊事业聊人生。珍惜身边的人，因为有可能你们毕业以后就一辈子也不会再见了；珍惜身边的人，因为有可能你们会成为一生的伴侣或者事业合作伙伴。大学相对于社会，交友的功利性要小一些，如果学校不错，风气也正，那么好朋友的人品也不错的概率相对大一些。无论如何，如果以后有可能相互影响、相互扶持、相互鼓励、相互成就的话，考察人的品质就在考察人的能力之上了。这里用了几个“相互”，意在提醒大家，不要想着能从别人身上得到什么，力的作用是相互的，友谊的小船能平稳行驶，在于双方付出的交互换回的平衡。

黑石集团（Blackstone Group）的创始人苏世民（Stephen A. Schwarzman）在他的《苏世民——我的经验与教训》中列出了25条工作和生活原则。他自己就是这25条原则塑造出来的成功典范，他的人脉之广使得黑石不仅成为了多国政府的投资渠道，他自身也成为了多个（本国的/国际的）重要历史事件的中间纽带。这25个原则中关于人际关系的有：

●给你敬佩的人写信或打电话，请他们提供建议或与其会面的机会。你永远不知道谁愿意跟你见面。最后你会从这些人身上学到很多重要的东西，建立你在余生都可以享用的人际关系。在生命早期结交的人，会与你缔结非同寻常的感情纽带。

●如果你认为一个人的本质是好的，就要随时为这个人提供帮助，即使其他人都离他而去。任何人都可能陷入困境。在别人需要的时候，一个偶然的善意行为就会改变他的生命轨迹，造就意想不到的友谊或忠诚。

●每个人都有梦想。尽你所能帮助别人实现他们的目标。

如果有意创业，那么各种社团组织的协调者、领导人也是不错的锻炼机会，与人打交道需要灵活，组织活动需要通盘考虑，活跃在这些领域会学到很多软技能。同样，这些需要时间磨练的软实力，越早掌握，后面的复利效果越显著。

思考方式、习惯、心性、格局观、免疫力都不是一蹴而就的，而它们对于整个人生的质量来讲就像万丈高楼的地基一样重要。地基越深越结实、楼可以造得越高越稳固。

感恩过去、活在当下、面向未来。重视“重要不紧急”，做时间的朋友。

延展阅读

- 史蒂芬·柯维，《高效能人士的七个习惯》，中国青年出版社，2002。
- 史蒂芬·柯维，《高效能人士的第八个习惯》，中国青年出版社，2010。
- 史蒂芬·柯维，《要事第一》，中国青年出版社，2016。
- 苏世民，《苏世民：我的经验与教训》，2020。
- James Clear. Atomic Habits. Penguin Random House UK，2018。
- 詹姆斯·克利尔，《掌控习惯》，北京联合出版公司，2019。
- 单中惠，王凤玉，《杜威在华教育讲演》，华东师范大学出版社，2016。
- 约翰·C·麦克斯维尔，《领导力21法则：追随这些法则，人们就会追随你》，北京时代华文出版社，2016。
- 华为大学编著，《熵减：华为活力之源》，中信出版社，2019。
- 批判性思维对中国人创新观念与行为的影响 https://www.psychspace.com/psych/viewnews-13585
- 张磊对话邱国鹭：如何让一群高手相互学习、共同成长 https://mp.weixin.qq.com/s/HkFOZJqbGU7VXTGaGJLh7g
- 选择做时间的朋友，Think big，Think long http://www.globalhha.com/portal/hha/view/id/72

视听资源

- 樊登解读《掌控习惯》@樊登读书App
- 李善友，混沌大学创新学院模型1—组合创新：如何在旧要素中发现新机会@混沌App

练习

用思维导图记录问题和答案。

姓名：________

学号：________

日期：____年____月____日

第五章　要事第一——做时间的朋友

1. 画出你目前的重要紧急象限图并和本组同学进行讨论。关注以下几点：
   - 其他人有哪些“重要不紧急”的事项值得我学习，为什么？________
   - 本组同学如何互相督促关注彼此的“重要不紧急”事项？________

2. 列出3个你马上就有改进的微习惯，并列出它们是对应哪些你想拥有的“身份”角色的。
   - 3个微习惯：________
   - 对应的1～3个身份：________

3. 你是如何看待心性和格局的？同组的分享有哪些亮点？
   - 你的观点：________
   - 同组亮点：________

4. 分享你的身心免疫措施，和同组同学讨论并形成小组建议。
   - 小组建议—身体免疫：________
   - 小组建议—心灵免疫：________

5. 列出你身边的3位你帮助过的人或你即将帮助的人。你为什么帮助他们？如何帮助他们？
   - 第1位：________
   - 第2位：________
   - 第3位：________

第六章

需求密码——把梳子卖给和尚?

所有的营销方案本质上都是为了增长消费者需求。

——李靖(百度前副总裁)

创业是要有产品的，不管是实物产品、虚拟产品还是服务或解决方案，总要从创业的你这里流向消费者，满足消费者的需求，解决消费者的问题——雪中送炭也好，锦上添花也罢。你对于消费者需要什么是否敏感、你的产品能否解决他们的问题、能在多大程度上解决他们的问题、消费者对你产品的满意度和忠诚度怎样……这些事关产品销路、销量、销售时长的问题累加起来，将在根基上决定你的企业能否生存下来、能活多久。

和尚没有头发，梳子是梳头发的，还有机会把梳子卖给和尚吗？——这个关于营销的经典小故事，对你有怎样的启发呢？

有一个营销经理想考考他的手下，就给他们出了一道题，把梳子卖给和尚。

第一个人：出了门就骂，什么经理，和尚都没有头发，还卖什么梳子！找个酒馆喝起了闷酒，睡了一觉，会去告诉经理，和尚没有头发，梳子无法卖！经理微微一笑，和尚没有头发还需要你告诉我？

第二个人：来到了一个寺庙，找到了和尚，对和尚说，我想卖给你一把梳子，和尚说，我没用。那人就把经理的作业说了一遍，说如果卖不出去，就会失业，你要发发慈悲啊！和尚就买了一把。

第三个人：也来到一个寺庙卖梳子，和尚说，真的不需要的。那人在庙里转了转，对和尚说，拜佛是不是要心诚，和尚说，是的。心诚是不是需要心存敬意，和尚说，是的。那人说，你看，很多香客很远来到这里，他们十分虔诚，但是却风尘仆仆，蓬头垢面，如何对佛敬？如果庙里买些梳子，给这些香客把头发梳整齐了，把脸洗干净了，不是对佛的尊敬？和尚话说有理，就买了十把。

第四个人：也来到一个寺庙卖梳子，和尚说，真的不需要的。那人对和尚说，如果庙里备些梳子作为礼物送给香客，又实惠、又有意义，香火会更旺的，和尚想了想，有道理，就买了100把。

第五个人：也来到一个寺庙卖梳子，和尚说，真的不需要的。那人对和尚说，你是得到高僧，书法甚是有造诣，如果把您的字刻在梳子上，刻些“平安梳”“积善梳”送给香客，是不是既弘扬了佛法，又弘扬了书法，老和尚微微一笑，无量佛！就买了1000把梳子。

第六个人：也来到一个寺庙卖梳子，和尚说，真的不需要的。那人个和尚说了一番话，却卖出了10000把梳子。

那人说了些什么?

他告诉和尚，梳子是善男信女的必备之物，经常被女香客带是在身上，如果大师能为梳子开光，成为她们的护身符，既能积善行善、又能保佑平安，很多香客还能为自己的亲朋好友请上一把，保佑平安，弘扬佛法，扬我寺院之名，岂不是天大善事?大师岂有不做之理?阿弥陀佛，善哉!善哉!大师双手合十，施主有这番美意，老衲岂能不从?

就这样，寺院买了10000把，取名“积善梳”“平安梳”，由大师亲自为香客开光，竟十分兴隆。当然，开光所捐的善款也不菲啊!

营销经理总结:

第一个人受传统观念的束缚太厉害，用常理去考虑销售，是不适合做销售的。

第二个人是在卖同情心，这是最低级的销售方法 叫“叩头营销”，是不能长久的。

第三、四人为客户着想，可以说是“顾客满意战略”，自然会有好的效果。

第五人不仅能够然顾客满意，还能迎合顾客心理，自然就不会差。

第六人就已经达到了物我两重天的境界，不是在卖梳子，而是在卖护身符，把顾客的价值最大化，自然也就不足为奇了。

有时候我们都被先入为主的观念限制住了，谁说梳子就一定只能用来梳头发?能不能成交，就看你如何看待自己的商品!

看了这个故事，你怎么想?有没有觉得思路还挺开阔的，还可以这样卖，果然做销售还是要灵活变通!好销售就是有需求要上，没有需求创造需求也要上!别急，本章的引子到这里还没完。

一位知名的企业家曾经这样评价这个故事:“有一次，我们销售人员在培训，我去看了下，发现培训老师在讲怎么样把梳子卖给和尚，我听了5分钟，非常生气，就把这个培训老师给开除了。因为我觉得他是骗子，因为和尚本来就不需要梳子。把产品卖给那些不需要这个产品的客户，我认为这就是骗术而不是销售之术，这对我们的价值观是巨大的挑战。”

企业家的多年来的商业运作成果让我们不得不思忖一下，他看问题还真是一针见血、直击本质，不管怎样还是诚信重要，才是百年大计的长久之道。

我们不讨论孰是孰非，你的想法也许和你隔壁的不同，没有关系，这里只提醒一点:查理·芒格在《穷查理宝典》中提到的“人类误判心理学”共有25个倾向，其中第二十二个心理倾向叫做“权威——错误影响倾向”，意思是大多数人会自动追随领袖的想法——无论想法对错、或者有没有在传达时被曲解。在小故事里，营销经理是营销方面的专家，你听听他逐层递进的营销方案，分析得还蛮有道理；商业帝国的成功并非偶然，你听听企业家的观点觉得说得也没错。你左摇右摆似乎有些困惑，这很正常。——这也是你为什么需要如饥似渴的去学习、去扩大自己的认知边界、建立自己的价值体系的原因，只有自己的评判标准足够健全、足够完善、足够强壮了，你才会对一件事有自己的分析和判断，至少在判断之前检验一下自己有没有受“人类误判心理学”倾向的影响，需不需要剔除某些影响判断的因素。

第一节　发现需求

生活中不是缺少美，而是缺少发现。消费者从不缺少需求，关键是你有没有发现需求的眼睛，或者说，眼光、洞察力。基础学科的理论推导有一种“游戏”，叫做思想实验，就是用想象力去进行的实验，而不是在现实中进行的实验，比如爱因斯坦关于相对论的电梯实验，比如薛定谔的猫。这些“想一想”就可以进行推理的方法放在寻找消费者需求的框架里却是行不通的，原因在于思想实验不需要互动的对象，怎么想都行。而消费者是一个个鲜活的、独立自主的个体，并且存在于具体的生活环境中，因此最好的了解消费者需求的方法还在于实地市场调研（直接观察、询问）和精准数据分析（间接寻找、归纳）。并且，若要具有深刻的洞察力，最好能够懂得“人”这种生物的个体和群体特性。

一、建立在尊重基础上的好奇

希望了解经济大环境、历史大趋势下各个维度、层面消费者需求的“点、线、面、体”（参见第二章）；希望了解几个重点细分领域中，自己的优势能够对应的赛道；希望了解对面的TA，有哪些需要解决的问题。如果你是这样对别人需求有兴趣的人，并且是想做些事去帮助一群人解决它们的问题的人，那么你可能就是潜在的创业人。

2020年是不寻常的一年，地球人都在经历着前所未有的挑战。有危必有机，这一年注定也是笃定觉悟者突破的一年。 年轻人希望了解趋势，趋势也在引领着年轻人。拿90后00后用户占比70%以上的综合视频社区哔哩哔哩（B站）来说，有一些输出内容非二次元的UP主涨粉特别快，很显然，原因是年轻人喜欢，这些视频满足了这届年轻人的某些需求。隔代的“中老年人”也许称赞、也许不屑、也许批判，都没有关系，一代人有一代人的审美标准、一代人有一代人的价值判断。我们保持“见贤思齐焉，见不贤而内自省”的心态就可以了，重要的是在尊重的基础上保持好奇心。

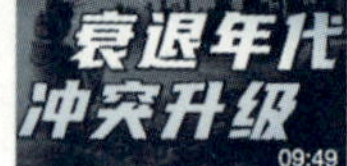

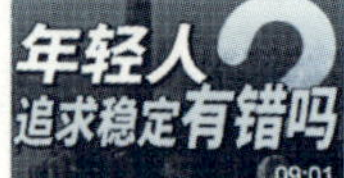

通过29个视频吸粉147万的“所长林超”2020年10月 5日截图

“罗翔说刑法”2020年3月上线B站，截止2020年10月 5日，共上传92个视频、粉丝950万

一个长粉特别快的UP主是“所长林超”，一些声音评论他输出的内容没有达到专业的深度；同时一些声音也力挺他分析事物角度新奇，标题吸引眼球，经常结合时事热点，符合大部分年轻人的胃口。仔细看看，B站对“所长林超”的描述还是很符合其内容特点的，就是“bilibili知名科普UP主”，重点是“科普”。从他上传的29个视频的关键字可以体会到目前年轻人关注的主题是“未来”“机遇”“变局”等等。

2020年这么魔幻，别说懵懵懂懂的年轻人，就是老江湖也想知道趋势在哪里、机遇在哪里。从内容上来讲，语速比较快有助于抓住注意力，剪辑流畅、卡点清晰、也有自己的思路和见解，作为科普级别的输出还是在一定程度上满足了用户对于高质量知识快餐的需求的。

如果说“所长林超”还只是短期成长迅速的代表，哔哩哔哩上另外一个相对长期吸引粉丝的典型就是“罗翔说刑法”了。罗翔老师2018年就小有名气，但知名度仍然停留在专业领域内。2020年3月前都是用户上传罗老师的授课视频，2020年3月罗翔成为B站签约主播，截止2020年10月5日，“罗翔说刑法”共上传92个视频，粉丝950万。从文科生到理科生，从小学生到大学生，从学生到非学生，罗老师的粉丝辐射多达20多个专业（仅从弹幕信息分析）。

图：DT财经分析“罗翔说刑法”弹幕及评论关键字（来源：https：//tech.sina.cn/2020-04-05/detail-iimxxsth3776163.d.html）

本来是一个司法考试培训机构的免费网课，为什么吸引远远超过备考人数、备考人群的“蹭课”粉丝关注？罗翔老师是北大法学博士，现任中国政法大学刑事司法学院教授，他的课在中国政法大学的选课人数经常超过课容量的三四倍，没选上课的同学都会搬着板凳去旁听，罗老师本人每年都会被评为最受本科生欢迎的十大教师（完全学生投票）。DT财经分析了B站罗翔老师点击率最高的5个视频弹幕，发现“哈哈哈哈”“津津有味”“滑稽”“搞笑”是吃瓜群众们爱上罗老师的共同精神内核。而在视频中高频出现的犯罪嫌疑人“张三”（罗翔老师经常用“张三”举例），则始终用他屡屡犯罪的传奇人生牵动着大家的心。当然，罗翔老师视频的标题也足够“惊世骇俗”或“清新脱俗”，例如“熊猫咬我，我能把熊猫打死吗？”“看小黄书会被处罚吗？”（当然，还有更“重口味”的标题，就不在此列举了）；打开视频后的内容也是一个个充满神转折的故事。罗老师在看似偏激的案例背后，用专业的知识给出了法律和道德的平衡术，内容真实地在剧情讨论上又加了一层法理和伦理的双重分析，并且还会传递很多法学理念与人生思考：例如法律存在“虽不能至，心向往之”的客观的公平和正义，例如 “越能体现人性尊严的快乐，越是一种高级的快乐”，等等。只看他的课可能过不了司法考试，但能收获到一点点对法律的敬畏和对正义的朴素向往就足够了。学校教育分为专业教育与通识教育（哈佛大学《自由社会中的通识教育》），“专业教育指使学生具有某种职业技能的部分，通识教育指的是学生全部教育中使其首先成为一个负责任的人和公民的部分。”简单说，专业教育教人谋生，而通识教育所要解决的是把学生培养成什么人的问题。罗翔的视频课程，其实就是包裹着刑法学外衣的通识教育。而通识教育，可完全不比专业教育重要性低。

00后全面享受成长红利——“世界是我们的，世界终究是他们的”（来源：Mob研究院《85、95、00后人群洞察白皮书》）

作为创业者，你可以关注任何一个和你擅长的领域相关的群体、行业、趋势。之所以选择年轻群体居多的B站内容举例，是因为后浪推前浪是自然规律，早点留意可以早发现问题、早些提供解决方案、尽早增加价值，发现先机。在这个年纪差几岁就成为隔代人的时代，对自己的前辈或后辈的需求和经历保持尊重，是对自然规律的尊重也是对自己的尊重，不要轻易评判或嘲笑，大家只是生于不同的历史阶段而已。就像英国科幻作家道格拉斯·亚当斯曾经提出的“科技三定律”所反映出的人性，对于整个人类社会来讲，每个人经历的都是从配角到主角再到配角的过程：

1. 任何在我出生时已有的科技都是稀松平常，是世界本来秩序的一部分。
2. 任何在我15-35岁之间诞生的科技都是将会改变世界的革命性产物。
3. 任何在我35岁之后诞生的科技都是违反自然规律要遭天谴的。

二、马斯洛的需求层次理论

研究人类需求的理论有N多种，我们无法也没有必要一一列举，所以本章涵盖几个有代表性的分类，希望给大家以启发、抛砖引玉。其中最耳熟能详的理论之一就是马斯洛的需求层次理论。

马斯洛的需求层次理论（Maslow's hierarchy of needs）是亚伯拉罕·马斯洛于1943年《心理学评论》的论文“人类动机的理论”（A Theory of Human Motivation）中所提出的理论。马斯洛随后延伸了这个想法，包含了他对人类天生好奇心的观察。他的理论与其他人类发展心理学的理论可以并行，尤其是针对人类成长阶段的描述。马斯洛使用了“生理”“安全”“隶属”与“爱”“自尊”“自我实现”与“自我超越”等术语，描述人类动机推移的脉络。马斯洛的理论在他于1954年的书籍著作《动机与人格》（Motivation and Personality）当中完整阐述。

对于这个理论的理解（到底是不是金字塔结构、到底几层）、分析（是不是一定要先满足“低”层次需求才能满足“高”层次需求）、适用范围（在一个国家合理的是不是适应另一个国家的文化）、能否被量化、积极与消极作用，等等。从它诞生到现在一直有很多探讨，这不在本节的关注范围内。在这里，我们希望透过马斯洛的视角来观察一下身边的产品、概念、平台、趋势究竟满足了人的哪些需求。所以，我们先列出它修订前后包含的最多内容：

1. 生理的需要——空气、饮食、遮蔽、温暖、性、睡眠等。

Biological and Physiological needs-air，food，drink，shelter，warmth，sex，sleep，etc.

2. 安全的需要——保障、安全、秩序、法律、界限、稳定等。

Safety needs-protection from elements，security，order，law，limits，stability，etc.

3. 归属与爱的需要——团体认可、家庭、爱情、关系等。

Belongingness and Love needs - work group，family，affection，relationships，etc.

4. 尊重的需要——自尊、成就、权力、独立、地位、声望、管理责任等。

Esteem needs-self-esteem，achievement，mastery，independence，status，dominance，prestige，managerial responsibility，etc.

5. 认知的需要——探索、好奇、知识、意义等。

Cognitive needs–knowledge，meaning，etc.

6. 审美的需要——欣赏追求美、平衡、匀称等。

Aesthetic needs–appreciation and search for beauty，balance，form，etc.

7. 自我实现的需要——发挥潜能、实现抱负、追求个人成长、巅峰体验。

Self–Actualization needs–realising personal potential，self–fulfilment，seeking personal growth and peak experiences.

8. 超越的需要——帮助他人自我实现。

Transcendence needs–helping others to achieve self–actualization.

对照上一节的两个例子，从1到5打分，对比一下“所长林超”和“罗翔说刑法”分别满足了B站年轻群体的哪些需要呢？这些内容的输出又分别满足了这两位UP主的哪些需要呢？举个例子：

人的需求就像人体内的血流一样，每时每刻都是变化的，每两个时间段相比较各个需求类别的强度也不尽相同。而且，需求是否被满足还是相对主观的感觉。因此，你的产品不可能、也没有必要满足所有人的所有需求。有个流行的词叫“同频”，你知道了自己（或自己的团队）在哪组频率输出是强项，同时知道了你面对的用户画像在哪组接收频率有需要，两相匹配就产生 “同频”的即视感了。

需求类别	“所长林超”的观众与粉丝		“罗翔说刑法”的观众与粉丝	
	分数（1-5）	评分理由	分数（1-5）	评分理由
1. 生理的需要		不相关		不相关
2. 安全的需要	2	方向感	4	法律界定
3. 归属与爱的需要	1	社会、家庭关系	2	社会、家庭关系
4. 尊重的需要	3	自尊、成就、独立	3	自尊、责任
5. 认知的需要	5	知识、探索	5	知识、意义
6. 审美的需要	2	剪辑、视觉效果		不相关
7. 自我实现的需要	4	实现抱负、个人成长	2	个人成长
8. 超越的需要		不相关		不相关

需求类别	林超本人		罗翔本人	
	分数（1-5）	评分理由	分数（1-5）	评分理由
1. 生理的需要		不相关		不相关
2. 安全的需要		不相关		不相关
3. 归属与爱的需要	3	用户认可	3	用户认可
4. 尊重的需要	4	自尊、成就、责任	4	自尊、责任、声望
5. 认知的需要	3	探索、意义	4	意义
6. 审美的需要	4	剪辑、视觉效果	3	和谐社会
7. 自我实现的需要	5	实现抱负、个人成长	5	实现抱负
8. 超越的需要	4	帮助更多人提升认知	5	帮助更多人提升认知

需求类别主观打分举例

科技的发展、时代的进步、网络的联通带给我们各种信号与噪音，也带给我们数据收集与分析的便利。很难想象在20年前甚至10年前，关于不同行业和人群的大数据分析白皮书会如此触手可及。就像现在的GPS一样，设定了起点、终点和行驶偏好，它就会不遗余力地为你筛出最佳路线。所有的白皮书都在你知道要什么的情况下提供给你相对客观的、有价值的信息，等待你来挖掘、应用。

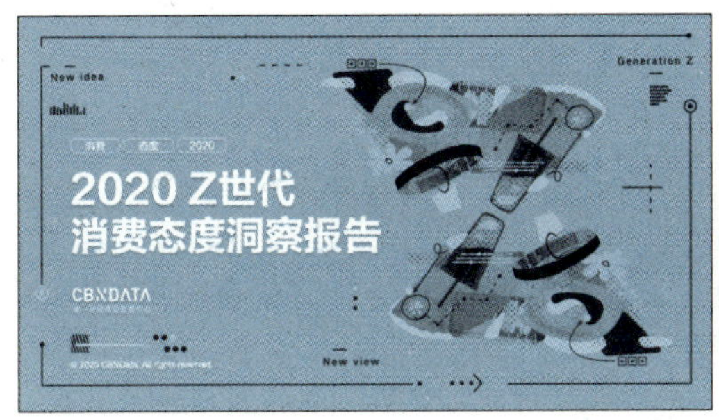

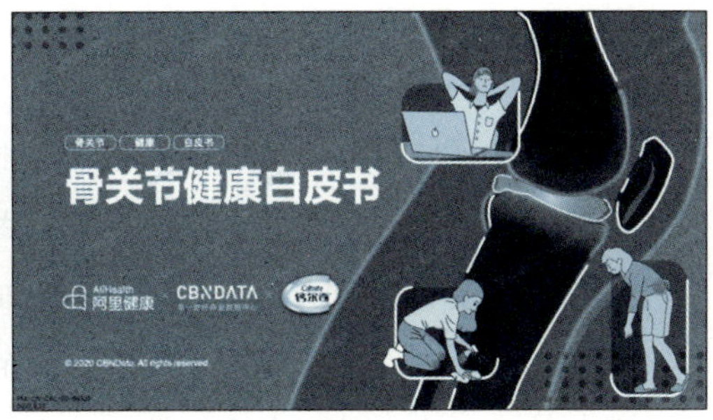

研究不同主题的行业、人群分析白皮书可以轻易触达（来源：https：//www.cbndata.com/home ）

第二节　沟通需求

再看一则关于营销的小故事——

一个派驻沙特阿拉伯的可乐销售代表垂头丧气地回国了！

他的朋友问他："你怎么没能把可乐成功推销给沙特人啊？"

这个推销员说："当我被派驻到沙特时，我满怀信心地认为，我定会创造一个很棒的销售记录！可是我的困难是不懂阿拉伯语，因此我就打算用三幅图作广告。"

第一幅：一个人晕倒在炎热的沙漠上、几乎奄奄一息。

第二幅：这个人在喝可乐。

第三幅：这个人已彻底重新振作、元气满满。

推销员觉得十拿九稳，就把这个广告广泛地散发。

朋友听了说："太棒了！这肯定销量大增啊！"

"刚好相反！本来不怎么样的销售量又见新低！"销售员说，"因为事先从来没有人告诉我，他们的习惯是从右向左读的！"

晕倒在沙漠上几乎奄奄一息

痛快地喝着可乐

元气满满、精神振奋

图：可口可乐在沙特阿拉伯的广告（故事）（来源：http://seriouslyfunnyhumor.blogspot.com/2014/05/disappointed-salesman-of-coca-cola-failed-commercial-joke.html ）

本来是要表达给潜在客户：你需要这个产品，它能帮助你拥有焕然一新的感觉——结果因为不了解对方的信息接收方式，反而弄巧成拙，结果不言而喻。销售所要求的不仅仅是你需要的我有，我还得用你能接收的方式让你知道并且愿意尝试，最好成为忠实的复购者——这是有效需求沟通的目的。

一、需求冰山的水下部分

2020年，故宫（紫禁城）600岁了。故宫博物院的第六任院长单霁翔在混沌大学做了一次关于《管理创新：让文化遗产资源“活起来”》的分享，故宫博物院就是在他的任期内，以更加崭新鲜活的形象进入了更多人的视野。旧貌换新颜的故宫博物院不仅是坐在那里等待游客来参观了解，而且在全面规划整治开放之后，通过数字的媒介和平台走向了北京以外，中国以外，走向了世界。可以披露的“账本”显示的直接结果是，故宫文创收入从2013年的6亿元增长到2017年的15亿元，超过1500家A股公司，这还不包括门票。故宫一定是做对了一些事情。

冰山是人们进行比喻经常引用的事物，也是很多理论的模型，造物主通过它告诉我们一个真谛：眼见不一定为实——你所看到的并非全部。例如，弗洛伊德把它用在表达人格的有意识与无意识的对比；海明威用它来阐述作者的描述和留给读者想象的空间；维吉尼亚·萨提亚用它来诠释人们能用行为表达的外在和无法直接通过行为显现的内在。维吉尼亚·萨提亚是知名的心理治疗师和家庭治疗师，她是最早提出在人际关系及治疗关系中，“人人平等，人皆有价值”的想法的人，相信生命是可以改变的，希望每个人都能以更好的方式生存于世上。如果说人们参观故宫博物院、购买故宫纪念品这些行为是冰山水面上可以看到的部分，那么隐藏在水面下的“应对方式”“感受”“观点”“期待”“渴望”、“我是谁”又是怎样的呢？如果水面下的部分被挖掘、被了解、被看到、被满足，对于个体、群体以及整个社会来说是否会有积极的涟漪效应呢？

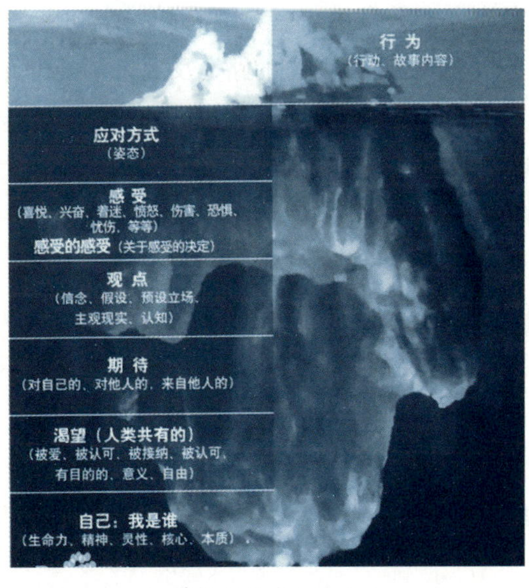

萨提亚的冰山理论

故宫管理创新前后人们行为的变化分析表

冰山层次	参观		购物	
	管理创新前	管理创新后	管理创新前	管理创新后
行为	实地参观故宫	多次实地参观故宫，网上参观数字故宫	购买故宫纪念品	线上线下多次购买故宫文创产品
应对方式	到此一游，走马观花，完成任务	流连忘返，增加知识，还会再来	留作纪念	爱不释手，买了又买
感受	好奇，焦虑	着迷，喜爱	满足	好奇，喜悦，满足
观点	虽然看不到多少东西，但是怎么也要来打个卡	不仅打卡，还要了解民族文化历史	小号复制品，有没有无所谓，只是摆件，锦上添花	与生活相关，精致实用，有文化元素，提升民族自豪感，与众不同
期待	人头攒动，安全第一	不用人挤人，静心欣赏、学习	旅游纪念品都差不多	更多精美实用高品质的文创产品
渴望	完成一件事	希望提高精神品质	来过，被认可	被认可，有意义，民族的就是世界的
自己：我是谁	未必把故宫和自己联系起来	视觉、感官立体提升民族自豪感，民族自尊心	未必把故宫纪念品和自己联系起来	生活中随时提升民族自豪感，民族自尊心

过去人们参观故宫绝大多数是由于它是北京的一个知名景点，或者怎么也要感受一下皇帝住过的地方、走一走皇帝走过的路，反正一辈子也许只来一次，所以走马观花式的“到此一游”是普遍的心态。一个真正好的博物馆能传递给观众的应该远比“景点”这一角色表达的多。这么珍贵的文化资源究竟能在多大程度上为人们的现实生活做出贡献？单霁翔院长带着这个问题一步一个脚印“把工作当学问做，把问题当课题解”，让故宫这座沉睡的文化遗产活了起来。而这场管理革命的指导原则在于“审视过去的一切工作，究竟是以自己管理方便为中心，还是以我们服务对象方便为中心”，这和萨提亚的人本主义的核心：着重“你和我”，而不是“你或我”；关心的是“我们”，而不是“我”的观点不谋而合。

二、乔哈里沟通视窗

单霁翔院长对于故宫博物院的管理创新也充分验证了乔哈里沟通视窗展示的有效

沟通途径。“乔哈里窗”是由美国心理学家乔瑟夫·勒夫（Josehp Luft）与哈里·英格拉姆（Harry Ingram）两人的名字合并而成。他们出于对沟通问题的关注，同时也是因为对不同沟通情境下人们不同的心理及行为表现的疑惑，进行了深入的沟通心理学研究，研究成果被命名为“Johari Window”——乔哈里窗。

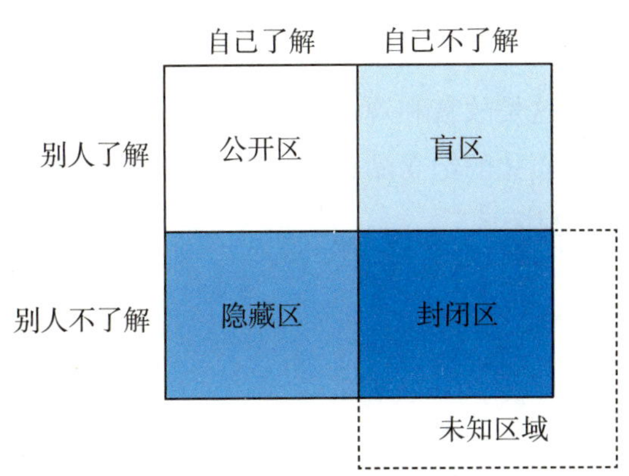

乔哈里窗沟通模型（来源：齐忠玉，《乔哈里窗沟通法：深层沟通的心理学途径》）

乔哈里窗不是一个简单的沟通策略，而是一套完整的沟通模型，它将沟通进程划分为四个区间，即公开区、隐藏区、盲区和封闭区。

- 公开区（Arena）。是指自己和别人都了解的信息区间。如某件事的严重性、某个人的能力、某些事物的表面特征等。
- 隐藏区（Facade）。是指自己了解，但别人不了解的信息区间。如个人愿望、未来几年内的规划、情感、隐私等。
- 盲区（Blind Spot）。是指自己不了解，但是别人了解的信息区间。如自己的做法给他人留下哪些印象，或是自己的态度、情绪给他人造成了怎样的影响等。
- 封闭区（Unknown）。指的是自己与他人都不了解的全新的神秘领域，它具有一定的潜能，对其他区域具有潜在的影响。

大多数人都能够意识到，真正产生成果的沟通通常发生在公开区，比如消除两人的分歧并达成共识、对某个人的偏见予以有效纠正等。为什么只能在公开区实现这个目标呢？其答案在于：在公开区，一切都是可以讨论的，各种各样的观点都可以交流。而在盲区或隐藏区，往往受制于多种心理上的负面因素，无法充分互通，也就不存在达成一致的最大可能性。正因如此，所有卓有成效的沟通必须让一切信息都在公开区内传递，并以透明、直接和简单的方式，去化解分歧。

故宫创新的过程就是一步一步扩大公开区的过程。故宫藏品丰富，但过去99%的藏品沉睡在库房，这些藏品都是故宫了解而观众不了解的“隐藏区”内容；故宫是世

界上最大、规模最完整的古代宫殿建筑群，但过去大部分区域没有开放，观众感受不到这世界之最，同样是“隐藏区”的内容；过去大家都希望能从午门中间皇帝走过的门进去，但是故宫一直秉持中间的门是用来接待贵宾机动车进入的观念，造成两边排长队、中间没有人，这是故宫管理上的“盲点区”；过去因为怕椅子维修不及时弄伤观众，整个故宫都没有椅子坐，也是管理上的“盲点区”；过去互联网的价值还没有充分体现，故宫不清楚如何更好的分流限流，观众也不知道如何避免人挤人、如何避免抢位子的“故宫跑”，这是故宫和观众双方都不清楚的“封闭区”；过去人们买同质化的纪念品，故宫卖同质化的纪念品，双方都不知道纪念品还能有什么花样，这同样是有潜力、待开发的“封闭区”。

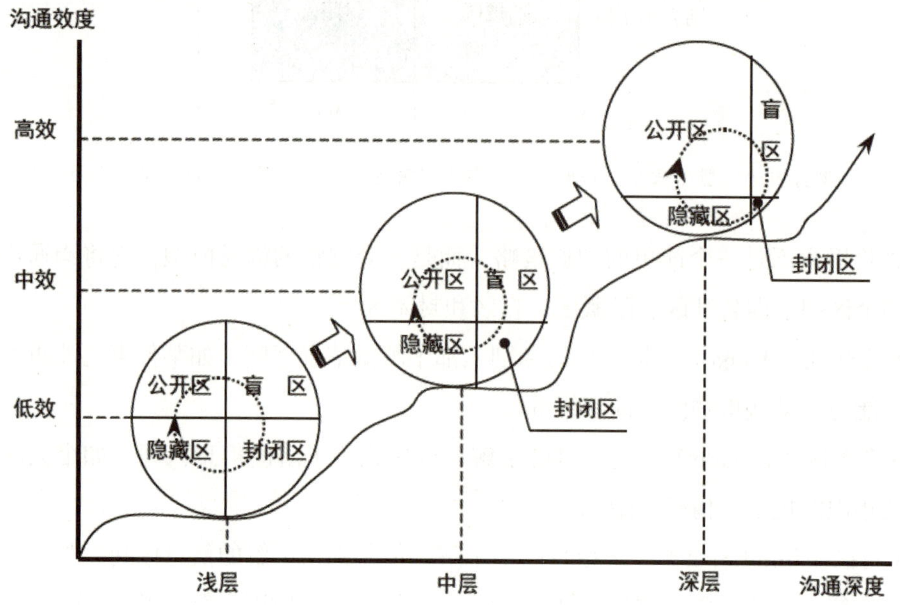

沟通成效的渐进循环和改善（来源：齐忠玉，《乔哈里窗沟通法：深层沟通的心理学途径》）

工作重心从方便自己管理转变成方便服务对象之后，故宫的开放区域从2012年的30%增加到2018年的80%，古建筑被修缮，文物被修复，经过清理共186万件文物轮流实体展出并全部可以在网上查找；标识更清晰、人流更分散、休息饮食购物更人性化，尤其是故宫文创产品更加带着民族个性元素与文化气息走进人们的生活，一股强大的文化清流正润物细无声地荡涤着人们的精神世界。

随着“公开区”的不断扩大，故宫越来越在意大众的需求，人们也越来越了解故宫，越发高效并且深层的沟通让故宫和观众（线下+线上）双方都成为了受益者。作为博物馆的角色，过去向来都是被别人赞助的。但是故宫博物院把文化资源转化为生产力的令人欣喜的结果是，2019年初，布展相关的文创产品在活动结束后拍卖了2000

多万元，捐赠了4个国家贫困县。正如单院长所说，“我不再认为把它们锁在库房、死看硬守、尽职尽责，就是好的文物保护状态了。我认为应该把它们修复好，应该重回人们社会生活。它们本来就是社会的创造，人们的创造，应该重新在人们的生活中来呈现它们的魅力，有魅力的文化遗产，才会得到人们的呵护，才有尊严，有尊严的文化才能成为促进社会发展的积极力量。”

故宫文创产品开发——神骏水果叉就来自于乾隆皇帝大阅图，而由于图中的乾隆皇帝“不好看”，于是只采用了马的形象，水果叉叉在马身上又被认为“不符合保护动物的观念”，最后才成了目前的造型。

第三节 满足需求

“成功学”经常引导学员卯足劲实现目标的问题之一是“你是想要？还是一定要？”，帮你挖个“非要不可”的坑，引向“只有偏执狂才能生存”的奋斗状态来填坑，当然果真填上了，受益的还是你。“想要”和“一定要”有区别吗？肯定有，前者多数仅停留在“想”的阶段，后者是促成行动的要件。

一、营销角度的需求三角

李靖于2016–2018由于百度收购了他创办的公司而任职百度副总裁，当时是百度有史以来最年轻的副总裁（25岁）。2014年起，他在自己的公众号“李叫兽”原创出百余篇高质量商业分析文章，对营销的科学化研究情有独钟。在混沌大学的课堂，他分享了《破解消费者需求密码》，模型简单，逻辑性强，对消费者需求构成的分析入木三分。

要想满足消费者的需求，首先要明确消费者的需求是如何形成的。从消费者行为视角来看的需求可以定义为：人们为了满足需要而形成的对特性产品和服务的购买能力。在李叫兽的拆解下，“需求三角”由“缺乏感”“目标物”和“能力”构成，这个模型的关键在于，缺了任何一个角，需求都无法真正形成，没有形成需求自然就无法满足需求、无法解决问题、无法产生经济效益。

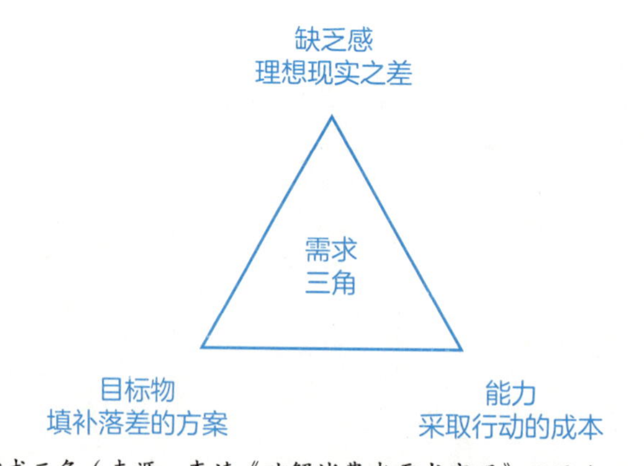

需求三角（来源：李靖《破解消费者需求密码》@混沌App）

正常情况下，消费者不想改变，但是不改变就没有机会。所以，营销的第一个问题就是消费者到底缺少了什么。如果他们的需求已经满足，那就不要帮助别人做本身不需要的任务。我们需要寻找消费者的“缺乏”，需要了解他们有哪些没有实现的目标。举例来说，Z世代（1995年–2009年出生的人群）消费萌宠行为对需求三角的诠释是：宠物给这个世代的人群带来了不可替代的陪伴感，可以摸一摸、抱一抱，是朋友、更是亲人，采取行动的金钱成本怎么也比养房、养车、养娃低，所以越来越多的95后选择加入“铲屎官”的行列，就连对宠物保健品的消费也占据了宠物食品的近半壁江山。（《2020 Z世代消费态度洞察报告》）

消费者永无休止的“缺乏感”：旧的满足，新的出现

视角	心理状态	落差来源	对应心理
任务	完成一件事	完成-不完成	目标趋进、目标阻碍等
时间	考虑未来和过去	现在-过去/未来	恐惧、稀缺、求新、怀旧、经验等
关系	跟某个人的交互	别人-自己	亏欠、结识、互惠
群体	群体的参照	群体-自己	渴望、从众、回避、融入等
角色	自我角色对比	角色-自己	角色、一致性等

消费者落差表，定位缺乏感来源，听声辨位（来源：李靖《破解消费者需求密码》@混沌App）

以不同的视角可以看到消费者不同来源的“缺乏感”，在这些缺乏感的基础上，有相应的填补落差方案，消费者的动机就产生了；有了动机，采取行动的成本又可以接受，于是需求三角形成，需求得到满足，问题解决。例如，毕业生希望以健康朝气的形象给雇佣单位一个好的第一印象，希望在面试前减肥成功，达到理想身形，刚好有营养代餐类的食品可以帮助填补落差，价钱合理，饮用方便，于是“面试前减肥+代餐+改变成本不高”就促成了需求的满足。再举个非消费的例子，如果你开车和一个出租车在一条狭窄的街道相遇，大家都赶时间，都比较急燥，这个时候如果讲道理很可能既浪费时间又解决不了问题，因为很可能谁退让就显得谁没面子。如果这时你和司机师傅说“师傅麻烦你倒一倒车，因为咱们两个只有你是专业的”，司机师傅顿时对专业司机角色的认同感大增，心理落差瞬间被填补，不存在没面子的形象成本，反而会用专业提升形象，司机欣欣然让路，问题迎刃而解。

缺乏感的决定因素是人性，戴尔·卡内基《人性的弱点》第一条说的就是人人都喜欢被赞美，利用好人性可以敏感地发现对方的“缺乏”来自哪里。提供目标物的决定因素是文化，需要符合对方已有的认知，否则鸡同鸭讲还是解决不了问题。降低消费者采取行动的成本，需要为消费者赋能。例如，消费者认同营养理念，也希望补充微量营养，但是市场上产品眼花缭乱，信任门槛高；如果你的产品是运动员、甚至奥运冠军、而且不止一个国家的奥运冠军团队都在使用，那么就会传递给消费者一个信息：运动员长期使用的产品必须安全，否则影响整个职业生涯；国家队长期使用的产品必须有效，因为是争夺金牌的强大后盾。消费者被赋能，决策成本大大降低。

二、拥有长长久久的铁杆粉丝

安东尼·罗宾在他的各类课程中都会贯穿人类六大需求的概念，他所提出的人类六大需求有：

（1）Certainty；确定性。

（2）Uncertainty/Variety；不确定性/多样性。

（3）Significance；与众不同。

（4）Love/Connection；爱与连接。

（5）Growth；成长。

（6）Contribution；贡献。

与马斯洛的理论类似，人们在不同的时期会表现出对不同的类别组合的需要，比如婴儿对确定性（安全感）和爱的需要会多过其他类别。与马斯洛的理论不同的是安东尼·罗宾提出的这些类别关注的更多是心理层面的需求，这些类别都比较抽象且描述了心理层面的渴望、期待或缺乏感。在人与人之间的关系方面，如果你能满足对方的三个或以上的需求类别，那么你们的连接就相当强了，无论是朋友、夫妻、亲子还是伙伴；延展到商业领域，如果你的企业组织产品的综合体能满足人们的三个或以上的需求，那么他们的忠诚度就会大大加强，成为你长久的铁杆粉丝。

举例某企业和故宫博物院如何通过满足受众的六大需求塑造长久的铁杆粉丝

六大需求	某健康行业分享式营销企业	故宫博物院
确定性	产品帮助健康预防疾病，不仅仅是活着而且是朝气蓬勃	馆藏丰富世界之最，文创产品精致典雅，参加活动有趣又涨知识
不确定性/多样性	多种选择，健康美丽从内而外，新品不断，营销专业多样	多种选择，生活中总有一件适合你，活动层出不穷
与众不同	第三方依据，世界各国顶尖运动员使用，低调的奢华	故宫元素独一无二，皇室藏品背景彰显尊贵、品味

（续上表）

六大需求	某健康行业分享式营销企业	故宫博物院
爱与连接	既是产品使用者又可以分享经营事业，和团队、用户互动连接	和传统文化连接，民族文化归属感、认同感
成长	个人全方面的成长，包括健康知识、人际交往、创业思维、领导力	丰富知识、增长见识、增强审美
贡献	回馈社会，健康基金帮助有需要的各个群体，把健康带给更多人	支持国货精品、为祖国经济发展献力，为民族文化传播献力

其他的人际关系如同企业和用户的关系一样，如果想让你的朋友、家人、合作伙伴、上级、下属、某个群体成为你的“粉丝”，喜欢你、愿意和你在一起，那么就给他们确定性，给他们多样性，让他们感觉与众不同，给予爱、经常连接，让他们感到成长、感到自己有所贡献。洞察每个人在每个阶段的主要需求类别是需要一定程度的敏感，需要换位思考的，更需要每个人自身在与人交往这个“艺术”而非“科学”的软性领域多一些同理心、多一些共情。

第四节　创造需求?

曾有企业家讲过“需求是可以创造的，理论上来讲菜市场上面任何东西都是一定卖得出去的，因为顾客市场上来说一定是来买东西的，不同的是他是买鱼还是买肉，有的时候他们没想过买肉，但这个需求是可以被挖掘出来的。”有点咬文嚼字，但是仔细品品，你会发现，“需求是可以被挖掘出来的”意味着需求本身就在那里，只是把它显化，摆在台面上。

一、客户不知道他们需要什么

乔布斯曾经说过类似的话：“消费者并不知道自己需要什么，直到我们拿出自己的产品，他们就发现，这是我要的东西。”福特汽车的创始人亨利·福特也说：“如果我问顾客想要什么，他们可能会说自己想要一匹更快的马。”用需求三角来解释的话可以这样理解：用户的“缺乏感”是一直存在的，只是有时他们很清楚、有时比较模糊；企业要提供的就是“目标物”，而用户未必知道这个目标物的存在或可能性，或者不知道它和自己的缺乏感有什么联系，需要企业来启发教育。

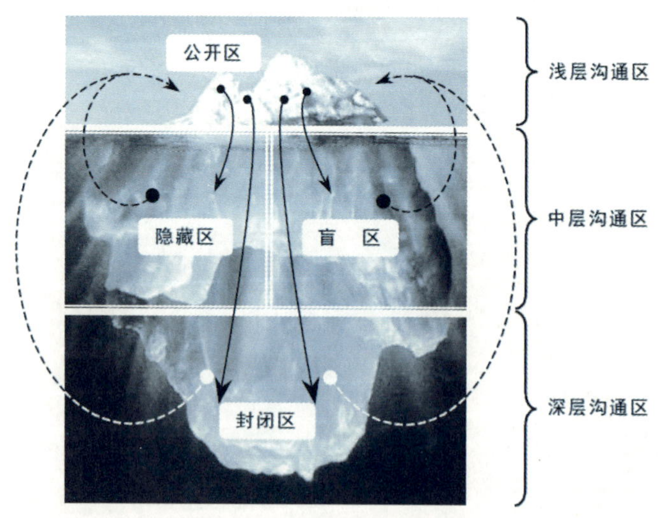

缩小隐藏区、盲区与封闭区，扩大公开区是扩大企业和用户交流并达成共识的前提（图片来源：齐忠玉，《乔哈里窗沟通法：深层沟通的心理学途径》）

“创造需求”用乔哈里窗来表达就是：企业通过对科技的投入、对趋势的预测、对用户意愿喜好的调查、结合自己的特点开发用户不一定能表达出来但是却填补了他们理想与现实差距的产品。用户表达痛苦、喜好与意愿的过程就是把自己的隐藏区缩小的过程；企业让用户知道他们的缺乏感还可以通过他们不知道的产品或解决方案来填补，是企业把盲区缩小的过程；人类认知的提升、科技的进步、社会的发展会让企业和用户双方同时不知道的封闭区（潜力区）缩小，同时知道的公开区扩大；当公开区越来越广阔的时候，企业和用户双方达成共识的机会就增多，购买的概率增大，经济的活力随之提升。

乔布斯说消费者并不知道自己要什么是有底气有实力的，因为他的苹果一直是引导消费者需求的先驱。2007年1月9日，真正的智能又易用的手机的鼻祖iPhone诞生了。当时的人们有听音乐的需求可以用iPod，有打电话的需求可以用各种品牌的手机，有上网的需求可以用台式机，但是没有用户会设想他们可以在同一个设备上进行满足所有这几种需求的操作。他们想要“跑得更快的马”，但是不知道那匹马可以长成“汽车”的样子。这样一个需求就被“创造”了出来。同期被创造的还有手指触控屏，它使得手机不必再留一半的空间给键盘，可以呈现更大屏幕，它可以实现鼠标式的点击却不用再携带多余的触屏笔。这些都是用户没法设想的，但是当乔布斯把这些功能的集合体做出来的时候，每个人都知道了，这就是我要的。

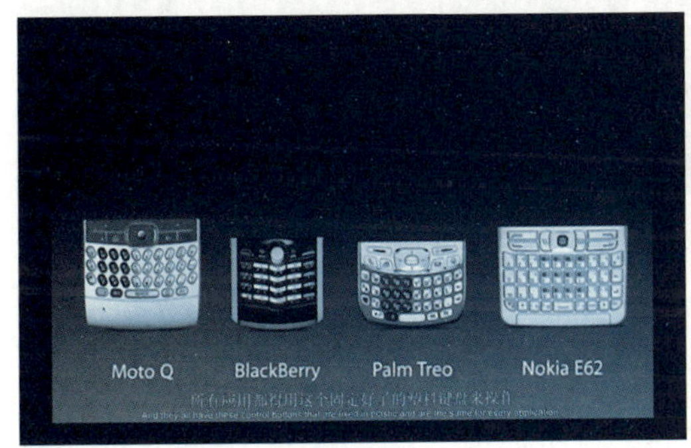

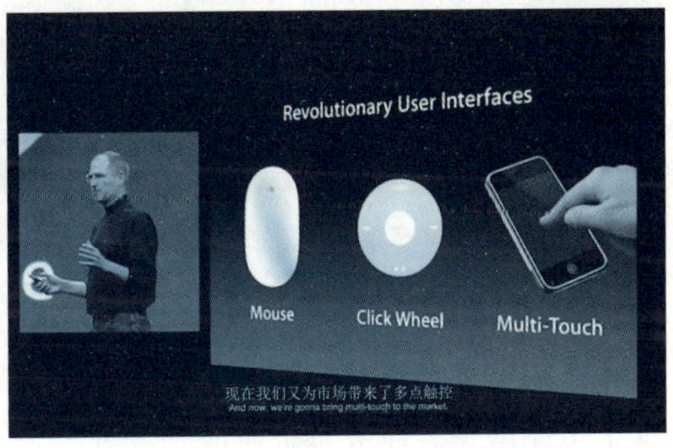

2007年在发布iPhone的同时，乔布斯自豪地介绍革命性的手指触控用户界面

二、不断跨越第二曲线

大千世界唯一不变的只有变化本身。如果说苹果的每一代升级创新还是在同一体系下进行的，那么很多企业的成长到一定阶段，所进行的升级创新却不得不变换赛道——结果同样是向用户展现了他们从未想过的可能性。

在乔布斯发布iPhone的同一年，Netflix的DVD业务如日中天，然而Netflix却做了一个预测：2013年DVD的业务会到达极限点。为什么？因为DVD业务的增速大幅下降

了。而实际发生的情况是，DVD业务在2010年就到达了极限点。做出预测后的Netflix没有坐以待毙，而是推出了流媒体业务，也就是在线观看影视作品。虽然当时的技术和带宽使得视频的分辨率不高，整体质量比DVD差，但是看到了需求趋势的创始人哈斯廷斯还是不顾一切地推进流媒体计划，当年在开发新的流媒体技术方面投入4000万美元。Netflix的两项不同体系下满足用户需求的业务就这样交接了。

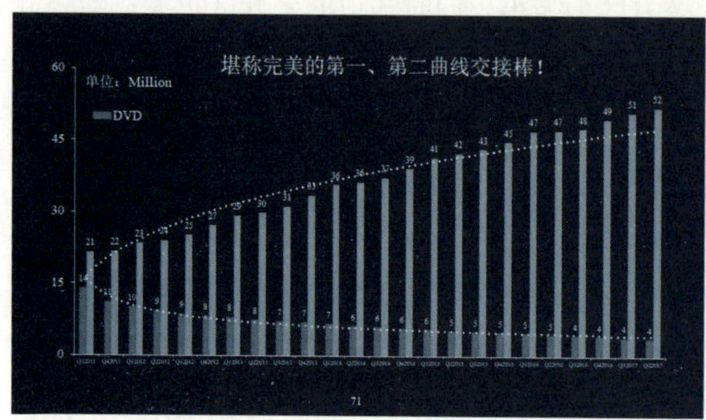

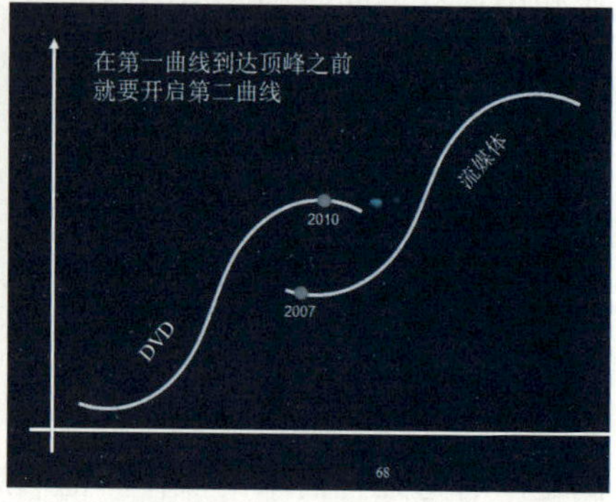

Netflix的DVD业务和流媒体业务完美交接（来源：李善友《模型课03 | 第二曲线：如何重启增长持续创新》@混沌App）

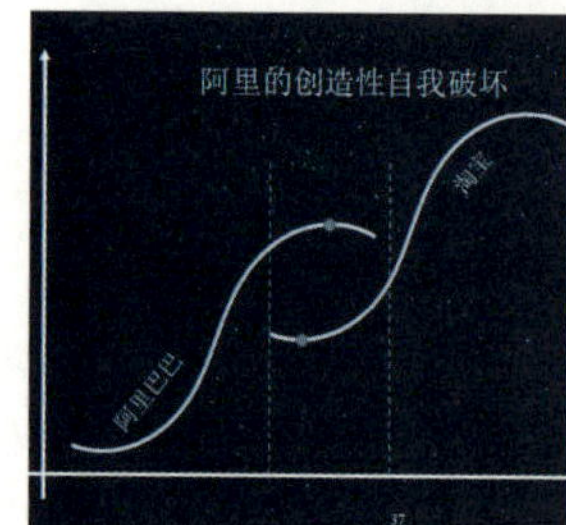

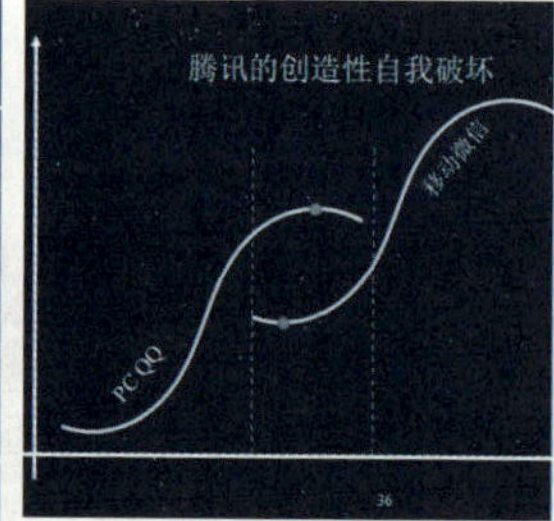

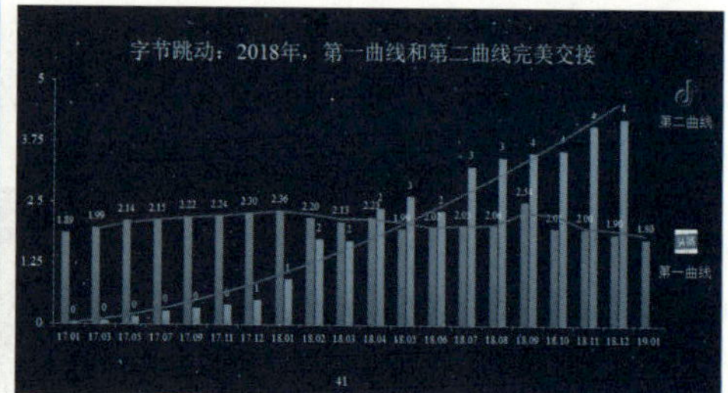

曲线交接——阿里从阿里巴巴到淘宝；腾讯从PC端QQ到移动微信；字节跳动从今日头条到抖音（来源：李善友《模型课03 | 第二曲线：如何重启增长持续创新》

在国内，大家耳熟能详的几个企业其实都进行了类似的创造性自我破坏，从而实现了飞速增长。业务是企业的子系统，《反脆弱》里面说，只有破坏子系统才能让母系统长存。企业如此，生命也是如此（新旧细胞更替），这是天道。（李善友）

在同一个环境、同一个趋势下显现的同一个现象，对不同的人来说传递的是不同的信息，对于信息的理解、应用和判断，取决于接收者的认知。电影《教父》里有句扎心的话："花半秒钟就看透事物本质的人，和花一辈子都看不清事物本质的人，注定是截然不同的命运。"能否持续洞悉"缺乏感"，创造填补落差的"目标物"，并且为消费者赋能降低行动成本——在某种程度上决定了你是一直在创业的过程中体验，还是能用结果叠加结果地循环式跃迁。

延展阅读

- 张磊,《价值》,浙江教育出版社,2020.9。
- 齐忠玉,《乔哈里窗沟通法:深层沟通的心理学途径》,中国电力出版社,2010.9。
- 查理·芒格,《穷查理宝典》,中信出版社,2016.8.1。
- 戴尔·卡内基,《人性的弱点全集》,中国发展出版社,2008.1.1。
- 京东家电,京东大数据研究院,《90后人群消费白皮书》,http://pdf.dfcfw.com/pdf/H3_AP202009111410915927_1.pdf,2020.9。

视听资源

- 单霁翔,《管理创新:让文化遗产资源"活起来"》@混沌App
- 故宫博物院网站https://www.dpm.org.cn/Home.html
- 李靖(李叫兽),《破解消费者需求密码》@混沌App
- 所长林超@哔哩哔哩App
- 罗翔说刑法@哔哩哔哩App
- 马云,重庆智博会(2020)
- 马云,新加坡国际诚信研讨会(2016)
- 李善友,《模型课03|第二曲线:如何重启增长持续创新》@混沌App

练习

用思维导图记录问题和答案。

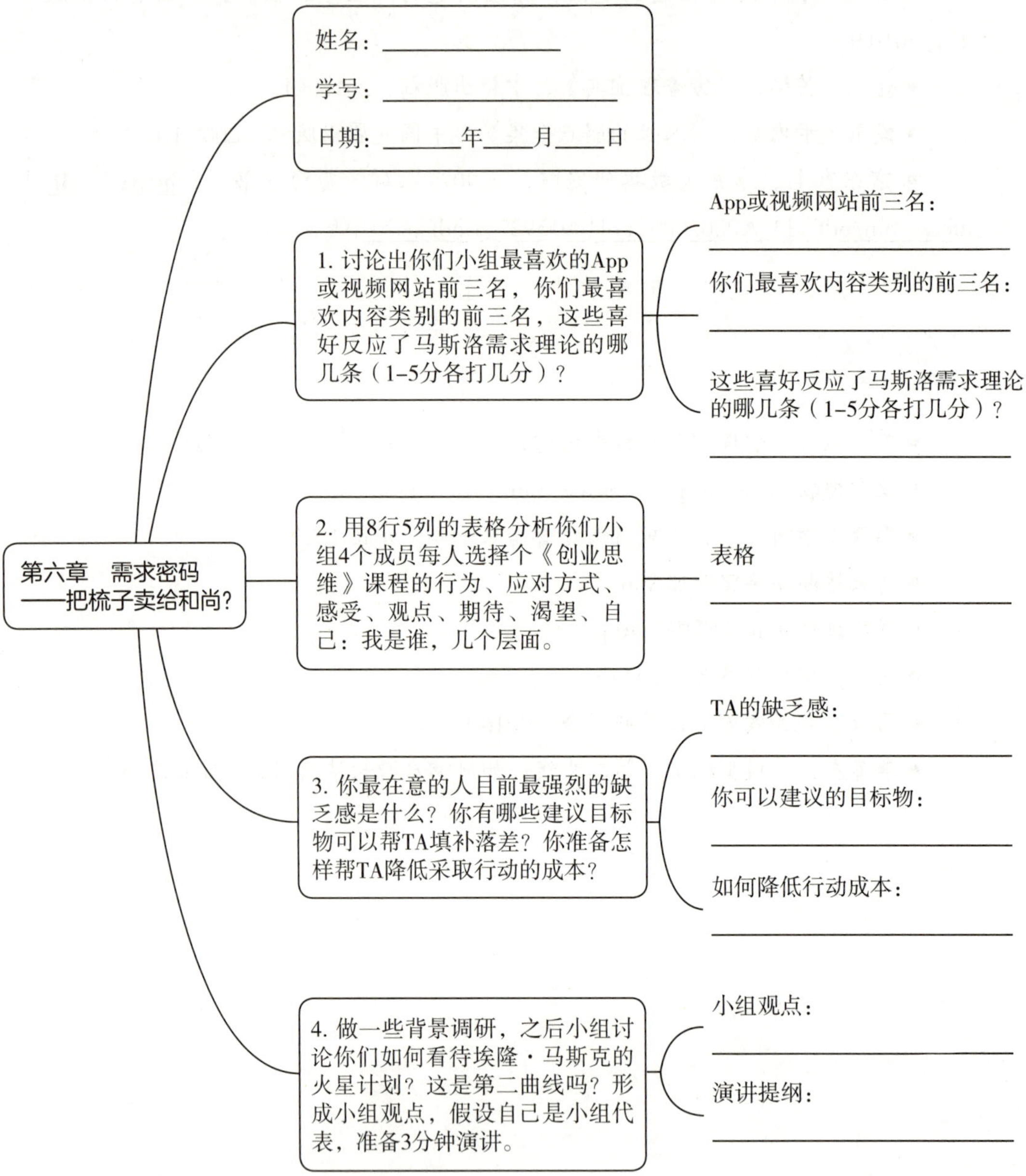

第六章　需求密码——把梳子卖给和尚?

- 姓名：________
- 学号：________
- 日期：____年____月____日

1. 讨论出你们小组最喜欢的App或视频网站前三名，你们最喜欢内容类别的前三名，这些喜好反应了马斯洛需求理论的哪几条（1–5分各打几分）？
   - App或视频网站前三名：________
   - 你们最喜欢内容类别的前三名：________
   - 这些喜好反应了马斯洛需求理论的哪几条（1–5分各打几分）？________

2. 用8行5列的表格分析你们小组4个成员每人选择个《创业思维》课程的行为、应对方式、感受、观点、期待、渴望、自己：我是谁，几个层面。
   - 表格________

3. 你最在意的人目前最强烈的缺乏感是什么？你有哪些建议目标物可以帮TA填补落差？你准备怎样帮TA降低采取行动的成本？
   - TA的缺乏感：________
   - 你可以建议的目标物：________
   - 如何降低行动成本：________

4. 做一些背景调研，之后小组讨论你们如何看待埃隆·马斯克的火星计划？这是第二曲线吗？形成小组观点，假设自己是小组代表，准备3分钟演讲。
   - 小组观点：________
   - 演讲提纲：________

第七章

匠人匠心——择一事，终一生

先德行，后技能；己成，则物成。

——秋山利辉

2016年初，一部慢节奏的、充满文化情怀的电影纪录片悄然面世，豆瓣评分9.4分，超过《琅琊榜》，超过《舌尖上的中国》。这部电影打动了很多人，其中70%点赞的都是年轻人，是在校的同学们。这部电影就是《我在故宫修文物》。

纪录片中的主线人物、钟表组的王津还因此获得了2017年的休斯顿国际电影节全景中国“杰出贡献白金奖”，他说他什么都没演，只是工作状态被拍下来就获了奖。王津16岁进入故宫文保科技部钟表组，修了近40年钟表，工作没有换过，工作室也没有搬过家。从一个稚气未脱的少年开始，他就安静地坐在修复桌前，拧紧松掉的螺帽，擦拭生锈的发条，调整倾斜的齿轮……300多座皇家收藏的钟表一件件经过王津的手检修并指针能走准且活灵活现。

王津在修理十八世纪的西洋钟表（来源：《我在故宫修文物大电影》

对于很多文物，修复之后静静地摆着就可以了，但是钟表不行，钟表的修复要求是“恢复机能”，是要动的，简单的几个字包含的内容却很深。拿纪录片中亮相的铜镀金变魔术人钟来说，因为它机械结构复杂，有上千个零件，是世界公认的最复杂的钟表之一，修复组里几个人陆续修了一年才完成。要静得下心、耐得住寂寞的“苦差事”，在王津看来却很满足：“主要还是喜欢、有兴趣。看到一座破旧的钟，能在我面前恢复活灵活现，心里特舒坦。”难怪有网友感叹“印象中的大国工匠，应该就是这个样子，温暖而谦逊，执著而内敛。这样的品质才能够担当起这个职业的脊梁。”

这就是匠人、匠心。

第一节 先做人，后做事

都说“对事不对人”，事是人做的，绕了一圈还是要礼貌地解决人的问题，才能解决事的问题。物也好、事也罢，只要是经过人所产生的，就必然融入了人的认知、人的格局、人的审美、人的情怀、人的能力、人的品质。从这个角度来讲，识人也不难，你只要看这个人是用怎样的标准和行为方式做事的、做得怎么样，基本上就能判断出这个人的认知、格局、审美、情怀、能力、品质。

一、秋山利辉

秋山利辉，1943年出生于奈良市，木工大匠，他所创办的“秋山木工”会社是日本皇家指定的家具特供场。“秋山木工”为客户提供可使用一百年、两百年的家具，全部由拥有可靠技术的一流家具工匠亲手打造。“秋山木工”之所以受到日本各界的关注是源于他的人才培养方式。如果说“势、道、法、术、器”是成事的几个思维层次，那么无疑“秋山木工”是下了大力气在“道”的层面培养人才了。秋山利辉相信“一流的人才，人品比技术更重要”，所以在每天的工作中不仅磨砺学生们的技术，还进行相当比例的心理建设，锤炼他们的人品。

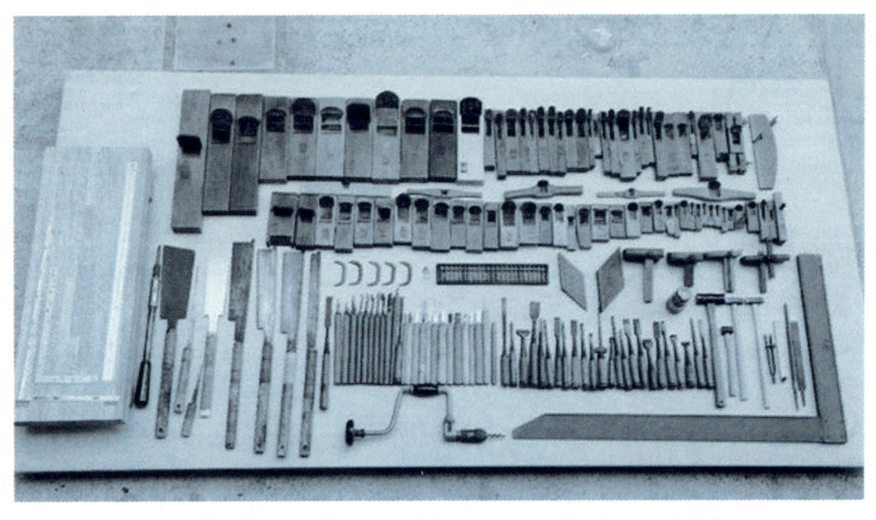

“秋山木工”职人工具（图片来源：秋山利辉《匠人精神》）

秋山利辉的《匠人精神》，副标题就是“一流人才育成的30条法则”。这30条法则乍看上去跟“木工”这个职业没有太大的关系，仔细品品，它们不仅和“木工”有关，和任何一个职业都有着千丝万缕的联系。因为它们是30条作为一流人才的基本要素，是塑造一流心性的法则。而正如秋山利辉所言，“有一流的心性，必有一流的技术”。因为重要，所以即便占用一点篇幅，也值得逐条对照检视自己。

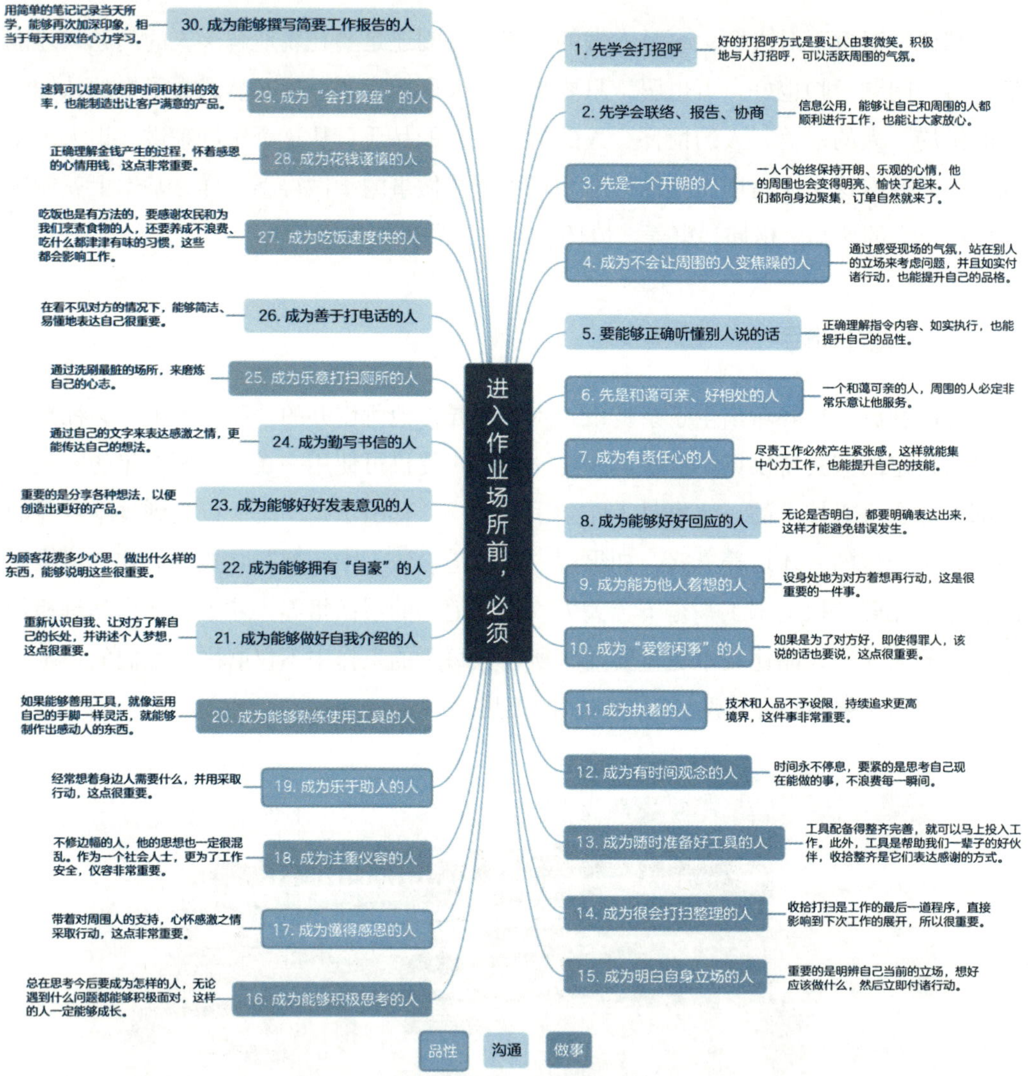

进入作业场所前，必须

1. 先学会打招呼——好的打招呼方式是要让人由衷微笑。积极地与人打招呼，可以活跃周围的气氛。
2. 先学会联络、报告、协商——信息公用，能够让自己和周围的人都顺利进行工作，也能让大家放心。
3. 先是一个开朗的人——一人个始终保持开朗、乐观的心情，他的周围也会变得明亮、愉快了起来。人们都向身边聚集，订单自然就来了。
4. 成为不会让周围的人变焦躁的人——通过感受现场的气氛，站在别人的立场来考虑问题，并且如实付诸行动，也能提升自己的品格。
5. 要能够正确听懂别人说的话——正确理解指令内容、如实执行，也能提升自己的品性。
6. 先是和蔼可亲、好相处的人——一个和蔼可亲的人，周围的人必定非常乐意让他服务。
7. 成为有责任心的人——尽责工作必然产生紧张感，这样就能集中心力工作，也能提升自己的技能。
8. 成为能够好好回应的人——无论是否明白，都要明确表达出来，这样才能避免错误发生。
9. 成为能为他人着想的人——设身处地为对方着想再行动，这是很重要的一件事。
10. 成为“爱管闲事”的人——如果是为了对方好，即使得罪人，该说的话也要说，这点很重要。
11. 成为执着的人——技术和人品不予设限，持续追求更高境界，这件事非常重要。
12. 成为有时间观念的人——时间永不停息，要紧的是思考自己现在能做的事，不浪费每一瞬间。
13. 成为随时准备好工具的人——工具配备得整齐完善，就可以马上投入工作。此外，工具是帮助我们一辈子的好伙伴，收拾整齐是它们表达感谢的方式。
14. 成为很会打扫整理的人——收拾打扫是工作的最后一道程序，直接影响到下次工作的展开，所以很重要。
15. 成为明白自身立场的人——重要的是明辨自己当前的立场，想好应该做什么，然后立即付诸行动。
16. 成为能够积极思考的人——总在思考今后要成为怎样的人，无论遇到什么问题都能够积极面对，这样的人一定能够成长。
17. 成为懂得感恩的人——带着对周围人的支持，心怀感激之情采取行动，这点非常重要。
18. 成为注重仪容的人——不修边幅的人，他的思想也一定很混乱。作为一个社会人士，更为了工作安全，仪容非常重要。
19. 成为乐于助人的人——经常想着身边人需要什么，并用采取行动，这点很重要。
20. 成为能够熟练使用工具的人——如果能够善用工具，就像运用自己的手脚一样灵活，就能够制作出感动人的东西。
21. 成为能够做好自我介绍的人——重新认识自我、让对方了解自己的长处，并讲述个人梦想，这点很重要。
22. 成为能够拥有“自豪”的人——为顾客花费多少心思、做出什么样的东西，能够说明这些很重要。
23. 成为能够好好发表意见的人——重要的是分享各种想法，以便创造出更好的产品。
24. 成为勤写书信的人——通过自己的文字来表达感激之情，更能传达自己的想法。
25. 成为乐意打扫厕所的人——通过洗刷最脏的场所，来磨炼自己的心志。
26. 成为善于打电话的人——在看不见对方的情况下，能够简洁、易懂地表达自己很重要。
27. 成为吃饭速度快的人——吃饭也是有方法的，要感谢农民和为我们烹煮食物的人，还要养成不浪费、吃什么都津津有味的习惯，这些都会影响工作。
28. 成为花钱谨慎的人——正确理解金钱产生的过程，怀着感恩的心情用钱，这点非常重要。
29. 成为“会打算盘”的人——速算可以提高使用时间和材料的效率，也能制造出让客户满意的产品。
30. 成为能够撰写简要工作报告的人——用简单的笔记记录当天所学，能够再次加深印象，相当于每天用双倍心力学习。

品性　沟通　做事

“匠人须知30条”（内容来源：秋山利辉《匠人精神》）

30条法则中三分之一讲品性、三分之一讲沟通、三分之一讲做事。每个类别对于一流人才的重要性占比可见一斑。在“秋山木工”做学徒的期限只有八年，八年以后这些好不容易打造出来的人才都出去独立了，尽管营业额会在员工交替的时候有所下滑甚至负债，秋山利辉也在所不惜，因为他不希望将人们只能在“秋山木工”一展身手，而是希望培养能造福社会的匠人——他们必须为大家提供能使用几十年，甚至几个时代的真正家具。对于这些学徒，要求是相当严格的，除了上面关于匠人培养的30条法则，还有无论男女都剃光头、只能用信件沟通、禁止接受父母汇的生活费、绝对禁止谈恋爱等要求。所有的指向都是心无旁骛地专心学习。

笃信“每个人都拥有成功的潜质”，秋山利辉要培养的不是“会做事”的工匠，而是“会好好做事”的一流匠人。“守破离”式的成长过程是基于师徒关系，通往一流的道路。一开始忠实于“守护”师傅传授的形式，然后“打破”这个形式、自己加以应用，最后“离开”形式开创自己的新境界。做人如此、学习如此、工作如此、创业亦如此。

针对遇到的一些对于匠人精神的诟病，诸如忽视产品的标准化与通用化，严重缺乏低成本量产能力等，秋山利辉认为，提倡匠人精神，主要要对抗的是物质主义和消费主义，他认为人的幸福感最终要从劳动中获得。他认为：“二战之后日本进入经济大国时代，消费者乐于购买大量生产的廉价、一次性商品，但那样的商品并没有灵魂和感情。唯一能与之对抗的就是拥有能够长期使用的、有灵魂的优质商品，并世代传承下去，这样的物品不只是物品，而是连接世界与精神、外与内的桥梁。借此人们才能重新找回珍视物品和资源的心，找回商业世界之外那个单纯而温情的世界，因此真正匠人制作的木工是很受欢迎的。”

说到底，“作为工匠的意义，是让人们的心转变，匠人要通过自己的身体力行，从心性上带这个世界重新回到人的世界，而不是物的世界。”

二、小野二郎

小野二郎是米其林三星大厨，2020年的时候已经95岁了，仍然在店里工作，做了70多年的寿司，长子说：“他不会退休，他会死在寿司台旁。”小野二郎的寿司店“数寄屋桥次郎”是东京银座地铁站附近地下一层的一间小店铺，没有菜单、没有洗手间、仅有10个席位。一直以来，“数寄屋桥次郎”都获得米其林三星评价，当年有人抗议说米其林怎么会给一家只有10个席位的餐馆三星，评委会的答案是，“你去过就知道，二郎的餐厅没法给其他星级，只有三星才配得上他”，并说为了这家店——“值得专门安排一次出国旅行”。虽然2019年底落选2020年版《东京米其林指南》，然而就连落选原因也从侧面反映出了其受欢迎的程度：不接受普通顾客直接预约。预约需提前一个月，用餐时只有茶水、热毛巾以及寿司（20个左右一口一个的寿司），人均用餐时间15-30分钟，人均消费4万日元（约2500人民币/400美元）。这样一个价

位，只吃最简单的寿司，为什么仍然被誉为值得花一生去等待的店家？

美味。“美味该如何定义？”“美味很难解释，不是吗？”小野二郎说。

终其一生，小野二郎都在追求客户的完美体验。亲自试吃食材保证美味；按食客的年龄、男女、状态捏出食量不同的寿司；捏寿司时表情严肃，充满神圣的仪式感；寿司温度接近人体温度，摆放时间不超过三秒；看到客人是左撇子，下一个寿司就会调整摆放位置。看到顾客吃到美食后满意的表情，是小野二郎最开心的事情。

2014年4月23日，日本首相安倍晋三邀请美国总统奥巴马来到位于银座的数寄屋桥次郎寿司店享用晚餐

小野说：“没有人知道真正的巅峰是在哪里。”他一直在做的就是要求今天的寿司比昨天的更美味一些，重复一件事情，使之更加精益求精，但永无止境。做寿司的米用三种不同的水，泡米的一种、洗米的一种、煮米的一种；为了保持章鱼的口感，给章鱼按摩40-55分钟；采购食材只关注品质，不管价格。有人问他：“你这样做有人能尝得出来吗？”他说：“没有，但我能分辨出其中的差异。”他永远以最高标准要求自己和学徒，会观察客人的用餐状况微调寿司，确保客人享受到极致的美味，甚至为了保护创造寿司的双手，不工作时永远带着手套，连睡觉也不懈怠。学徒必须先学会用手拧很烫的毛巾；没学会拧毛巾就不可能碰鱼；然后要学会用刀和料理鱼；十年后才可以学习煎蛋。

2011年的一部纪录片《寿司之神》的导演David Gelb并非日本人，作为一个地地道道的纽约客，从小热爱寿司的他被小野二郎的精神感动，干脆自己扛着摄影机到日本拍摄，进而捕捉到了小野二郎制作寿司的每个细节。他记录小野二郎的传奇故事，透过镜头，让我们看见完美背后，寿司师傅绝不妥协的信念和态度。

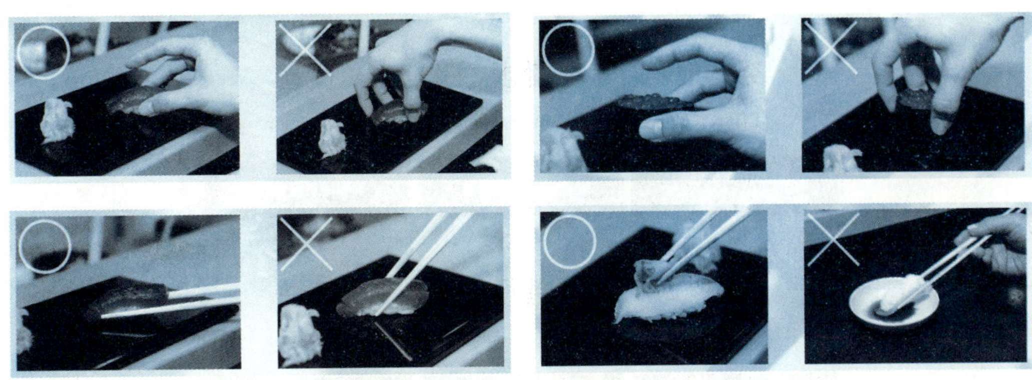

教顾客吃寿司的正确手法（选）

三、稻盛和夫

稻盛和夫的名字比前面两位要为更多人熟悉些，尤其是在商界。这位1932年出生的长者一生所体悟并倾注所有热情推广和坚持的，不是具体的手艺或技术，而是他的经营哲学和人生哲学。虽然“哲学”这个词听上去简单、遥远又有些鸡汤，然而看似同样的“道理”，从有结果的人口中讲出来，必然更有说服力，因为他们拿出了自己的实践作为佐证。商场中很多人左右逢源都会取得不错的成绩，然而稻盛和夫的成绩却是建立在始终如一坚持原则“稻盛哲学”的基础上的。

在日本的经济发展中曾经出现过“经营四圣”，他们是松下幸之助（松下）、盛田昭夫（索尼）、本田宗一郎（本田）和稻盛和夫（京瓷）。稻盛和夫是其中唯一健在的。他27岁创办京瓷（进入世界500强），52岁创办KDDI（进入世界500强），78岁临危受命接手破产的日航（仅用一年时间使日航从亏损1800亿日元逆转为盈利1800亿日元），1983年至2019年通过全球104家“盛和塾”培育了近15000名经营人才。

稻盛和夫是一个从小爱自问自答的人，年轻时的经历并非一帆风顺，但似乎命运给他的每一次厄运或挫折都是为了让他更深刻地思考一种做人做事的“哲学”。稻盛13岁的时候，肺结核在当时还无药可治，死亡率很高。他的叔叔、婶婶因肺结核去世，小叔叔也正受肺结核的煎熬。肺结核通过空气传染，稻盛怕被感染，所以经过卧病在床的叔父门前，总是捏着鼻子飞奔过去。他的父亲则精心照顾患病的亲人，从没想过会被传染；哥哥也认为没那么容易被传染，所以不怕。结果父亲、哥哥安然无恙，倒是时时恐惧、刻意躲避的稻盛和夫那颗只考虑个人安危的脆弱的心，吸引了病菌。高三的时候，学习很紧张，躲避义务劳动而被老师发现；听信同学，不买票混进站被当成惯犯罚款。这些让他羞愧难当的事让稻盛一步步对人生有了重大的、深入灵魂的自我反省，他开始理解人生最重要的真理。

“六项精进”总结了人生和工作中非常重要的实践内容。如果每天都能持续不断地对“六项精进”加以实践，就一定能够开创自己美好的人生。

哲学是在直面“作为人，何谓正确？”“人为什么而活着？”这种根本性问题、克服各种各样困难的过程中孕育产生的工作和人生的指针，也是引导京瓷发展至今的经营的哲学。如果以正确的生活方式去度过人生，那么，每个人的人生就会变得幸福，公司也会得到发展，稻盛一直这样解释哲学。

无论是稻盛的人生哲学还是经营哲学，稻盛和夫官方网站都有详细的解释和说明。即使入不了“盛和塾”，有相同追求和价值观的人也可也通过网站和稻盛和夫的众多书籍了解学习。之所以不是简单的鸡汤，是因为每一条都是实践总结和验证的，并且有具体的实操方法。能否获益还要看“学生”是否深刻理解、认同、并充满热情地在各自的实践中应用、检验。

▶第一条　明确事业的目的与意义	▶第二条　设定具体目标
▶第三条　胸中怀有强烈愿望	▶第四条　付出不亚于任何人的努力
▶第五条　追求销售最大化和经费最小化	▶第六条　定价即经营
▶第七条　经营取决于坚强的意志	▶第八条　燃烧的斗魂
▶第九条　拿出勇气做事	▶第十条　不断从事创造性的工作
▶第十一条　以关怀坦诚之心待人	▶第十二条　始终保持乐观向上的心态，抱着梦想和希望，以坦诚之心处世。

在从事经营的过程中，稻盛将独创的具有实践性的经营原理和原则，总结成了“经营十二条”。

“君子爱财，取之有道”“君子散财，行之有道”稻盛和夫说：“这是利他之心的回报，为对方着想似乎伤害了自己利益，但却带来意想不到的成果。”带着这颗利他之心，稻盛和夫于2019年底，亲手关掉了1983年一手创建的“盛和塾”。稻盛说，经过反复的考虑，最终还是认为只让“盛和塾”存世一代是最好的选择。因为担心在他过世后，“盛和塾”的名声和哲学理念被其他人曲解或糅合进其他思想。虽然创建之初就决定在80岁的时候关掉，但是真的到了这一刻，对任何人来说都是一件残忍的事情。同时，真的这样做了，又从更深的层面反映了稻盛和夫对其人生哲学的践行，反映了他对信任其思想的人的负责。

稻盛说，“成功和失败都是一种磨难。有人成功了，觉得自己了不得，态度变得令人讨厌，表示其人格堕落了；有人成功了，领悟到只凭自己无法有此成就，因而更加努力，也就进一步提升了自己的人性。而真正的胜利者，无论是成功或者失败，都会利用机会，磨炼出纯净美丽的心灵”。“盛和塾”结束了，稻盛的心灵更加纯净美丽了。

第二节 择一事，终一生

“1万小时定律”是作家格拉德威尔在畅销书《异类》中提出的规律，他说：“人们眼中的天才之所以卓越非凡，并非天资超人一等，而是付出了持续不断的努力。只要经过1万小时的锤炼，任何人都能从平凡变成超凡。”这个观点很励志，可是仔细想想，这个定律好像不是很经得起推敲。因为不同的“定律”都有其产生背景、适用的范围以及适用的情境。

那么，选择适合自己的事来加倍努力，就一定会成为有价值的高手吗？卖油翁的技术很高超，用油勺舀油，注入口上放了一枚铜钱的葫芦里，油穿过钱孔，钱却没有湿，确实是“唯手熟尔”，是非常令人佩服的。然而这样的熟能生巧未必创造价值，也许只是在低水平的赛道上重复而已。

95后、00后的一代，本就生长在中国快速腾飞、日新月异的年代，对于这一代来说“变化”才是一切的主题，而“干一行爱一行”是上一代、上上一代、上上上一代那么遥远的价值观。像上一节出现的几位匠心人物一样“择一事，终一生”可能吗？如果你认为“有志者事竟成”，那么就完全可能，前提是要多了解这一代人在这个时代背景下的需求和做事动机，在他们的三观完全定型前，引导他们从人生哲学的层面上进行“守破离”。从这个意义上来讲，教这个年龄段学生的大学教师实在是任重而道远，需要不断用高标准要求自己讲其所做、做其所讲，身体力行。

一、刻意练习——练的就是“套路”

你与高手之间的距离，并非只差了1万小时练习。既然简单奉行“1万小时定律”不是我们所提倡的，那么该怎样做才能熟能生巧，又巧得有价值呢？正如李善友教授所说，在“终身学习”成为响亮口号的时代，有的人读了很多书，变成了高手；更多人终日学习，却依旧平庸。为什么？因为决定你能力层次的不是知识量多少，而是心智模型的高低。

王阳明和朱熹都推崇“格物致知”，要不格一格掘地蜂？看看你能得到什么启迪。在课程中，李善友教授讲了掘地蜂的故事。掘地蜂是一种看起来很聪明的昆虫。它把蟋蟀麻醉后会拖到洞里让幼虫吃着长大。一个非常聪明的行为是，拖到洞口时会把猎物放下，进洞侦查，确保一切安全才拖进洞里。这个智能行为令科学家非常惊叹，于是“淘气”的科学家开始做实验，他们会趁掘地房进洞侦查时，把猎物拿远一英寸（不是很远）。掘地蜂从洞里出来，会把猎物拖回洞口，放下，然后重新侦查。同一个动作重复40多次，掘地蜂就是不把猎物直接拖进洞（都侦查了好多遍了）。说明什么？说明这个动作根本不是“侦查”，而是基于基因的刻板的、自发的行为。哲学家丹尼特提出了一个醍醐灌顶的问题：“你凭什么确信自己不是掘地蜂？”我们都觉得自己是优秀的、与众不同的，不过很可惜，研究证明，人类95%的行为是基因决定的自发是反应，而另外5%的所谓的理性行为，也往往是既定思维决定的自发方式。

这个5%的思维方式决定了专业选手和业余选手的本质区别。所以才有刻意练习的成功公式：

成功＝核心算法（套路）×大量重复动作

对于多种思维方式/核心算法/套路的掌握，以及在不同场景中举一反三的熟练应用，才是冲出某个熟练技能舒适区的“神器”，还是要继续大量重复的动作，只不过练的不是单一技能，而是核心套路。如此，才能避免单一技能练一万小时带来的自满和麻木，建立自己的认知体系并不断升级，不断追问事物背后的道理，避免做舒适区里炫技的小猴子。

刻意练习怎么练？

第一步是不断追问事物背后的方法论。查理·芒格一生读书读人，总结了100多个思维模型，其中最常用的有20多个，他无时无刻不在人生和投资实践中应用并完善这些思维模型，这些思维模型相互作用产生Lollapalooza效应（见第三章），成为指引他走向成功的瑰宝。某位知乎作者（@Young）贴出了自己关于学习能力、思考能力、故事能力、整合能力背后常用模型的总结，这里举例供参考（版权归作者所有）。

学习金字塔

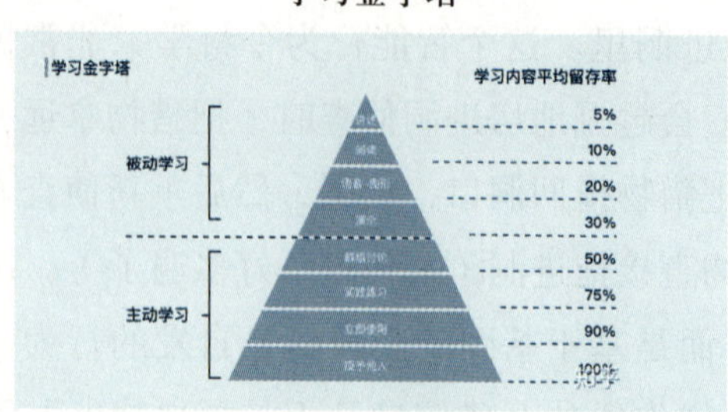

模型简介：学习金字塔是由学习专家爱德加·戴尔于1946年提出的，它用数字形象地呈现了：采用不同的学习方式，学习者在两周后还能记住的内容有多少。根据此模型，学习效果在30%以下的，都是个人学习或被动学习；而学习效果在50%以上的，都是团队学习，主动学习和参与式学习。

使用场景列举：当你需要新知识，新技能时，可以参考此模型，找到最有效的学习方法。

费曼技巧

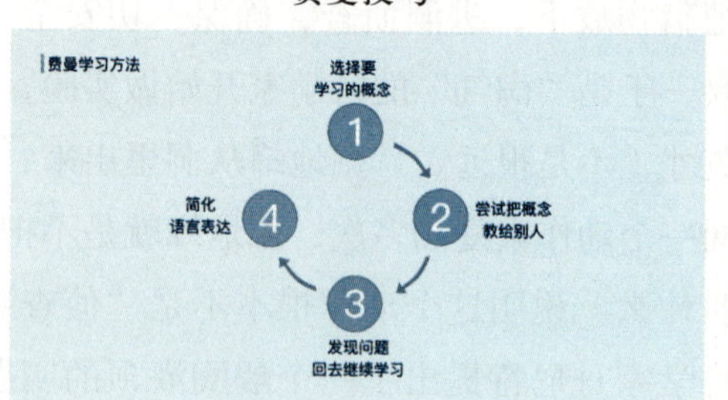

模型简介：费曼技巧称是“史上最强学习方法”，其核心是通过教别人的方式让自己学会，这也是“学习金字塔”中最高效的一种方式。之所以叫费曼技巧，是因为物理学家里查德·费曼经常使用这种方式来学习新知识。

使用场景列举：当你想要彻底掌握某种新知识时，可采用费曼技巧进行练习。

黄金圈法则

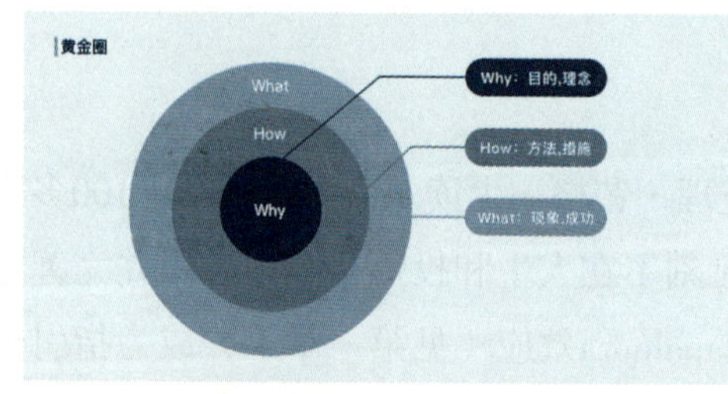

模型简介：黄金圈法则最早是由TED演讲者西蒙斯·涅克提出的，概括了看问题的三个层面。最内层是Why（为什么），主要讲原因，目标，理念，宗旨；中间层是How（怎么做），也就是具体的操作方法和路径；最外层是What（是什么），主要讲这件事是什么。西蒙斯认为，好的思维模型应该是“由内而外”的。

使用场景列举：当你思考问题时，可以采用黄金圈法则，由内而外探究事物本质，找到解决问题的根本方法。

10/10/10法则

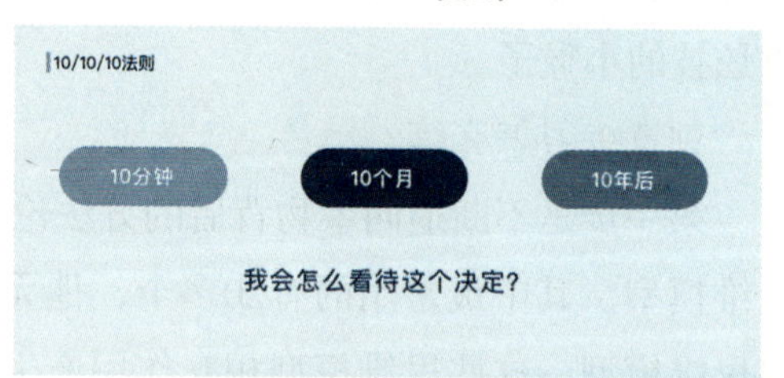

模型简介：10/10/10法则来自“股神”巴菲特，它可以帮助我们用长远的目光做出明智的选择。使用该法则只需要记住3个问题：10分钟，10个月，10年后，我会怎么看待这个决定？

使用场景列举：当你需要考虑决策会带来的长远影响时，可问自己以上3个问题。

（续上表）

STAR模型	类比思维
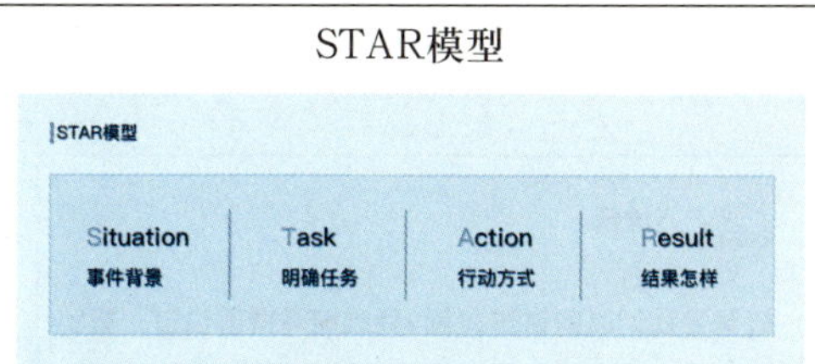 模型简介：STAR法则就是一种讲述自己故事的方式，不管是什么，合理熟练运用此法则，可以轻松的描述事物的逻辑方式，表现出自己分析阐述问题的清晰性、条理性和逻辑性。 Situation：事件发生的背景；Task：要完成的任务及面临的困难；Action： 解决这些困难时需要做哪些事情；采取的解决方案，设计方案；Result：结果怎样。 使用场景列举：在写简历和面试时，我们都需要描述工作经验或个人经历，这时就可以用STAR法则来建立个人工作项目模块。	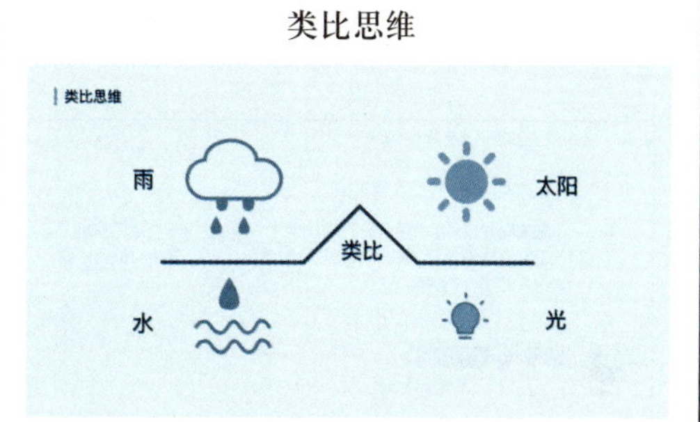 模型简介：类比思维是根据两个具有相同或相似特征的事物间的对比，从某一事物的某些已知特征去推测另一事物的相应特征存在的思维活动。 使用场景列举：当你在思考新想法的时，可尝试用其他不相关领域的知识做类比，找到新灵感。

几种能力相关思维模型（来源：https：//zhuanlan.zhihu.com/p/225961672）

有了模型、方法论，刻意练习的第二步就是反复思考和应用。正向的举一反三就是思考这个模型、方法论还可以应用在哪些方面，解释哪些现象；反向的举一反三就是回顾自己的行为、碰到的问题、观察到的事件，可以用自己掌握的哪些方法论来解释。如此循环往复，一个又一个新模型就形成你的肌肉记忆。

刻意练习的第三步就是给自己创造一个能够获取即时反馈的环境。对于大学生来讲，这个环境有线下的亲朋好友、师长同学、各种参与的组织社团的成员；线上有各种群、各种圈，形形色色的认识或不认识的人。你的社会关系和人脉也许有很多，但是并非每个人都可以或愿意或有能力给予你能使你成长的即时反馈。所以，要做个有心人。

二、圈子和教练——很重要

千里马常有，而伯乐不常有。尤其是哪些愿意正心正念、坦诚相待地给你指点迷津或提出有建设性的建议的人，要珍惜一下。他们也许正是你的伯乐或跟你的伯乐有联系的人。你的雷达要屏蔽掉负能量的人、不思进取的人、心术不正的人；要时刻关注比你优秀的人、积极上进的人、智慧阳光的人。线下人脉、QQ好友、微信

圈、各种群，主动去和比你强的人互动、请教；主动帮助你能帮助的人；主动展示你的兴趣能力；主动提出你的志向愿景。你会走近并吸引你的诤友、伯乐、教练。

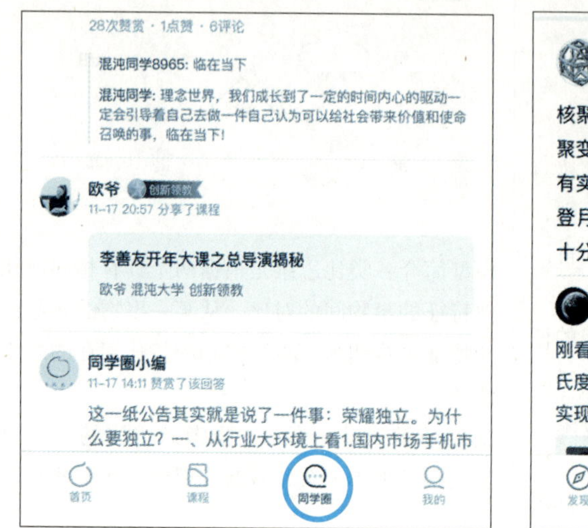

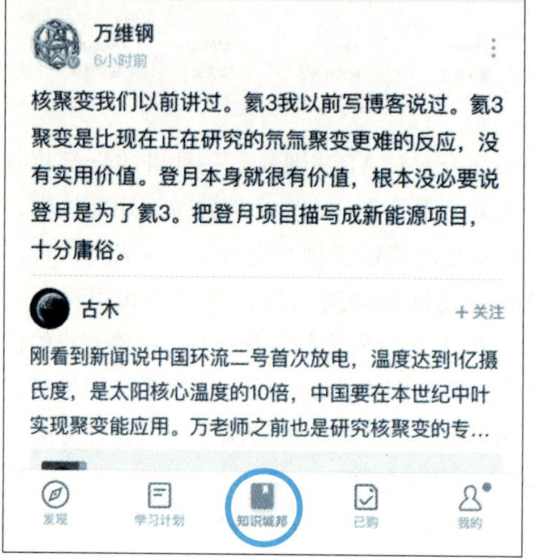

混沌App的“同学圈”，得到App的“知识城邦”（截图来源：混沌App，得到App）

查理·芒格和艾伦·巴菲特是好朋友；张磊的导师大卫·史文森是张磊的创业出资人。别的例子就不多举了。

延展阅读

- 秋山利辉著；陈晓丽译，《匠人精神》，中信出版社，2015.11。
- 安德斯·艾利克森；罗伯特普尔，《刻意练习：如何从新手到大师》机械工业出版社.华章图文，2016.11。
- 稻盛和夫，《活法（修订版）》，东方出版社，2010.10。

视听资源/参考新闻

- 纪录片《我在故宫修文物大电影》@哔哩哔哩App
- 纪录片《寿司之神》@哔哩哔哩App
- 单霁翔：《我在故宫修文物》大火，招88名员工，4万报名（2019-05-24）

https://finance.sina.com.cn/chanjing/gsnews/2019-05-24/doc-ihvhiqay1154233.shtml

- 王津——孤独又执着的故宫钟表修复师（2019-04-21）

https：//baijiahao.baidu.com/s?id=1631436234826140089&wfr=spider&for=pc

- 休斯敦电影节：故宫男神王津老师荣获“全景中国”大奖（2017-05-02）

http：//www.chinahorologe.com/contentdetail.aspx?id=1945

- 专访｜秋山利辉：匠人精神的源头在古代中国

https：//www.thepaper.cn/newsDetail_forward_1699274

- 秋山利辉，坚守日本最后的学徒制度

https：//m.sohu.com/n/493205998/

- 探秘“一生只做一件事”的寿司大神小野二郎，有人为了这口专门去日本

https：//m.k.sohu.com/d/392882192?channelId=4&page=1

- “寿司之神”被米其林“摘星”，原因是：不接受普通顾客预约、无评选资格

https：//world.huanqiu.com/article/9CaKrnKo1ms

- 宁向东的清华管理学课@得到APP
- 稻盛和夫官方网站

https：//www.kyocera.com.cn/inamori/

- 稻盛和夫告别演讲：将于19年底解散全球100所盛和塾

https：//www.sohu.com/a/329108223_479829

- 78岁拯救日航，88岁解散日本精英学习会，稻盛和夫的人格比功名更可贵

http：//hunan.ifeng.com/a/20190809/7677334_0.shtml

- 稻盛和夫@MBA智库

https：//wiki.mbalib.com/wiki/稻盛和夫#_note_2

练习

用思维导图记录问题和答案。

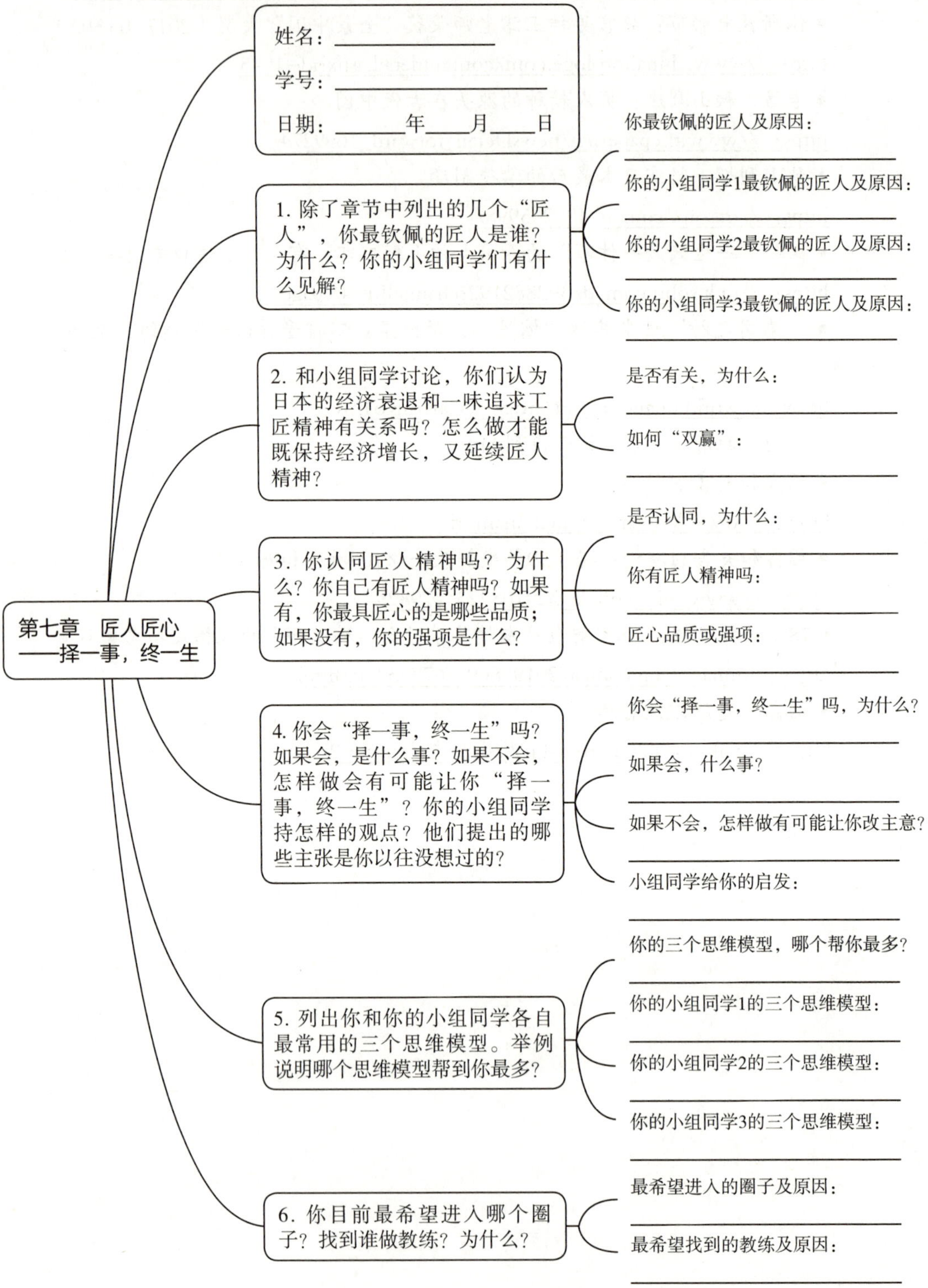

第七章　匠人匠心——择一事，终一生

姓名：________
学号：________
日期：____年____月____日

1. 除了章节中列出的几个“匠人”，你最钦佩的匠人是谁？为什么？你的小组同学们有什么见解？
   - 你最钦佩的匠人及原因：________
   - 你的小组同学1最钦佩的匠人及原因：________
   - 你的小组同学2最钦佩的匠人及原因：________
   - 你的小组同学3最钦佩的匠人及原因：________

2. 和小组同学讨论，你们认为日本的经济衰退和一味追求工匠精神有关系吗？怎么做才能既保持经济增长，又延续匠人精神？
   - 是否有关，为什么：________
   - 如何“双赢”：________

3. 你认同匠人精神吗？为什么？你自己有匠人精神吗？如果有，你最具匠心的是哪些品质；如果没有，你的强项是什么？
   - 是否认同，为什么：________
   - 你有匠人精神吗：________
   - 匠心品质或强项：________

4. 你会“择一事，终一生”吗？如果会，是什么事？如果不会，怎样做会有可能让你“择一事，终一生”？你的小组同学持怎样的观点？他们提出的哪些主张是你以往没想过的？
   - 你会“择一事，终一生”吗，为什么？________
   - 如果会，什么事？________
   - 如果不会，怎样做有可能让你改主意？________
   - 小组同学给你的启发：________

5. 列出你和你的小组同学各自最常用的三个思维模型。举例说明哪个思维模型帮到你最多？
   - 你的三个思维模型，哪个帮你最多？________
   - 你的小组同学1的三个思维模型：________
   - 你的小组同学2的三个思维模型：________
   - 你的小组同学3的三个思维模型：________

6. 你目前最希望进入哪个圈子？找到谁做教练？为什么？
   - 最希望进入的圈子及原因：________
   - 最希望找到的教练及原因：________

第八章

成人达己——觉悟人性

要想做点事，别把自己太当人，别把别人太不当人。

——《天道》

想要创业做点事，《遥远的救世主》或许是你绕不过去的一本书。无论是对经商、哲学、人性、文化、时代、生存法则、经济、战略、情怀、觉悟有兴趣的……当然，还有对Hi-Fi音响有兴趣的，都会深受启迪。有心创业的同学们可以在时间允许的情况下多看几遍，也许以你的阅历未必能在前几遍看懂，然而随着时间的推移、实践的累积，相信每一次看，都会和你当下的境遇相呼应，会对“God helps those who help themselves（自助者天助之）.”有不同程度的体会。

成人达己——帮助别人，成就自己；或者说给别人增加价值，顺便达成自己的目的——从经济学的角度来讲，是市场规律。经济学家薛兆丰在他的经济学课程中讲解了市场经济之父亚当·斯密对人性之两面性的剖析。亚当·斯密在他的《道德情操论》以及《国富论》中阐述了以下人际互动的二分法（《薛兆丰经济学讲义》）：人是自私的，但也有爱心；爱心只能适用于小圈子，无法延伸到更大的范围，所以我们只能依靠市场这个陌生人互助的平台，才能满足每个人日常生活中绝大部分的需求。

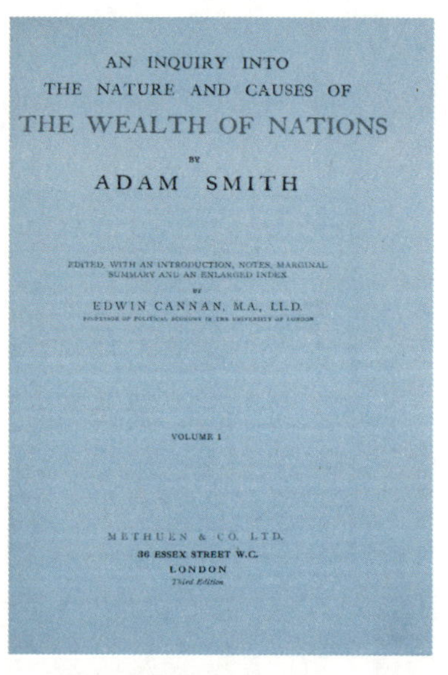

AN INQUIRY INTO
THE NATURE AND CAUSES OF
THE WEALTH OF NATIONS
BY
ADAM SMITH

EDITED, WITH AN INTRODUCTION, NOTES, MARGINAL SUMMARY AND AN ENLARGED INDEX
BY
EDWIN CANNAN, M.A., LL.D.

VOLUME I

METHUEN & CO. LTD.
36 ESSEX STREET W.C.
LONDON
Third Edition

亚当·斯密与《国富论》——“我们的晚餐，并非来自屠户、酿酒商或面包师的恩惠，而是出自他们自利的打算。我们不说唤起他们利他心的话，而说唤起他们利己心的话。我们不说自己有需要，而说对他们有利。”（引言来源：《薛兆丰经济学讲义》）

依循人性、按照市场经济规律办事，“小圈子靠爱心，大世界靠市场”，“看不见的手”会推动无数的陌生人来帮助陌生人，并由此实现每个人自己的价值，所以才有“商业才是最大的慈善”之说。

第一节 Guanxi［guānxi］关系

中国人说："有关系就没关系，没关系就有关系。"足以见得"关系"在中国社会中的份量，以至于没法用简单的一个英文单词来恰切地对应，无论是Relationship还是Connection总是差那么一点点味道。因为没有可以直接对应的词，干脆，Guanxi，就成了一个新的英文单词。老外给Guanxi的定义是：中国人在生活和生意中，要建立和维系的人际网络。

不管创业做什么，一个人单干，时间精力总是有限的，即便在个人IP崛起的年代，什么团队都没有而能够笑傲江湖的独行侠也是屈指可数。大多数人还是要用杠杆撬动各种软资源、硬实力，例如别人的时间、别人的人脉、别人的智慧、别人的忠诚，等等。来实现愿景和梦想。别人又不傻，凭什么被你撬动呢？懂得了人的本性，就会意识到，人与人之间存在一种"互惠原则"，不一定是物质的，可显性也可隐性。你能通过各种强关系、弱链接，"杠杆"别人的资源，如果不是因为别人对你有责任有义务，那么要么是因为别人认可你的人品、要么是因为你能提供别人需要的价值，你撬动别人资源的同时、你的资源也正在被撬动着。这就是为什么你要变得更有能力、更有价值的原因，你能提供的越多，你能撬动的资源、影响的范围、成就的人就越多，从而拥有更大的选择权，继而可以为社会创造更大的贡献。

一、人性的弱点

虽然你的人性阅历有限，但是有没有一丝丝感觉，在人情味越浓的地方，"关系"就越重要，如果谁都不认识、不熟悉，事情就比较难办；而在人情比较淡薄的大城市，即使谁都不认识办事也会比较高效，当然如果有"关系"，一些事情可能结果会更完美。卡耐基说："让我们谨记，我们是和人打交道，不是与逻辑打交道。我们是与有感情的动物相处，这个动物充斥着偏见、骄傲和虚荣。"别回头，说的就是你；当然，说的也是我。我们不深入讨论人性善恶，只关注作为人的特点，就是除去极善的和极恶的一小部分，绝大多数人都具有的共性。

《人性的弱点》是戴尔·卡耐基的经典著作，书名的翻译极具中国特色并足够吸引眼球，因为如果直译的话，本书的英文名《How to Win Friends and Influence Others

& How to Stop Worrying and Start Living》的意思是“如何赢得朋友、影响他人；如何停止焦虑、开始生活”，这样译恐怕根本卖不出去。意译很到位，原因是想要赢得朋友并影响他人，首先要克服自身的弱点，其次要明白他人也拥有同样的弱点以及由这些弱点衍生出的好恶。这本书的开篇强调“与人相处的基本技巧”（Fundamental Techniques in Handling People）有三个：不要批评、责怪或抱怨他人；真诚地赞赏他人；首先想到他人的需求。

1

如欲采蜜，勿蹴蜂房

卡耐基金言

◆批评不但不会改变事实，反而会招致愤恨。

◆因批评而引起的羞忿，常常使雇员、亲人和朋友的情绪大为低落，并且对应该矫正的现实状况，一点好处也没有。

◆尽量去了解别人，而不要用责骂的方式；尽量设身处地去想——他们为什么要这样做。这比起批评责怪要有益、有趣得多，而且让人心生同情、忍耐和仁慈。

2

真诚地赞赏他人

卡耐基金言

◆天底下只有一种方法可以促使他人去做任何事——给他想要的东西。

◆在你每天的生活之旅中，别忘了为人间留下一点赞美的温馨，这一点小火花会燃起友谊的火焰。

◆爱默生说：“我遇见的每一个人，或多或少是我的老师，因为我从他们身上学到了东西。”

3

激发他人的强烈需求

卡耐基金言

◆天底下只有一种方法可以影响他人，就是提出他们的需要，并且让他们知道怎样去获得。

◆成功的人际关系在于你捕捉对方观点的能力；还有，看一件事须兼顾你和对方的不同角度。

◆能设身处地为他人着想，了解别人心里想些什么的人，永远不用担心未来。

与人相处的基本技巧（来源：戴尔·卡耐基《人性的弱点》）

简单吗？就这几条。我们试试，看看以下几道题：

8 + 5 = 13　　12 − 7 = 5　　15 − 4 = 11

15 + 5 = 20　　7 + 8 = 15　　9 + 8 = 16

6 + 4 = 10　　8− 7 = 1　　11 + 6 = 17

都是20以内的加减法，你看到什么？看来看去总觉得9+8=16比较别扭，是的，算错了。就像我们看一个人，虽然有一堆优点，但是总还有一两个缺点。人与人之间的关系就在于你看这些缺点的态度。很遗憾很多人，尤其是国内教育体系下成长起来的几代人，都会抓住那个错题不放，会想方设法希望答题的人把错改掉，他们看到的表格是这样的：

8 + 5 = 13　　12 − 7 = 5　　15 − 4 = 11

15 + 5 = 20　　7 + 8 = 15　　**9 + 8 = 16** ✕

6 + 4 = 10　　8−7 = 1　　11 + 6 = 17

如果看到的是这样的表格，“不要批评、责怪或抱怨他人”就比较难做到，因为一直盯着错误、缺点不放。可以想象，能够帮助我们“真诚地赞赏他人”的视角则是这样的：

8 + 5 = 13　　**12−7 = 5**　　**15−4 = 11**

15 + 5 = 20	7 + 8 = 15	9 + 8 = 16
6 + 4 = 10	8 − 7 = 1	11 + 6 = 17

与人相处为什么要采用“看优点”的视角呢？换位思考想想我们自己就知道了。我们喜欢被批评、责怪或抱怨吗？我们喜欢被别人真诚地赞赏吗？我们希望自己的需求被考虑到吗？我们给出的答案，也是别人给出的答案。正所谓己所不欲、勿施于人。《人性的弱点》全书的其他77个方法、技巧、要诀、秘密都是基于这三个基本技巧的。而要真真切切做到这三点，就要时时刻刻提醒自己，在与任何人（无论多么亲密、多么疏远），通过任何事（无论多么琐碎、多么宏大）相处的时候，都要谨记你和对方都是“充斥着偏见、骄傲和虚荣”的人，你要把自己的“偏见、骄傲和虚荣”降至最低，并且过滤掉对方的“偏见、骄傲和虚荣”，从而看到对方的内在、对方的优点、对方的需求。这个基本功就像是练武功的扎马步，是良好人际关系的基础。

二、善用“外语”

你的身边有没有这样一些人，他们去哪里游玩回来或者从家乡返校都会给室友以及要好的同学带一些小礼物？或者一些人非常善于策划小惊喜或小惊吓？也有些人好久不见上来就会把你抱得紧紧的？或者一些人默默收拾寝室、教室、帮大家点外卖、倒垃圾？还有一些人经常对你说表示感谢、鼓励、赞美的话？又或者你就是这样的人之一？很多时候我们不自觉表现出来的行为是我们认可的、习惯的、喜欢的，同时也是我们期待获得的。这就是《爱的五种语言》里面分析的五种表达爱的方式。《爱的五种语言》这本书的副标题是“创造完美的两性沟通”，当然最适合你和你的另一半（或未来的另一半）来使用；不过延展开来，用对方习惯的、喜欢的“爱的语言”来和对方沟通，其实适用于任何人，不限年龄、性别、关系远近。那些带小礼物的，他们其实也是喜欢“接受礼物”的；那些善于制造小惊喜的，本身也喜欢“精心的时刻”；要拥抱的倾向于用“身体的接触”和人连接；默默干活的其实也希望别人能用“服务的行动”表达爱；经常说感激、赞美的话的，对于“肯定的言词”也非常受用。这就是爱的五种语言。我们每个人都有自己的“母语”，就是自己最喜欢的表达爱的方式，这往往也是我们希望别人对我们表达爱的语言；同理，想要对方更好地接受到我们表达出的爱，就要学会对方的“母语”，用对方的语言和他沟通是最有效的连接方式。

爱的五种语言

用对方的语言和对方交流，就做到了“与人相处的基本技巧”之“首先想到他人的需求”。如果你是一个木讷的理工男，就喜欢整天为女友打热水来服务她，可是女友非常在意的却是你能把对她的爱说出来，那么也许在热水瓶上贴个心再写一句“期待暖暖的爱通过热水流向你的心”，也许对她来说更能受用。再如对于父母来讲，可能任何礼物、语言都不如帮他们做做饭、陪陪他们、抱抱他们来的有效果，因为他们一直以来对你付出的就是这样的语言。

你有没有觉得当一个外国人对着你说流利的中文时，你会感觉特别亲切；如果再夸你几句，更会觉得对方友善可爱。用不同的爱的语言来与人连接，起到的就是同样的效果。

三、涟漪与博弈

费孝通先生在《乡土中国》中，将中国人的社会关系定义为一种“涟漪效应”。他说：“我们的格局不是一捆一捆扎清楚的柴，而是好像把一块石头丢在水面上所发生的一圈圈推出去的波纹。每个人都是他社会影响所推出去的圈子的中心。被圈子的波纹所推及的就发生联系。每个人在某一时间某一地点所动用的圈子是不一定相同的。”

宁向东在他的管理学课中讲到，管理学是破局而出的智慧，而涟漪效应是难以破掉的局。这是因为每个人都位于自己那个涟漪的中心点，而每个人周围一圈一圈由亲到疏、由近到远的人际网络，很多时候都是由自己搭建的。当你的权力、影响力越大，能力越强的时候，你能撬动的资源越多；同时想撬动你的人也越来越多，此时的

“信任关系”就越发微妙，你要修行一双看人的“慧眼”。力荐有志创业的同学利用碎片时间学习一下这套课程，进行重点的破局思维储备。

博弈论，又称为对策论（Game Theory）、赛局理论等，既是现代数学的一个新分支，也是运筹学的一个重要学科。目前在生物学、经济学、国际关系学、计算机科学、政治学、军事战略等很多学科都有着广泛的应用。博弈论考虑游戏中的个体的预测行为和实际行为，并研究它们的优化策略。具体到个人来讲，与人相处时博弈论的应用需要考虑自己及他人、自己的涟漪及他人的涟漪间的互动关系，把复杂的问题拆解到细节，逐个细节利害关系解决了，整体的决策方向就有了。

囚徒B 囚徒A	认罪	不认罪
认罪	–5 –5	–10 0
不认罪	0 –10	–1 –1

注：若囚徒A和B都各自认罪，则双方因盗窃罪各判5年，收益均为–5；若两人都拒不认罪，相互包庇，则双方因私闯民宅各判1年，收益均为–1；若其中一人坦白，另一个抵赖，坦白的囚徒会被赦免释放，抵赖的囚徒会被从重判罚入狱10年，因此收益分别为0和–10。

经典的博弈论例子——囚徒困境

凡事预则立，在重重涟漪的社会环境做事，多想几步棋，锻炼自己的博弈思维，是创业成功的必要条件之一。在经典的博弈论例子“囚徒困境”里，两个人都为了自己的利益选择坦白，结果对两个人都不利，这是基于单次博弈；假如两个囚徒非常清楚以后还有大把的机会合作，就遇到了“重复博弈”的问题，对于以后还要面对的合作来讲，两个人都不认罪才是最佳的合作策略。所以在单次博弈和重复博弈的情况下处理方式是不同的，这也从另一方面体现的人的本性，你在考虑单次利益和长期利益时给自己制订的人生规划和事业规划也会有所不同，在长期博弈的视角下“延迟满足”思维也自然而然地浮出水面。

第二节 尊重人性

亨利·福特和他的T型车结束了人们“只想要一匹更快的马”的时代，汽车对于马车而言就是颠覆式创新，它符合了人们对于更快更稳的交通工具的需要。然而，固守高效率、高工资、低售价的流水线作业，只生产单一黑色、单一型号的代步汽车又在市场趋势变化的时代成了福特的绊脚石。当人们的需求开始转向舒适化、个性化、多样化的时候，福特汽车公司明显失去了汽车工业领袖的地位。

“我不管你们喜欢什么车，我只生产T型车；不管你们喜欢什么颜色，我的福特只有黑色。”

——亨利·福特

客户的需求没有被尊重，产品的销售受到了限制；你创业管理、带领的团队成员需求没有被尊重，事业的发展就会受到限制。究其根本，客户、团队成员不是流水线上的机器、不是待组装的零部件，而是有着动机、追求的活生生的人。

一、感性的人

经济学的“理性人”假设让很多理论虽讲的通，却未必实用。原因就在于“理性”这个假设。《思考，快与慢》的作者丹尼尔·卡尔曼通过整本书讨论了人类系统1（快思考、直觉、感性）和系统2（慢思考、逻辑、理性）思考模式对决策影响时的辨证关系；《笛卡尔的错误：情绪、推理和大脑》的作者安东尼奥.达马西奥也通过研究展示了感性对于理性的影响，即“情绪和感受的缺失同样会严重损害人类的理性。而正是理性使人类独一无二，使人可以根据远景、社会习俗和道德原则做出决定。”可以说，情绪和感受没有被照顾好的理性，就像没有充分施肥浇水的花园，结出的果实总是没有期待中的完美；如果在负面的情绪和感受下影响的理性，就像有了害虫的环境，完全影响果实的收成。

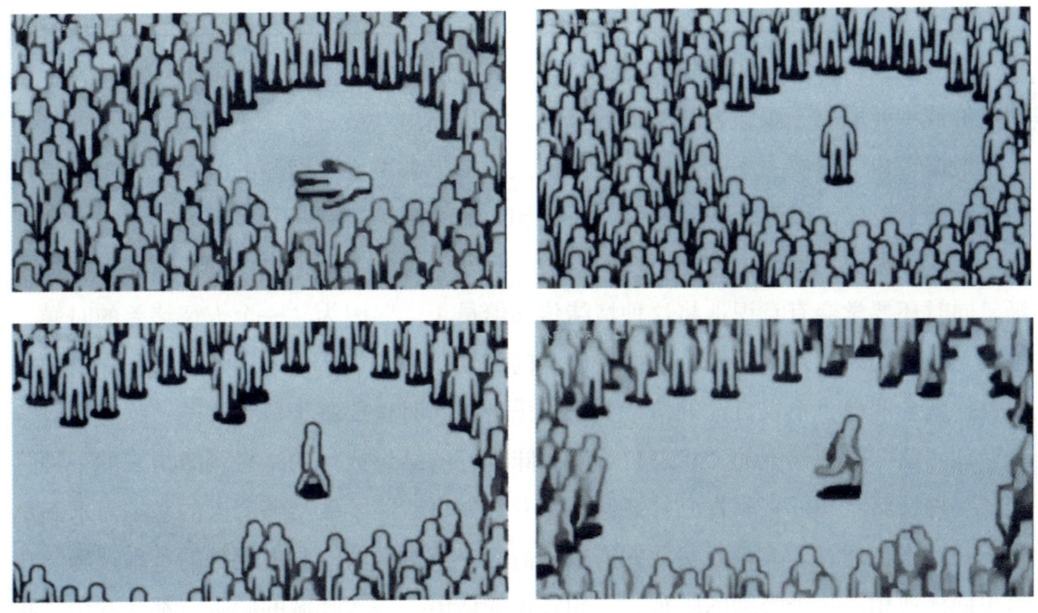

当你倒下，所有人都会远离；当你站起，所有人都会观望；当你靠近，他们会躲闪，怕被你拖累；当你不顾一切奋力奔跑时，所有人都会为你让路，甚至追随你。

作为带队创业的人，你没有权利沮丧，因为你的情绪就是整个团队的情绪，你的状态就是整个团队的状态。有这样一个15秒的小动画，深深地揭示了这个不管你愿不愿意承认，都客观存在的人性：当你倒下，所有人都会远离；当你站起，所有人都会观望；当你靠近，他们会躲闪，怕被你拖累；当你不顾一切奋力奔跑时，所有人都会为你让路，甚至追随你。

—— What Is Ideapreneurship? ——

At HCL，innovation is not just another word，it's part of our organizational heritage and DNA-a journey that began in 1976 and continues to power us ahead even today. The culture at HCL Technologies-ideapreneurship™ as we call it-makes the license to ideate a distinctive organizational capability. We see a grassroot movement that has rallied the entire organization behind this innovation agenda，in a manner that leads to relationships that deliver value beyond the contract to our customers. ideapreneurship™-is based on the fundamental belief of inverting the organizational pyramid and engaging，enabling and empowering the front line. This is because we understand that they are best placed to appreciate and understand the customers' business and shape the roadmap to enhance the 'value zone' created in every interaction they have.

“创意家精神”是HCL公司的DNA，这个“倒金字塔”结构的组织认为，为客户创造价值主要取决于跟顾客打交道的员工，他们提出“员工第一，客户第二”，鼓励员工根据客户的需要去不断发挥自己的创意，提出解决客户问题的方案。而管理层只需要给员工授权，创造出草根驱动、商业导向和客户中心的创意环境。

宁向东说：“情绪，才是第一生产力。管理者首先需要把自己的情绪变得更加积极，同时还要学会有意识地将这种情绪传递给员工。”因为“一个人情绪差的时候，他的工作表现一定差；而一个人情绪饱满的时候，他的创造力一定超强。”深谙这一点，你就会明白，不仅自己的情绪要积极乐观，同时也要基于每个人的“状态自尊”来管理团队。管理学上的“状态自尊”意味着好的结果或坏的结果刺激出来的一种感受，一种情绪状态。大家肯心甘情愿地跟着你做事，除了钱给够，人的基本需求满足了，长期来讲还有个人自我实现的需求。前面一节讲到的“与人相处的基本技巧”在这里同样适用。一个鼓励的眼神、一句肯定的话语、一次真诚的倾听，都是基于“状态自尊”给予团队成员积极感受的切入点。基于“状态自尊”的管理是真正的宽容，是发自内心的理解他人，“真正的管理，应该是努力帮助他人改变工作情境、创造好的情绪、激发员工的动力，控制员工的惰性。”

二、创业的人

创业成功是一个小概率事件，先别想着当独角兽，能成为一个打不死的小强是基础，活下来才能谈发展。更惨烈的景象也许是在激烈的市场竞争中“两败俱伤，你比他多一口气，你就是赢家”（电视剧《天道》）。创业之初的企业就像一个新生儿，你还看不出它长大成人的样子，产品和服务还没有成为有力的臂膀，信心会随时遭遇打击，外部的危机与内部人员的流动会不断损耗心力，企业需要灵活应变，而创业者与团队成员彼此的承诺都还显脆弱。所以创业团队的3F（Family、Friends、Fools）特征是不无道理的，除了家人和朋友，傻子才跟着你干。正因为如此，你需要给自己、给团队画饼描绘未来，“开心的人，跟着你的人也开心；认真的人，帮你的人也会认真；心里有未来的人，跟随者的心里也会觉得有未来。”在这个阶段甚至需要一定程度的“自欺”，听不到或少听别人的非议。“自欺”在很多时候需要被Intellectual Honesty唤醒，但在这个时候就是一种策略。

“同志们，给我冲！”和“同志们，跟我冲！”有什么区别？当结果未知的时候，你本人的拼搏才是打头阵的。以为创业了是老板了，就可以颐指气使、高枕无忧是不现实的。原因很简单，你的团队里没有人比你更在意创业是否成功。你在意，你就一定会积极主动，定战略、捋思路、找资源、开市场，即便有人投资你，你也是没有依靠的，因为所有的决定都要你做，所有的责任都要你承担。你只能用你的背影告诉团队成员，“我是认真的，跟着我是值得的”。他们对待你重视的事也会认真起来。

除了用“未来”做支点、在“现场”给团队赋能，创业的人还需要了解团队成员都在想什么，会“吃饭”就成了联络感情、倾听心声的必修课。如果目的是了解他人，吃什么就变成了配角，而什么情境下吃、怎么吃、用怎样的心态吃、和谁吃、几个人吃，都是有学问的。希望对方打开心扉，那就得制造让别人愿意跟你倾诉的氛围，在轻松、信任、舒畅的环境下，品一品你理解的团队成员的话、你实际听到的话、成员头脑中想说的话。要做到这一点，对于涉世未深的大学生来说可能有点难度，不过有心的同学可以在家人长辈的饭局中仔细观察，先有个概念以备后用。

人们需要心怀希望、看到榜样、感到重要，所以对于团队成员，创业的你要能描绘未来、以身作则、听话听音。“未来、现场、吃饭”，这样六个字，我觉得是每个创业者都需要的，也是创业领导力的核心。（宁向东）

第三节 上善若水

“上善若水。水利万物而不争，处众人之所恶，故几于道。居善地，心善渊，与善仁，言善信，正善治，事善能，动善时。夫唯不争，故无尤。”如果我们决定做人生的领导者，要向水学习，谦逊低下，善于容受，用柔和来促进协作，把纷争转化成动力。水的特点有七种：

- 摆正位置，能够服务大家；
- 心地宽和，能够兼容并包；
- 与人结交，能鼓公平仁厚；
- 发号施令，能够严守信用；
- 主持大局，能够理顺结构；
- 分配工作，能够知人善任；
- 推动事业，能够应时应势。

水的七种德性，就是领导力的根本，领导力是内在的修养，必须克服控制与独占的本能。（黄明哲）

上善若水，是领导力的极致。

一、文化属性与客观规律

在电视剧《天道》（改编自豆豆的小说《遥远的救世主》）中，主人公丁元英对文化属性有如下描述。

透视社会依次有三个层面：技术、制度和文化。小到一个人，大到一个国家一个民族，任何一种命运归根到底都是那种文化属性的产物。强势文化造就强者，弱势文化造就弱者，这是规律，也可以理解为天道，不以人的意志为转移。

强势文化就是遵循事物规律的文化，弱势文化就是依赖强者的道德期望破格获取的文化，也是期望救世主的文化。强势文化在武学上被称为“秘笈”，而弱势文化由于易学、易懂、易用，成了流行品种。强势文化就是遵循事物规律的文化，然而客观规律的变化也同样不以人的意志为转移。客观规律是由社会的发展而变化，由历史的变迁而改变。什么是客观规律？归根到底也是一句话：一切以时间、地点和条件为转移！不墨守成规，其精髓讲的是创新！而弱势文化就是依赖强者的道德期望而破格获取的文化，也是期望救主的文化。其本质讲的是依靠和跟随！弱势文化所追求的最高价值就是破格获取，弱势文化没有自信与强者在同一个规则下公平竞争，所以，从本质上讲弱势文化是最懦弱的生存哲学！（《遥远的救世主》）

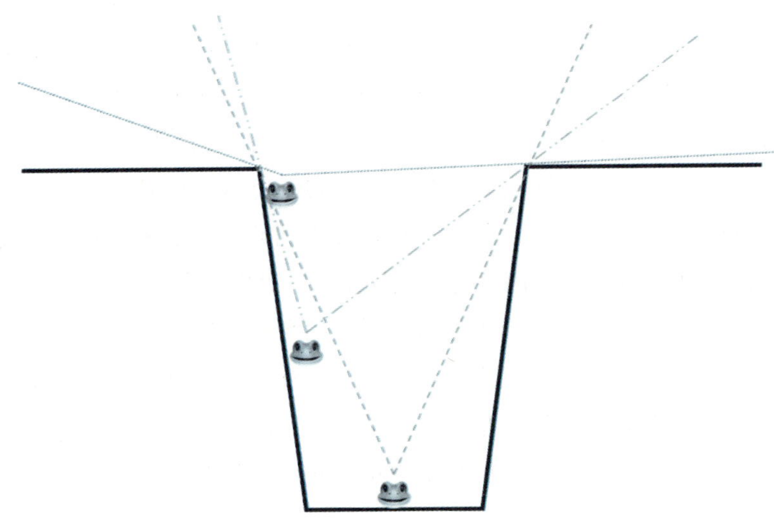

每个人都是一定意义上的“井底之蛙”，在井底和井沿看到的世界是完全不同的。想不想、能不能爬上来完全取决自己，唯有自救才是出路。

洛克菲勒是地球上的第一个亿万富翁，也是美国历史上除君主以外最富有的人，是世界公认的石油大王。他不仅是一位成功的商人，还是一位教子有方的父亲。他知道，能带给孩子一生幸福的不是金钱，而是完整的人格、强大的内心、精神上的富足和良好的生活习性。洛克菲勒写给儿子的信共有38封，这些信真实记录了洛克菲勒创造财富神话的种种业绩。从这些信中我们不仅可以看到洛克菲勒优良的品德、卓越的经商才能，还可窥见一代巨富创造财富的谋略，以及教育子女独有的智慧。

你所在的社会环境有怎样的文化属性呢？中国地大物博，不同地域不同发展速度的城市都有着不同的文化属性，沿海地区和内陆、南方和北方会展现出各自的强势文化或弱势文化的特征。你的身边更多的是遵循事物规律积极独立拼搏的人，还是手心向上攀附依靠跟随的人？人是环境的产物，洛克菲勒给儿子的信中说："一个人的个性与野心，目前的身份与地位，同与什么人交往有关。经常跟消极的人来往，他自己也会变得消极；跟境界低的人交往过密，就会产生许多卑微的习惯。反过来说，经常受到境界高的人的熏陶，自会提高自己的思想水准；经常接触那些雄心万丈的成功人士，也会使他养成迈向成功所需要的野心与行为。""有些消极的人心肠很好，另外还有一些消极的人，自己不知上进，还想把别人也拖下水，他们自己没有什么作为，所以想使别人也一事无成。记住，约翰，说你办不到的人都是无法成功的人，亦即他个人的成就顶多普普通通而已。因此这种人的意见，对你有害无益。"

周围是什么样的人，就会传递给你什么样的信息。知道自己要什么，择木而栖、择邻而居是通向那个小概率成功结果的必要条件。除非你的目标客户群是具有弱势文化属性特征的人，这种情况下也要根据自己的实际情况进行取舍。无论在怎样的文化属性中，摸清规律并按照客观规律办事都是事半功倍的前提。

二、公道自在人心

最后通牒博弈——如果甲和乙在路上捡到了一百块钱，然后甲和乙一起来分这笔钱，甲有权提出一个分配方案。也就是说，甲会提出："我60你40，我80你20。"不管什么样的方案，只要他提出的方案乙接受了，就按照这个方案来分配。那我们的故事的情境是：如果乙不接受，这个钱就会被交给警察，两个人谁也得不到什么东西。这是这个博弈的基本假设。那么，在这个假设的背景下，甲应该提出怎样的一个分配方案呢？（来源：《宁向东的管理学课》公平感——领导者的内功@得到 App，https://www.dedao.cn/article/Ay7GQpR6ndOgX6BzrX8eBvPzMN4lwE）

宁向东在他的管理学课"公平感——领导者的内功"（第23讲）里讲到：要形成一个有效的组织，没有什么比公平的感觉更重要了。只有创造一个相对公平的环境，组织才有建立好文化和好制度的可能性，大家才会真心相信领导者所说的话，成员才能从根子上稳定。而决定这一切的核心是，管理者有没有格局，在于他自己是不是真正认识到了什么是公平。宁向东举了一个“最后通牒博弈”的例子。

如果甲和乙都是理性人，那么甲应该提出自己最多、乙最少的分配方案，因为对于乙来讲，有得分总比什么都得不到好，比如99：1。然而一系列不同场景不同金额做的实验显示，没有人是按照99：1这样来分的，因为99：1这种所谓理性的方案无法符合人类的公平感。

一位国际学校的高中数学老师（杨笛笛，国际学校资深数学老师）在知乎上发布了自己在班级里做的同样的实验，就更加反应了“人性”即便在涉世未深的高中生身上也体现得淋漓尽致。

表　最后通牒博弈实验（Ultimatum game）高中生版

实验前提：每人拿10元钱作为博弈金。	
【实验一】 方案：自己定比例，分配给自己和另一位匿名的人，另一人可以拒绝，如果拒绝就谁都拿不到钱。 结果：得到1毛钱的人拒绝了分配，得到3元的也拒绝了；分给别人5元的说这样最公平。班级平均值是分给别人3.2元。	【实验二】 方案：自己定比例，分配给自己和另一位匿名的人，另一人不能拒绝。 结果：之前分给别人5元说这样最公平的这次都分给别人0元，并坦诚之前的之所以分别人5元是怕被拒绝，自己一分也得不到。班级平均分给别人是0.5元。

（来源：https：//zhuanlan.zhihu.com/p/62947358）

这位老师后来采访了几位同学，游戏感想都看得出，这个游戏让他们长大了些……

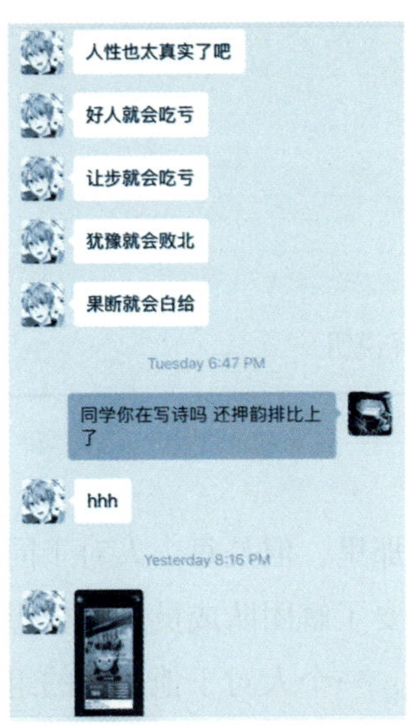

最后通牒博弈实验（Ultimatum game）高中生版，几个同学的感想（来源：https：//zhuanlan.zhihu.com/p/62947358）

有期望，就有失望。并且，与身边的人进行比较是人的本性。感到不公平会引起消极怠工甚至报复行为。怎样做才能让你的组织成员感到公平，是一个值得重视的能力。

表　组织公平感分为三类：分配公平感、程序公平感和互动公平感

分配公平 （1）公平原则。公平就是员工对组织的贡献和所得到的回报应当是一致的。 （2）平等规则。平等就是同样对待所有人。 （3）需要原则。需要是指组织资源的效价对员工公平感的建立具有重大影响，即员工越需要的东西，对他们的分配公平感越有影响。 （4）权力原则。具有较高地位、权威和控制力的人应当获得较多的资源。 （5）责任原则。比如，那些承担较大责任和风险的人，应当拿到较高的薪酬。
程序公平 （1）一致性。分配程序在不同人员、不同时间、不同地点之间应当保持一致。 （2）无偏性。决策者的个人偏好应当尽量避免。 （3）精确性。程序应当做到精确识别。 （4）可纠正性。在错误发生时，可以通过上诉机制进行救济。 （5）合乎伦理性。决策的制定应当遵循主流的伦理道德。 （6）应当确保被决策所影响的不同群体的利益都能被加以考虑。
互动公平 （1）人际公平的原则包括： a. 上司是否以真诚的方式待你。 b. 上司是否以尊重的方式待你。 c. 上司是否以礼貌的方式待你。 d. 上司是否避免对你进行不恰当的评论。 （2）信息公平反映的则是： a. 为何这些程序被使用， b. 为何出现这种分配结果， c. 有关的信息是否向员工进行了详细、合理的解释说明。

（整理来源：《宁向东的管理学课》公平感——领导者的内功（第23讲）@得到App）

都说“公道自在人心”，虽然原则摆在那里，但是每个人对于同一件事感到是否公平其实是不尽相同的，所以回过头来还是要了解团队成员是怎样想的，走入别人的内心。管理学上有个概念叫做“心理契约”，一个人对于他加入的组织能够给予他什么，他需要付出什么，是有预期的。这是一个心理上的核算过程，虽没有说出来，也是一种“交换协议”。这种协议，只有走近他的内心才能体察的到。

三、演一百遍，演的就是你

《演员的自我修养》是20世纪初期俄罗斯著名戏剧和表演理论家康斯坦丁·斯坦尼斯拉夫斯基的著作，系统阐述了他关于戏剧表演和教学的理论方法。斯坦尼斯拉夫斯基说："没有小角色，只有小演员。"人生如戏，每个人都有各自不同的角色要扮演，创业者要扮演的角色要更有挑战一些，因为未知的因素更多。本不喜欢被安排的、一眼望到头的人生，才会选择创业，就要明白不管带领几个人，你都要坚定地、认真地扮演好领导者的角色、强者的角色。也许开始并不顺利，你也不懂得怎样演，但是就像学步、学骑车、学游泳，学会了、练熟了，就是你的了。

享誉美国的领导力和人际关系大师约翰·C·麦克斯韦尔在他的著作《领导力21法则》里列出了让人追随你的21条领导者自我修养。不过他说，事实上，没有人能做到所有的法则。然而可以肯定的是，掌握的领导力法则越多，你就越会成为成功的领导者。"每条法则都像一个工具，随时可以为你所用，帮助你实现梦想，同时让其他人也从中受益。只要掌握其中一项，你就能成为更好的领导者。把所有法则都学会，人们讲欣然追随你。" 麦克斯韦尔表示，这些法则是可以学会的，是相互独立的，是奏效的，而且是领导力的根基。我们要做的，是去学习每条法则，去"演"、去练习。演一百遍，这法则就"附体"到你身上了。

1. 盖子法则：领导力决定一个人的办事效力
2. 影响力法则：衡量领导力的真正尺度是影响力
3. 过程法则：领导力的提升是日积月累的结果，而非一日之功
4. 导航法则：谁都可以掌舵，唯有领导者才能设定航线
5. 增值法则：领导者为他人提升价值
6. 根基法则：信任是领导力的根基所在
7. 尊重法则：人们通常愿意追随比自己强的领导者
8. 直觉法则：领导者善用领导直觉评估每件事情
9. 吸引力法则：你只能吸引和你相似的人
10. 亲和力法则：领导者深知，得人之前必先得其心
11. 核心圈法则：一个领导者的潜力，由最接近他的人决定
12. 授权法则：有安全感的领导者才会授权本人
13. 镜像法则：看到别人怎么做，大家也会怎么做
14. 接纳法则：人们先接纳领导者，然后接纳他描绘的愿景
15. 制胜法则：领导者为他的团队找出一条制胜之路
16. 动势法则：动势是领导者最好的朋友

17. 优先次序法则：领导者明白，忙碌不一定等于成效

18. 舍得法则：领导者必须先“舍”后“得”

19. 时机法则：掌握时机与善用策略同样重要

20. 爆炸性倍增法则：培养追随者，得到相加的效果；增养领导者，得到倍增的效果

21. 传承法则：一个领导者的长久价值由其继承者决定

延展阅读

- 戴尔·卡内基，《人性的弱点（全集）》中国发展出版社，2002.6。
- 豆豆，《遥远的救世主》，作家出版社，2005.1。
- 戴维·迈尔斯著，侯玉波　乐国安　张智勇等译，《社会心理学》，人民邮电出版社，2016.1。
- 盖瑞·查普曼，王云良　陈曦译，《爱的五种语言》江西人民出版社，2010.7。
- 费孝通，《乡土中国》，北京大学出版社，2012.10。
- 约翰·C·麦克斯维尔，《领导力21法则——追随这些法则，人们就会追随你》，北京时代华文书局，2016.1.15。
- 大卫·舒尔茨，《大思想的神奇》，中国青年出版社，2016.8。
- 克莱顿·克里斯坦森，《创新者的窘境》，中信出版社，2014.1。
- 丹尼尔·卡尼曼，《思考，快与慢》，中信出版集团，2012.7。
- 安东尼奥·达马西奥，《笛卡尔的错误：情绪、推理和大脑》，北京联合出版公司. 湛庐文化，2018.2。
- 斯坦尼斯拉夫斯基，《演员的自我修养》，华中科技大学出版社，2015.6。
- 洛克菲勒，《一生的财富——洛克菲勒给子女的68个人生忠告》，长江文艺出版社，竹石文化，2011.8。

视听资源

- 电视剧《天道》@哔哩哔哩App
- 张宏杰《曾国藩的正面与侧面》@樊登读书App
- 宁向东《宁向东的管理学课》@得到App
- 黄明哲《黄明哲正解道德经》@喜马拉雅App

练习

用思维导图记录问题和答案。

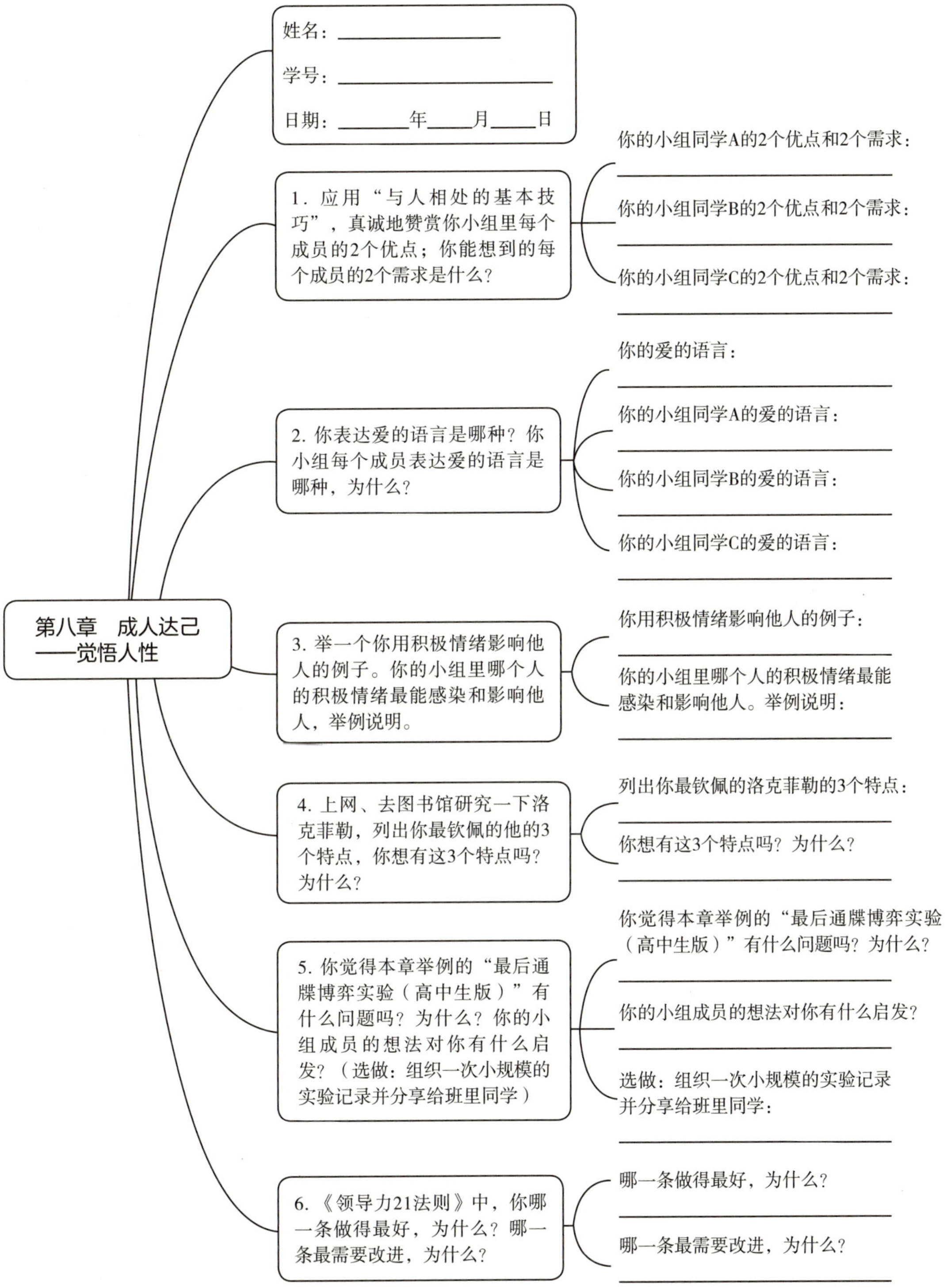

第八章　成人达己——觉悟人性

姓名：________________

学号：____________________

日期：_______年_____月_____日

1. 应用“与人相处的基本技巧”，真诚地赞赏你小组里每个成员的2个优点；你能想到的每个成员的2个需求是什么？
   - 你的小组同学A的2个优点和2个需求：__________________________
   - 你的小组同学B的2个优点和2个需求：__________________________
   - 你的小组同学C的2个优点和2个需求：__________________________

2. 你表达爱的语言是哪种？你小组每个成员表达爱的语言是哪种，为什么？
   - 你的爱的语言：__________________________
   - 你的小组同学A的爱的语言：__________________________
   - 你的小组同学B的爱的语言：__________________________
   - 你的小组同学C的爱的语言：__________________________

3. 举一个你用积极情绪影响他人的例子。你的小组里哪个人的积极情绪最能感染和影响他人，举例说明。
   - 你用积极情绪影响他人的例子：__________________________
   - 你的小组里哪个人的积极情绪最能感染和影响他人。举例说明：__________________________

4. 上网、去图书馆研究一下洛克菲勒，列出你最钦佩的他的3个特点，你想有这3个特点吗？为什么？
   - 列出你最钦佩的洛克菲勒的3个特点：__________________________
   - 你想有这3个特点吗？为什么？__________________________

5. 你觉得本章举例的“最后通牒博弈实验（高中生版）”有什么问题吗？为什么？你的小组成员的想法对你有什么启发？（选做：组织一次小规模的实验记录并分享给班里同学）
   - 你觉得本章举例的“最后通牒博弈实验（高中生版）”有什么问题吗？为什么？__________________________
   - 你的小组成员的想法对你有什么启发？__________________________
   - 选做：组织一次小规模的实验记录并分享给班里同学：__________________________

6. 《领导力21法则》中，你哪一条做得最好，为什么？哪一条最需要改进，为什么？
   - 哪一条做得最好，为什么？__________________________
   - 哪一条最需要改进，为什么？__________________________

第九章

知行合一——生来就是 CEO

尽管赚钱很好，但拥有有意义的工作和人际关系要比赚钱好得多。对我而言，有意义的工作是指一项我能全身心投入的使命；有意义的人际关系是指我既深深地关心对方，对方也深深地关心我。

——瑞·达利欧

本章开篇引用了桥水基金创始人、《原则》的作者瑞·达利欧的话，未曾想写作到此的时候，瑞·达利欧在他的微博上发布了一条沉痛的消息，让人们在这变幻莫测的2020年又增添了一点对生死无常的感慨。这也让人更加认清，无论父母怎样、子女如何，你的人生都是你自己的。他们有他们此行的目的，你有你生命的意义。

瑞达利欧

12月19日 11:22 来自 微博 weibo.com

我非常沉痛地告诉大家，昨天我42岁的儿子在车祸中去世，我和我的家人现在正在哀悼和处理这件事，暂时不希望与外界交流。我们知道很多人也同样感受到我们所感受到的巨大痛苦，我们也向他们表示慰问。愿大家都能珍惜自己的幸福，尤其是在一年中辞旧迎新之际。

收藏 | 1148 | 4965 | 5501

瑞·达利欧在2020年12月19日在他的微博号发布其42岁的儿子于车祸中去世的消息。（截图来源：新浪微博网页版）

科学的滞后性时常提醒“渺小的”人类对尚未探索完整的领域保持一定程度的敬畏，比如生命。对生命敬畏才会愿意低头，愿意低头才会谦卑，谦卑才会感恩，感恩常有则心平静，心平静则智慧生，智慧生则笃定。

笃定感之于一生，是从容、是洒脱、是“当生则生，当死则死，来去自如”；笃定感之于当下，是专注、是心流、是“念念存天理，即是立志”（王阳明）。

第一节 生死课

2020年，中国人均寿命达到了77.3岁，四舍五入一下，差不多80岁。如果你生于2000年，假设你的寿命是80岁，到2020年你已经度过了生命的四分之一了，你的父母已经度过生命的一大半，你的祖父母按照平均年龄来对照也许已经不在了。这一生，就这样无法逆转地行进着。按平均寿命算算，你和你最关心的人离生命的终点还有多远？

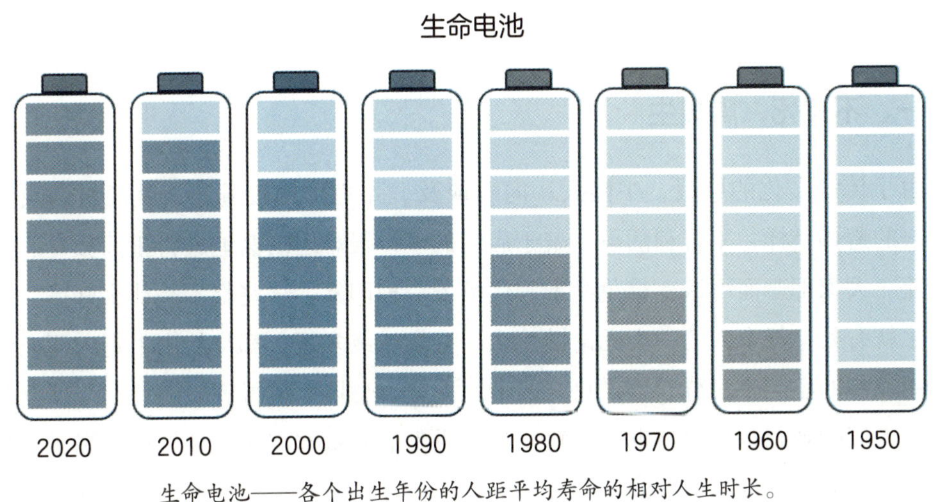

生命电池——各个出生年份的人距平均寿命的相对人生时长。

正因为生命短暂，才有了一代又一代人不断地思考：我是谁？我从哪里来？要到哪里去？正因为生命短暂，光阴才不应被虚度。如果说每个人都是带着使命而来，那么，找到并且完成这个使命就是此生的意义。如此，生命对于每个人都是一次创业，从一个精子打败亿万个竞争对手这个小概率开始，到只有少部分人找到了自己的使命这个小概率，再到只有少部分人完成了自己的使命这个小概率，无一不验证了“没有人能随随便便成功”。经营人生与经营企业如分形几何学中的自相似一般，每个组织都是由人组成的，如果每个人都当好了自己人生的CEO，组织的使命就不难达成；同理，如果每个组织都乘风破浪驶向目标愿景，那么组织中的每个人都如借助轮船势能跨越大洋的信天翁，实现非凡的人生目标。

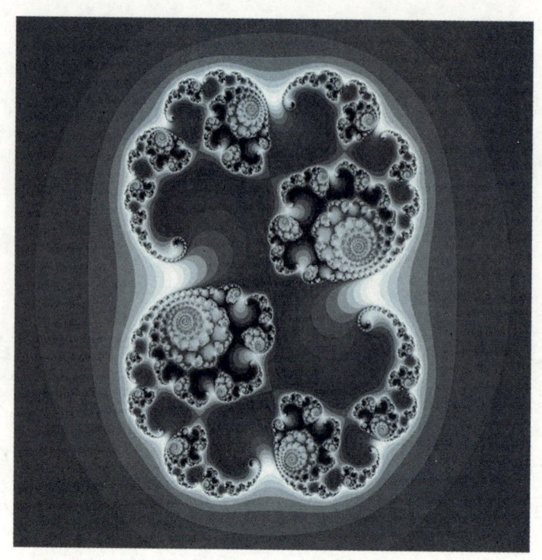

具有自相似性的分形图案

一、不知死，焉知生

由于传统文化的原因，中国人一向对谈及“死亡”比较避讳，就像对谈及“性教育”的避讳一样；不吉利的事、羞于启齿的事，很难坦荡荡地进行正面教育、分享与交流。大家都避而不谈，难免给下一代留下一种印象：这些都不是什么好事。殊不知有生就有死，每个人的一生无论做什么、有多长或多短，都是从出生走向死亡的过程。用鸵鸟的心态来对待，结果只有两个：无知、恐惧。值得欣慰的是，全球互联的时代，人们的观念也开始与世界接轨，在物质生活的基本需求得到较充分满足、精神生活的高级需求逐渐被追求的人文背景下，国也好、家也好、个人也好，开始对以往回避的话题、关键字慢慢打开了心扉，带着理性去正视。与死亡相关的最明显事例就是国家级媒体对于“器官捐献”开始提倡与鼓励，宣传生命可以以另外一种形式延续，而在传统文化的概念里逝者身体不全是不可想象的。

大学教育也渐渐出现了生死学的课程。值得一提的是自称“斜杠老年”的陆晓娅老师在北京师范大学开设的公共选修课《影响中的生死学》。陆晓娅老师说：“我不是在传递答案，我是在播种困惑。”选择既有视觉冲击力、又有理性主线价值观的电影来做关于生与死的教学是对人头脑与内心中感性和理性部分的双重冲击，让人不得不去思考一下。“很多学生在经历，但没有人和他们讨论。我的课程想把这些不太能言说的东西，以电影为中介呈现出来，变成可以讨论的事情。”陆晓娅说，比如，选课的学生相当大一部分是独生子女，感觉到他们对父母的衰老和死亡有着明显的焦虑。生死学课程不仅带领学生探索疾病、临终等现实问题，更是为了帮助学生思考自己的人生。

北京师范大学公选课《影像中的生死学》第一堂课上，授课老师陆晓娅放的电影片段

例如通过电影《小猪教室》引发出对于生命中“责任”的探讨：对于这个在中国的语境中让人感到有压力的词，陆晓娅老师问学生，如果我们一生都不去负责任会怎么样？有学生说，会很自在；她接着问，就这样自在地生活下去，生活下去，生活下去，然后生命会有什么不同吗？另一位同学说，总有要自责的时候，会觉得活着没有意义，老了的时候会发现没什么可回忆的。原来，生命不仅有不能承受之重，也有“不能承受之轻”。一个人不愿意承担生命的责任，也就很难找到生命的价值和意义。例如通过电影《死亡诗社》引发对于“在世热情”的探讨：当人意识到生命还有新的可能性，自己可以不再为别人而活时，热情便会出现在生命之中。例如通过电影《浪潮》引发对于“独立判断”的探讨：人一生的任务恰恰是既要实现自己的个性，同时又要超越自己的个性，达到普遍的经验这样一个充满着矛盾的任务。例如通过电影《美丽人生》引发对于“希望”的探讨：找到好事的永久性和普遍性的原因，对不幸的事情做出暂时性和特定性的解释，是希望的两个支柱。

“学生觉得自己年轻，离死亡很远，作决定时就可能只从当下考虑；而当他知道无论如何自己的生命将会结束，而且不知道什么时候结束时，那学生就会更珍惜当下，在作决定时考虑得更清楚。”这就是把生死的主题拿到桌面讨论的原因，毕竟“生死课的目的不是要把学生推到沉重中去，而是让他们感受到死亡虽然不可避免，但生命仍然可以如朝霞般绚烂。”

二、Stay Hungry，Stay Foolish

“Stay Hungry，Stay Foolish”是史蒂夫·乔布斯2005年6月12日在斯坦福大学演讲时对学生们说的话。这句话的直译“保持饥饿，保持愚蠢。”听上去就挺别扭；它的意译五花八门，最常见的是“求知若饥，虚心若愚。”笔者以为，这个说法并没有反映出乔布斯的原意。最能反应这句话意味的不是译者在特定文化背景下的理解，也不是乔布斯的生平，而是整篇演讲的上下文，因为从演讲内容中我们可以看出乔布斯要传达给学生们的信念。笔者认为，以下几句是在当时当地语境下对“Stay Hungry，Stay Foolish”的更贴切注解。（翻译仅供参考）

● And much of what I stumbled into by following my curiosity and intuition turned out to be priceless later on.

我凭著好奇心和直觉所干的这些事情，有许多后来都证明是无价之宝。

● You have to trust in something—your gut，destiny，life，karma，whatever. This approach has never let me down，and it has made all the difference in my life.

你们必须信赖某些东西——直觉、归宿、生命，还有业力，等等。这样做从来没有让我的希望落空过，而且还彻底改变了我的生活。

● You've got to find what you love. And that is as true for your work as it is for your lovers. Your work is going to fill a large part of your life，and the only way to be truly satisfied is to do what you believe is great work. And the only way to do great work is to love what you do. If you haven't found it yet，keep looking. Don't settle. As with all matters of the heart，you'll know when you find it. And，like any great relationship，it just gets better and better as the years roll on. So keep looking until you find it. Don't settle.

所以，一定得知道自己喜欢什么，选择爱人时如此，选择工作时同样如此。工作将是生活中的一大部分，让自己真正满意的唯一办法，是做自己认为是有意义的工作；做有意义的工作的唯一办法，是热爱自己的工作。你们如果还没有发现自己喜欢什么，那就不断地去寻找，不要急于做出决定。就像一切要凭著感觉去做的事情一样，一旦找到了自己喜欢的事，感觉就会告诉你。就像任何一种美妙的东西，历久弥新。所以说，要不断地寻找，直到找到自己喜欢的东西。不要半途而废。

● Your time is limited，so don't waste it living someone else's life. Don't be trapped by dogma—which is living with the results of other people's thinking. Don't let the noise of others' opinions drown out your own inner voice. And most important，have the courage to follow your heart and intuition. They somehow already know what you truly want to become. Everything else is secondary.

你们的时间都有限，所以不要按照别人的意愿去活，这是浪费时间。不要囿于成见，那是在按照别人设想的结果而活。不要让别人观点的聒噪声淹没自己的心声。最主要的是，要有跟着自己感觉和直觉走的勇气。无论如何，感觉和直觉早就知道你到底想成为什么样的人，其他都是次要的。

乔布斯并没有倡导同学们渴求知识，也没有宣扬虚心受教。他通过三个自己亲身经历的故事传达了这样一种信念：Stay hungry for what you love. Stay foolish to follow your heart and intuition. 如饥似渴地寻找你的所爱（给你意义感的事业）；（无论别人的观点怎样）像个傻瓜一样坚持跟随你的内心和直觉（成为你要成为的人）。

我17岁的时候，读到了一句箴言，差不多是这样的："如果你把每一天都当作生命中的最后一天去生活的话，那么终有一天你会发现自己是正确的。"这句话给我留下了深刻的印象，从那时算起的33年以来，我每天早晨都会对着镜子问自己："如果今天是我生命中的最后一天，我还会做自己今天即将要做的事吗？"当答案连续多次都是"不"时，我就知道自己需要做些改变了。——史蒂夫·乔布斯

乔布斯演讲中的第三个故事是关于死亡的。2005年的他，一年前刚刚因胰腺癌与死神擦肩而过，因而特别有直观感受，他确定地跟同学们说：谁都不愿意死。就是那些想进天堂的人也不想为了进天堂而死去。但是，死亡却是每个人共同的归宿，没人能摆脱。他说："我们注定会死，因为死亡很可能是生命最好的一项发明。它推进生命的变迁，旧的不去，新的不来。现在，你们就是新的，但在不久的将来，你们也会逐渐成为旧的，也会被淘汰。"说得有点现实、有点残忍，但却是令人警醒的不争的事实。

回到本章开篇，对照你的生命电池，希望你已经有点适度地焦虑了，甚至开始觉得时不我待。毕竟，乔布斯已经于2011年去世了，享年56岁，他并没有活到美国的平均寿命，他的电池提前熄火了。我们不知道明天和意外哪个先来。即便是按照《西藏生死书》里的观点，此生的句点只代表轮回里无数小节之一，也要好好面对死亡，在此生的业力轨迹上好好活着。

第二节　原则

在《原则》一书中，瑞·达利欧对比了生活原则和工作原则。“工作，要么是你想从事用于养家糊口的一份职业，要么是你想完成的使命，要么是二者的结合体。我敦促你尽可能把工作看成第二种原则，当然也承认第一种原则的价值。如果你能这样想，那么几乎每件事都会做得比你不这样想时更好。”这与上一节提到的对乔布斯“工作将是生活中的一大部分，让自己真正满意的唯一办法，是做自己认为是有意义的工作；做有意义的工作的唯一办法，是热爱自己的工作”的解读异曲同工。热情是体内的自燃动力，如果没有热爱，再火热的激情也是短暂的，会微弱甚至慢慢熄掉。“意义→热爱→热情”这是你作为自己人生之主的最核心助攻战略。

一、“我阅人无数，没有一个成功人士天赋异禀”

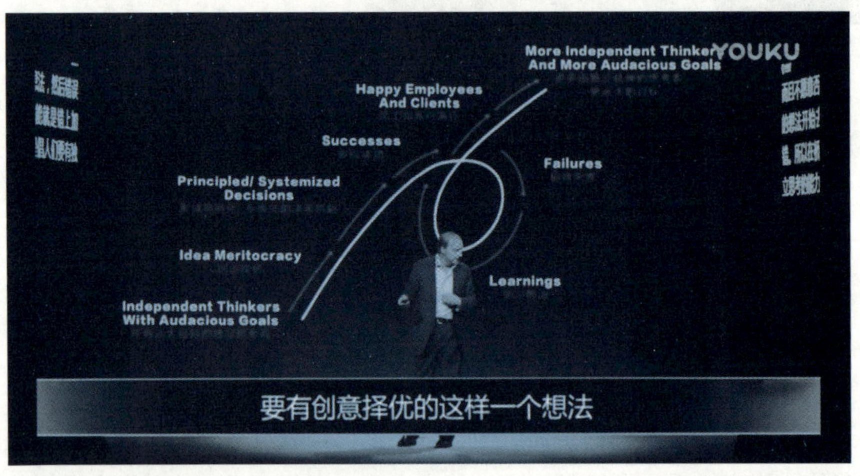

我认为成功的关键在于，既知道如何努力追求很多东西，也知道如何正确地失败。“正确地失败”是指，能够在经历痛苦的失败的过程中吸取重要的教训，从而避免“错误地失败”，即因为失败而被踢出局。——瑞·达利欧（文字来源：《原则》@当当云阅读App，图片来源：《瑞·达利欧《原则》之生活与工作原则》@哔哩哔哩App）

“我阅人无数，没有一个成功人士天赋异禀”是网络上经过很多平台转载的文章，据说是《原则》这本书出版之前的中文精简版内容提炼、瑞·达利欧口述，很抱歉已经找不到原始出处，不过其内容和框架与《原则》的内容还是比较吻合，所以在此引用一下。瑞·达利欧说：“我阅人无数，没一个成功人士天赋异禀，他们也常犯错，缺点也不少，他们成功是因为正视错误与缺点，找到日后避免犯错、解决问题的方法。”

可以找到出处的精简版《原则》是在瑞·达利欧的微博号置顶的一个30分钟共8集的动画片《成功的原则》，把每一步落地，按照“菜谱”来实施，即便普通人也能取得远超出自己想象的传统意义上的成功。

<table>
<tr>
<td>第1集　探险召唤 The Call To Adventure
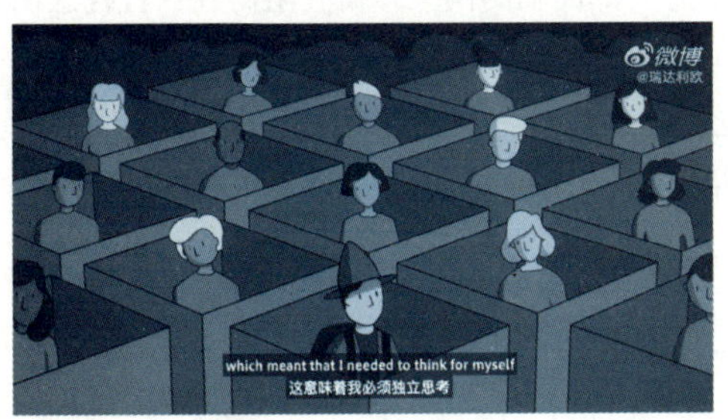

如果不想过一种被他人主导的生活，你就必须自己决定怎么做，而且有勇气去做。</td>
<td>第2集　拥抱现实、应对现实 Embrace Reality and Deal With It
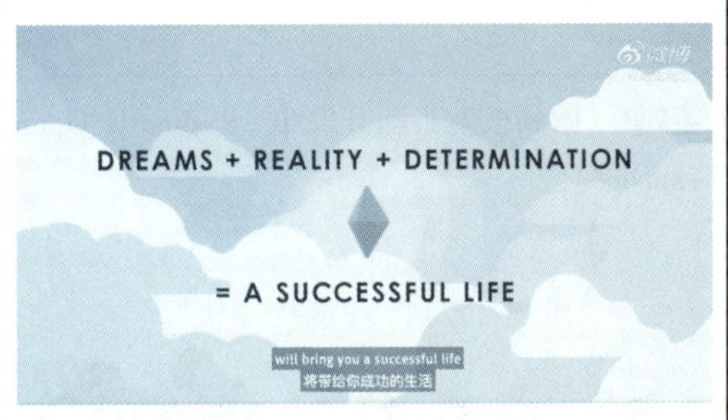

拥有伟大梦想，加上拥抱现实，加上很大的决心，将带给你成功的生活。</td>
</tr>
<tr>
<td>第3集　五步流程 The Five-Step Process
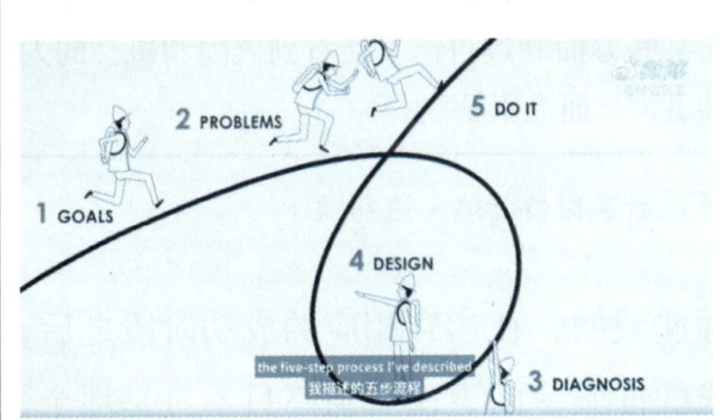

（1）知晓自己的目标，追求目标；（2）应对阻碍你实现目标的问题；（3）诊断问题，找到问题的根源；（4）规划一个方案来彻底解决问题；（5）执行这些方案，推动自己需要做的事，以实现目标。</td>
<td>第4集　深渊 The Abyss

犯下大错，尤其是在众目睽睽之下犯错，是沉痛的教训，使我谦卑，我刚愎自用地确信一个完全错误的观点，这至今让我感到震惊和尴尬。</td>
</tr>
</table>

<table>
<tr>
<td>第5集　一切都是机器 Everything Is A Machine

知道如何妥善平衡风险与回报，是拥有最好人生的关键。</td>
<td>第6集　你的两个最大障碍 Your Two Biggest Barriers

所有人都面临的两大障碍在阻碍我：自我意识障碍和思维盲点障碍。</td>
</tr>
<tr>
<td>第7集　做到极度头脑开放 Be Radically Open-minded

我需要不再为自己被证明对而沾沾自喜，而是为获知真相而高兴。</td>
<td>第8集　奋力拼搏 Struggle Well
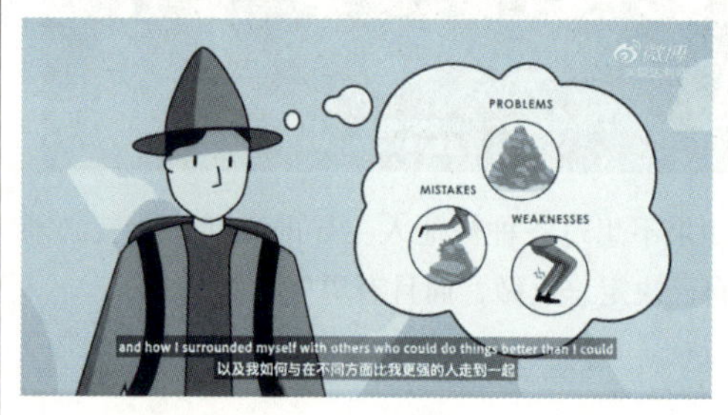

成功让我遇到杰出的成功人士，了解他们的思路。我发现他们的旅程与我相似。你可能不知道，但他们都拼搏，他们都有缺点，他们都与在某些方面胜过自己、能看到风险和机会的人共事，从而克服缺点。</td>
</tr>
</table>

8集动画视频《成功的原则》（来源：新浪微博@瑞·达利欧）

实现一个又一个更高目标的满足感是边际递减的，在达到相应的成功阶段之后，目标的实现并不能带来更多的满足。人们追求的征服一山更比一山高只不过是那个让你感觉到成长与进化的诱饵而已，这个成长与进化的结果才是拼搏的回报。最终，达成使命，与同伴携手进化才是我们此行的目的。

二、Life CEO

美国杰出的商业哲学家、成功学之父吉姆·罗恩说："我发现一个不可思议的现象是，大多数人计划起假期来要比计划他们的人生投入更多精力。也许这是因为逃避比改变要来得容易。”如果每个人都能像CEO经营企业一样经营自己的人生，也许，成功这件事就从小概率事件至少走向抛硬币似的与失败五五分成。

确实有一本书叫《Life CEO》，Dr. Ben Carvosso是这本书的作者，他运营自己的健康中心，也是一位高绩效教练，帮助企业、组织或个人达成他们的组织目标或理想人生。在他的教练经验里，做好人生的CEO需要五个步骤：

Step 1，Purpose：找到人生目标，包括愿景和使命；

Step 2，Plans：创建详尽有力的计划帮助达成目标；

Step 3，Personality：管理你的特性、文化或精神特质；

Step 4，Productivity：高产出的时间精力管理，减少无谓忙碌；

Step 5，Profit：人生“利润”最大化，努力的结果是成为更好的人。

在他的书中以及相关的网站www.LifeCEO.com上详细写明了每个步骤的具体应用细节、应用场景和注意事项。不难发现，他的教练细节是沿袭安东尼·罗宾教练体系的框架的，比较完善和实用。这里举个步骤细节的例子供大家参考体会。

明确你的人生目的

首先，你要明确在你的人生中你希望服务谁；其次，列出你的价值观里排名靠前的几项；再次，思考如果有人希望与你一起学习和成长，你愿意为了他们而成为什么样的角色；最后，按照下面表格的顺序修改五次，总结出当前的最终版本。

表 人生目的陈述

<table>
<tr><td>列出10个你想服务的对象（人或其它）：
Who or what do YOU want to serve?
1.
2.
3.
……
10.</td><td>列出你的价值观里排名前10位的：
What are YOUR highest values?
1.
2.
3.
……
10.</td></tr>
<tr><td colspan="2">第1版草稿First Draft：
我的人生目的是：通过______和______、为了我自己和那些希望与我一起学习成长的人而成为______和______，来服务______。
My life purpose is to serve ______ by being ______ and ______, and through becoming ______ and ______ for myself and others who wish to learn and grow with me.</td></tr>
</table>

（续上表）

第2版草稿Second Draft： 我的人生目的是：通过____________和____________、为了我自己和那些希望与我一起学习成长的人而成为____________和____________，来服务____________。
第3版草稿Third Draft： 我的人生目的是：通过____________和____________、为了我自己和那些希望与我一起学习成长的人而成为____________和____________，来服务____________。
第4版草稿Fourth Draft： ________________________ ________________________
第5版草稿Fifth Draft： ________________________ ________________________
（当前）最终版本Final Version（for now）： ________________________ ________________________

来源：《Life CEO》网站 www.LifeCEO.com，翻译整理：凡奚

例如，你想服务的对象可能是家人、是社会、是党派、是国家、是全人类；你的价值观可能是成长、是贡献、是忠诚、是互助；你希望成为的角色也许是工作岗位赋予的角色，也可能是企业家、领袖。总之，按照你的想法，写下来、修改、再写、再修改，直到意思完整语句通顺。这个人生目的可以每1–3年甚至3–5年回顾、调整一下。有了它，你的人生就像GPS设定了目的地般有了方向。

要知道，作为企业的CEO和作为人生的CEO除了引领的受众，没有什么不同的了。

第三节　活法

在“匠人匠心”一章我们提到了稻盛和夫，他认为一个人人生的结果和工作的结果都是由相同的公式决定的。前一章我们讨论了觉悟人性，人有很多特性是大脑和基因决定的，顺着人的自然人性来过活，会很“自在”（像陆晓娅老师提问时一个学生的回答那样）；然而，只有突破了人性的负面拉力，像华为企业文化推崇的“熵减”一样，人的一生才会有“意义”，人才会进化。稻盛和夫说，关于人生意义、人生目的这个人生最基本的问题，必须正面回答，他的答案是：提升心性，磨练灵魂。

一、人生的结果 = 思维方式 × 热情 × 能力

这个公式有三个要素，之间是相乘而不是相加，意味着其相互作用用不是线性的。

能力：才能、智商，是先天的资质，包括健康和运动神经等，取值从0分到100分。

热情：工作的干劲和努力程度，是后天的要素，可以由自己的意志来掌控，取值从0分到100分。

思维方式：人的心态，人对于人生的态度，包括哲学、理念、思想等，取值从负100分到正100分。

有的人能力可以得90分，但自恃有才不肯努力，热情只发挥30分，两者乘积2700分；有的人才能平庸只够60分，但其有自知之明以勤补拙，以90分的饱满热情投身工作，结果乘积为5400分。后者比前者的结果高出整整一倍。思维方式是最重要的，因为如果人生观是负面扭曲的，相乘的结果无论多少，都是负值，不可能有一个幸福的人生。比如才高八斗、热情洋溢、却把这些能力和热情用在道德欺骗、损人利己、疯狂敛财、甚至违法犯罪上，破格获取必然加害社会，那么无论如何下场都是不妙的。

正面的思维方式是什么？用常识就能够判断：“总是积极向上；有建设性；有感恩心；有协调性、善于与人共事；性格开朗、对事物持肯定态度；充满善意、有同情心、关爱心；勤奋；知足；不自私、不贪欲；等等。”

带着“提升心性，磨练灵魂”的人生目的审视这个公式，每个人都可以不断打磨

自己的能力、热情和思维方式，无论哪个要素有正向的提升，人生的结果都将有非线性的飞跃。

二、正确的理由

《正确的理由》这本书是分享了“享受和谐生活的12项永恒原则”，作者Kevin Guest（纪云基）在第六个理由的章节给大家讲述了一个他大学时发生的故事。上课的第一天，他的大学教授在黑板上写道：“没有什么比人际关系更重要。”这个问题有些奇怪，因为对于年轻的大学生来说，成绩、学习、毕业、工作、升学……似乎都显得更加重要。期末考试大家准备得很充分，但是教授的考题却让所有人大跌眼镜，题目是：“我在上课第一天在黑板上写了什么？”

［左］《正确的理由》封面，除了公司的首席执行官，Kevin Guest还是摇滚乐队的专业贝斯手，事实上音乐梦才是他毕生的追求；［右］Kevin Guest获得犹他州2019年度最佳CEO

还有一个故事，故事里的教授和纪云基的教授同出一辙，他给学生突击测验的最后一题是：“清扫这座大楼的女工的名字是什么？”对，这不是一个玩笑，而且还要记入成绩，女工五十五岁左右、身材高挑、深色头发，在大厅和教室安静地工作，很少有人留意她。然而教授说：“在你的职业生涯中，你的人生将和很多人有交集。他们都值得你关注和照顾，即使你所做的只是微笑、打个招呼、并且了解他们的名字。对人们来说，很少有比称呼他们的名字更重要的事了。”这就是第六个原则：Dorothy原则——没有什么是比人与人的关系更重要的了。

马丁·路德·金说："信心是即使你看不到整架楼梯也会迈出第一步。"就像"幸福的家庭都是相似的，不幸的家庭各有各的不幸"一样，和谐、幸福、成功的人生都是相似的，因为它们都有着以提升为导向、以善为根基、以勇气为动力、以链接为阶梯的指导原则；不和谐的人生各有各的坎坷，因为人们一不留神就被五花八门的借口阻拦，无法跟随自己的内心。

1. 本杰明·富兰克林原则——当您致力于实现自己的核心价值时，您就会改变自己的命运。
2. 钢琴原则——当您真正想要做到一件事时，努力让它实现。
3. 调高音量原则——准备，然后弄假知道成真。
4. 以信念前行原则——当您勇敢地迈向未来时，充满信心地行动。
5. 希望钻石原则——好事总会发生在有准备的人身上。
6. Dorothy原则——没有什么事比人与人的关系更重要了。
7. 奥黑尔少校原则——您有改变的力量。
8. 柏拉图原则——识别您敬仰的人并学习他们教导您的宝贵经验。
9. 纸板键盘原则——选择运用积极的自我对话。
10. 荷兰原则——寻找服务的机会，然后采取行动。
11. 醋栗灌木丛原则——遵循您内心的声音和神圣的指引。
12. 旅程原则——成功在于您的经历、建立的关系、和学到的经验。

享受和谐生活的12项原则（整理来源：Kevin Guest《正确的理由》）

第四节　活出生命的意义

维克多·弗兰克（Viktor Emil Frankl，1905年3月26日—1997年9月2日）是一位奥地利神经学家、精神病学家，维也纳第三代心理治疗学派——意义治疗与存在主义分析（Existential Psychoanalysis）的创办人。出生于奥地利维也纳一个贫穷的犹太家庭，犹太人大屠杀幸存者。他的著作《活出生命的意义》（《Man's Search for Meaning》）被翻译成几十种语言，销量达千万册。他的父母、妻子、哥哥要么饿死，要么死于集中营的毒气室，他自己也在奥斯维辛集中营经历了炼狱般的痛苦。幸运的是，他超越了这种苦痛。并且将自己的经验与学术结合，开创了意义疗法。

意义疗法是着重于意义的心理疗法，它着眼于未来，着眼于人们在将来应当完成的意义，对所有的恶性循环群系和反馈机制进行散焦，从而破解了而不是持续地促进和强化一些人的自我中心症结。意义疗法让人们直面并重新认识生命的意义，因为努力发现生命的意义正是人最主要的动力。

意义治疗的理论基础是一种生命的哲学，它有三个互相连锁的基本信念：

（1）意志的自由（the freedom of will）：人在生理、心理与社会的世界中并不自由，但人可以超越这些限制而进入精神层次。只有两种人的意志是不自由的，一类是精神病人，另一类是信奉决定论的哲学家们。

（2）追求意义的意志（the will to meaning）：认为人类的基本动力是“追求意义的意志”，当一个人追求意义的意志遭受挫败后，才会转向追求快乐、权力作为补偿。人类最基本的能力在于：发现一个可给予个人忍受任何情境而可坚持下去的理由并希望借此使个人的生活更充实且能提供个人的存在是有意义且有价值的一种认同。

（3）生命的意义（the meaning of life）：生命的意义因人而异，因时而异。最重要的是要明白个人生命在具体时间的具体意义。

上述三个基本假设构成了意义治疗的理论基础，三者缺一不可。意志的自由是追求意义的意志的一个心理学的前提，没有意志的自由，人就不可能对生活进行态度上的选择，只能被动的接受需要的支配；而追求意义的意志则是生命意义的动力，人们对意义的追求和倾向，使人无论在何种生活环境下都要探究生命的意义。他对生命意义的看法有四个要点：

（1）人性观：人类存在的特征，对人性的基本概念，不论生物层面或是心灵意义层面，我们不能忽略任一层面。人的存在具有三个层次，即身体、心理与精神，其中以精神层次为最高。

（2）自由：人虽不能免于生物、心理或社会上各种条件三限制，但是面对这些限制，人却保有选择的自由，自由决定要顺服于它或要抵抗。

（3）责任：人的首要责任是良知。人是自由的，责任重于自由。人有责任去实现个人生命的独特意义，此外还要对其他事物负责，不论是社会、人性、全人类或自己等。

（4）自我超越：人类存在的特征是自我超越，而不是自我实现，人的特征是“追求意义”不是“追求自己”。生命的真谛，必须在世界中找寻，而非在人身上心理层次的限制而进入精神层次。

他由人类行为经验的现象分析中指出生命的意义是会改变的，但永远不失其为意义，并归纳出发现生命意义的三种途径。他认为一般人可以借由实现以下三种价值来获得生命的意义：

（1）创造的价值：指透过某种类型的活动以实现个人的价值，即功绩或成就之路，亦即工作的意义。如：经由个人工作、嗜好、运动、服务、自我的付出或贡献、与他人所建立的关系等来发现生命的意义。

（2）经验的价值：此价值是借由对世界的接纳与感受中实现的，即经由体验某种事物或经由体验某个人（爱情）来发现生命的意义。如：欣赏艺术作品、投入大自然怀抱、与人交谈、体验爱的感觉等。

（3）态度的价值：当个人面对无法改变之命运（罪恶感、死亡或痛苦的逼迫）时所决定采取的态度，此即苦难的意义，是人类存在的最高价值所在。如：个人所持的生活信念或价值观。

一、创造的价值——工作的意义

创立某项工作或从事某种事业而取得成长、成绩、成就或成功，无论成了什么，都成全了你，其意义不言而喻。

罗素在他的自传序言《我为什么而活着》里说：“对爱情的渴望，对知识的追求，对人类苦难不可遏制的同情心，这三种纯洁但无比强烈的激情支配着我的一生。”这与活出生命的意义的三个价值遥相呼应、不谋而合。爱的意义、工作的意义、苦难的意义在罗素心中纯洁又无比强烈，正是这些强烈的激情赋予了他个性、多元且传奇的一生以意义。他在数学和哲学方面的贡献尤其突出，也是一名和平主义者，在伦理道德、教育、宗教方面都有自己的主张。1950年罗素获得诺贝尔文学奖，以表彰其“西欧思想，言论自由最勇敢的君子，卓越的活力，勇气，智慧与感受性，代表了诺贝尔奖的原意和精神”。

二、经验的价值——爱的意义

“爱是直达另一个人内心深处的唯一途径。只有在深爱另一个人时，你才能完全了解另一个人的本质。通过爱，你才能看到所爱的人的本质特性，甚至能够看到他潜在的东西即他应当实现而尚未实现的东西是什么。只有通过爱，才能使你所爱的人实现他的全部潜能。通过使他认识到自己的所能和应为，他就会实现自己的潜能。”——所以“爱TA你就成就TA”的说法不无道理，爱的本身就可以成就对方。

关于“父母、孩子、伴侣、自己”的人生排序曾被广为热议，由于每个人的原生家庭、成长环境、人生经历、价值观不同，得出的排序结果不同是很自然的事。对于不同意见的尊重也是一种修养的体现，不能因为不同就“一棍子打死”、甚至出言不逊。

如果“利他”是经营人生的哲学的话，“利他”最先利的就是“伴侣”。还记得前一章提到的爱的五种语言吗？爱TA就用TA的“母语”来表达，帮助TA实现自己的潜能的同时，你会发现，有趣的是，自己也被爱赋予的意义滋润着，从而成为更好的自己。

多说一句，关于对“父母”的排序，要知道，世间的爱都是为了团聚，唯有父母的爱指向别离。父母无论多爱孩子，都没能力也不应该陪孩子走完下半生，孩子的独立以及孩子成家后的幸福才是目的。

三、态度的价值——苦难的意义

在忍受不可避免的苦难时采取某种态度可以赋予忍受苦难以积极的意义。尼克·胡哲，一出生就没有双臂双腿的人，用他不惧“苦难”人生的态度，用他“如果没有得到奇迹，就成为一个奇迹”的执拗，告诉那些跟他相比幸运得多的人：我都可以，你的人生也不要设限！——他发现分享自己的经历可以让那些正在面对痛苦苦难的人备受激励，振作起来选择以另一种态度来面对，而这就成为了尼克·胡哲生命的意义。

尼克·胡哲，没手没脚，但是没有什么不可以！

时代的一粒灰，落到每个人身上就是一座山。有的苦难是无法改变的，比如奥斯维辛集中营、比如南京大屠杀，比如2020年的新冠疫情。截止到2020年12月29日，约翰霍普金斯大学公布的全球新冠感染人数已经突破了8000万，死亡人数170万。这些对于大多数现在能看到这段文字的人来说，仅是让人沉痛的数字，但是对于数字背后的每一个家庭每一个社会关系来讲，都是一个生命的不幸或生命的陨落。也许你没有亲朋好友中招，但是你躲不过全球的经济衰退；也许你处在疾控比较成功的地区，但是你要明白“覆巢之下，安有完卵？”

2020年是关于如何面对苦难最好的“案例课”。也许让更多人珍惜生命、开始觉悟就是这一课的基础要义。

延展阅读

- 陆晓娅，《影像中的生死课》，北京师范大学出版社，2016.8。
- 索甲仁波切 著，郑振煌 译，《西藏生死书》，张老师文化，2015.5。
- 瑞·达利欧，《原则》，中信出版社，2018.1。
- 维克多·弗兰克尔，《活出生命的意义》，华夏出版社，2020.6。
- Dr. Ben Carvosso，《Life CEO》，2018。
- 纪云基（Kevin Guest），《正确的理由》，Inspired Solutions Publishing，2018。
- 尼克·胡哲，《人生不设限》，天津社会科学院出版社，2011.6。

视听资源

- 瑞·达利欧《成功的原则》@新浪微博
- 蔡志忠《一生专注美好作品》@混沌App

练习

用思维导图记录问题和答案。

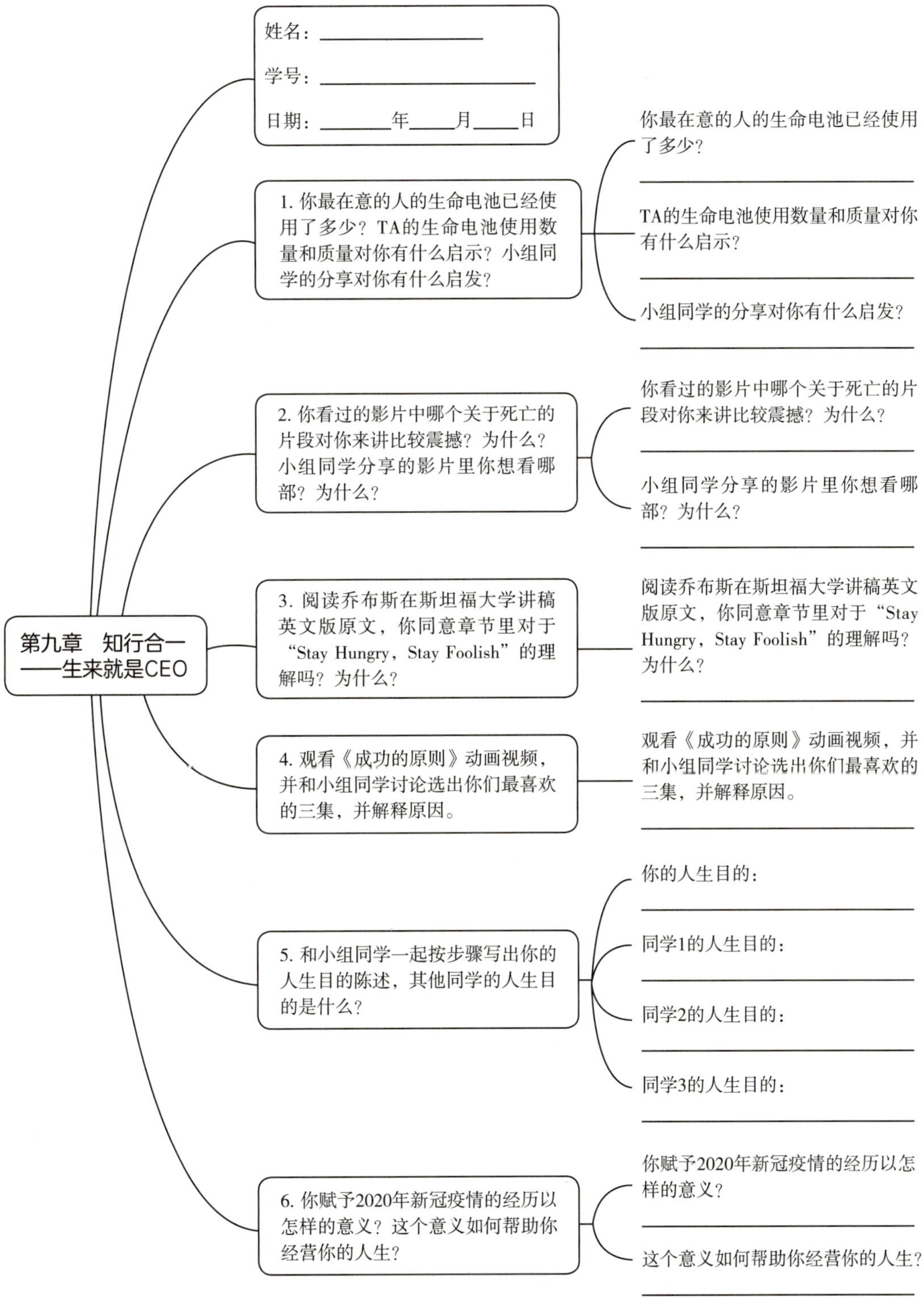

第九章　知行合一——生来就是CEO

姓名：________

学号：________

日期：____年____月____日

1. 你最在意的人的生命电池已经使用了多少？TA的生命电池使用数量和质量对你有什么启示？小组同学的分享对你有什么启发？

- 你最在意的人的生命电池已经使用了多少？
  ____
- TA的生命电池使用数量和质量对你有什么启示？
  ____
- 小组同学的分享对你有什么启发？
  ____

2. 你看过的影片中哪个关于死亡的片段对你来讲比较震撼？为什么？小组同学分享的影片里你想看哪部？为什么？

- 你看过的影片中哪个关于死亡的片段对你来讲比较震撼？为什么？
  ____
- 小组同学分享的影片里你想看哪部？为什么？
  ____

3. 阅读乔布斯在斯坦福大学讲稿英文版原文，你同意章节里对于“Stay Hungry，Stay Foolish”的理解吗？为什么？

- 阅读乔布斯在斯坦福大学讲稿英文版原文，你同意章节里对于“Stay Hungry，Stay Foolish”的理解吗？为什么？
  ____

4. 观看《成功的原则》动画视频，并和小组同学讨论选出你们最喜欢的三集，并解释原因。

- 观看《成功的原则》动画视频，并和小组同学讨论选出你们最喜欢的三集，并解释原因。
  ____

5. 和小组同学一起按步骤写出你的人生目的陈述，其他同学的人生目的是什么？

- 你的人生目的：
  ____
- 同学1的人生目的：
  ____
- 同学2的人生目的：
  ____
- 同学3的人生目的：
  ____

6. 你赋予2020年新冠疫情的经历以怎样的意义？这个意义如何帮助你经营你的人生？

- 你赋予2020年新冠疫情的经历以怎样的意义？
  ____
- 这个意义如何帮助你经营你的人生？
  ____

第十章

迭代试错——创业计划 101

一个人既可以深思熟虑地忠于自己的选择，也可以不假思索地忠于自己的心。

——仓央嘉措

开始吧，你总要有第一版！

还记得之前关于财商的章节讲到的复利吗？复利效用不只对金钱起作用，对任何需要把时间当作朋友的的嵌套叠加，都有影响。知道自己要什么，并且在最早的可行时间点开始去做，经过同等的时间长度，复利效果就会更明显。人工智能（AI）的学习方式是Trial and Error（迭代试错），人类与实践相关的学习方式是同样的。

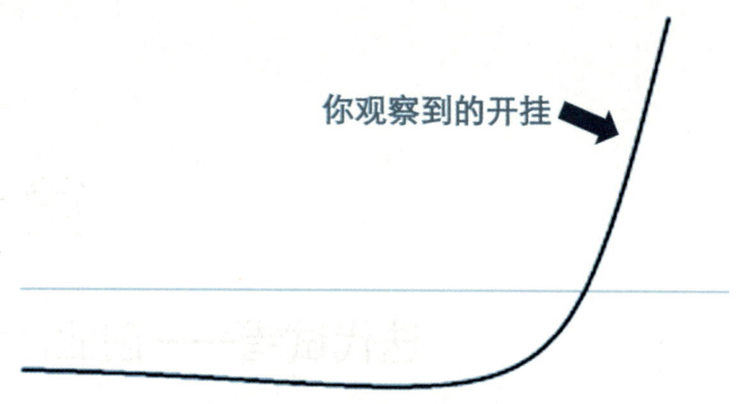

“所谓的人生开挂，不过是厚积薄发。”

如果能用“演绎法”，找到“你是谁？”“你为什么创业？”“做什么，怎么做？”“别人为什么投资你？”等问题的答案，并一路推演和坚定地执行下去，不失为一个好方案。

如果只能用“归纳法”也不要紧，哪怕从为同学谋点福利赚点差价或者从B站的视频内容创作等方式开始，体会一下当“个体户”的滋味，也会对创业的过程有全方位的了解，从每一帧的画面感当中寻找最适合自己的答案。

先拉队伍同样是个选择，看准了靠谱的长线合作人才，全力绑定，这样不管以后做什么，你们相互了解和信任的起点就已经在不同层级了。

总之，想是问题、做是答案——Just Do It！

第一节　你是谁？——认识自己

MBTI是性格分类理论模型的一种，其基本理论是根据瑞士心理分析家卡尔·荣格于1921年所出版的书籍《心理类型》。最先的研究者是美国心理学家凯瑟琳·布里格斯及其女儿伊莎贝尔·迈尔斯。

MBTI测试的16种类型

“外向E”与“内向I”泛指一个人发泄及获得心灵能量的方向。

○ 外向型（Extraversion）会偏向从与外部事物的交流促进心灵能量的流动。

○ 内向型（Introversion）会偏向从自身思索、内省的过程促进心灵能量的流动。

“实感S”与“直觉N”泛指人们认识世界、处理资讯的方法。

○ 实感型（Sensing）喜欢着眼于当前事物，惯于先使用五感来感受世界。

○ 直觉型（Intuition）则着眼未来，着重可能性及预感，从潜意识及事物间的关联来理解世界。

“情感F”与“思考T”情感及思考是下决定时内心挣扎所侧重的方向，并配合以上的能量走向。

○ 情感型（Feeling）比起事情的逻辑更重视于人的感受

○ 思考型（Thinking）比起人的感受更重视于事情的逻辑

“判断J”与“感知P”世界观及生活模式

○ 判断型（Judging）倾向于以结构化的方式认识世界，井然有序及有组织的生活，而且喜欢安顿一切事物。

○ 感知型（Perceiving）则倾向于以非结构化的方式认识世界，始终开放选择机会，自然发生及弹性的生活。

作为纯性格测试，从心理学的角度来讲未必完美，但是作为商界广泛使用的职业性格测试工具，MBTI有着相当的实用性。前面章节提到的桥水基金就使用了MBTI作为职业性格测试工具并且相当重视依据其测试结果来了解彼此，从而进行“极度透明”（桥水基金的企业文化）的沟通。笔者工作过的跨国企业也为核心员工进行MBTI测试以增加彼此了解或调整岗位分工。受到各类企业的应用和重视只有一个原因：（相对）准确。当局者迷，人要认识自己需要有足够经历及与他人的互动来映照自己，在经历不足或者人际互动较少的情况下，做一个MBTI测试（甚至可以多做几次）来发现自己、认识自己不失为一种非常理性的选择。每个人都可以成功，但一定是在自己最感兴趣的领域做自己最擅长的事更加欢乐轻松、事半功倍。“取长补短”不如“扬长避短”，补短的事就通过团队合作来进行吧。

无论你是哪种性格类型，请记住，它只帮你认清自己，并不能决定你的命运。

第二节　你从哪里来？——为什么创业

宁向东的一个学生想去创业，希望听听他的意见（《宁向东的管理课》090讲@得到App）。以下是宁老师和学生的对话——

宁：你准备好了吗？

学生：什么叫准备好了？

宁：这样，你回答我几个问题吧。第一个问题，你想创业成功吗？

学生：……（瞪了半天，潜台词：废话，不想成功，谁去创业？）

宁：第二个问题，你知道创业成功意味着什么吗？

学生：怎样衡量创业成功？

宁：第一个成功的标志就是有人给你投钱了。你的公司因此有了一个估值，它可能值几千万，几个亿。

学生：那很好啊。

宁：喜悦过后，你知道这些估值意味着什么？

学生：意味着什么？

宁：那就意味着，你要靠着自己的努力把这些靠期望算出来的估值，变成真实的业绩；这就意味着，你走上了一条不归路。第三个问题，你累了，会停下来吗？

学生：……（显然回答不出这个问题，因为他还没有出发，没有想过“停下来”这回事。）

宁：做企业，累了想停下来，很简单，就是一个念头。但是，你很难停下来。因为那些财富都锁在企业里面，是各种看得见和看不见的资产，你停下来，那些资产顷刻之间就不再那么值钱了。更何况，你越成功，指望着你吃饭的人员越多。你出去吹牛说，我们现在有三万名员工。毫无疑问，三万这个数字，意味着你很成功了。但它更意味着你的肩上扛着三万个家庭，那更是一个巨大的责任。这个责任，也难以让你停下来。

想创业的同学，请诚实地扪心自问，面对这几个问题，你的回答是什么？如果创业是一条不归路，你还愿意开始吗？如果依然愿意走上这条不归路，为什么？

如果你只是想试试看，体验一下，学习学习，找找感觉，那么你其实并不在意创业是否成功。你都不在意“成功”，“成功”为什么要来敲你的门呢？所以，成为“小概率”的分母毫不意外，也请不要把这个结果归咎在创业这件事上，着实是因为你的态度，吸引了你的结果。

所以，如果依然愿意走上这条“不归路”，为什么？

第三节　要到哪里去？——做什么，怎么做

启程之前，你应该已经有了大致的方向了，别急，还有一个被宁向东重点推荐的思考模型值得你用一下（《宁向东的管理课》139讲@得到App），这就是“五力分析”。宁向东说：“我在清华教课，多年来是要求学生必须要像背‘九九口诀表’一样牢记这个图示，牢记这五个方面的影响。我常常对学生说，做管理者，对于行业竞争一定要敏感。这种敏感力如何培养，首先是要知道什么东西对自己影响最大，之后，再去深入体会每一种压力发生的细节。”尽管有人说在现在产业关系更强调合作、竞争更加动态的情况下，五力分析过期了，这个思考角度的指导价值还是不可小觑“我的很多创业成功的学生和正在创业的学生都在使用这个工具。所以，今天我反复推荐你要把这个框架记牢。”

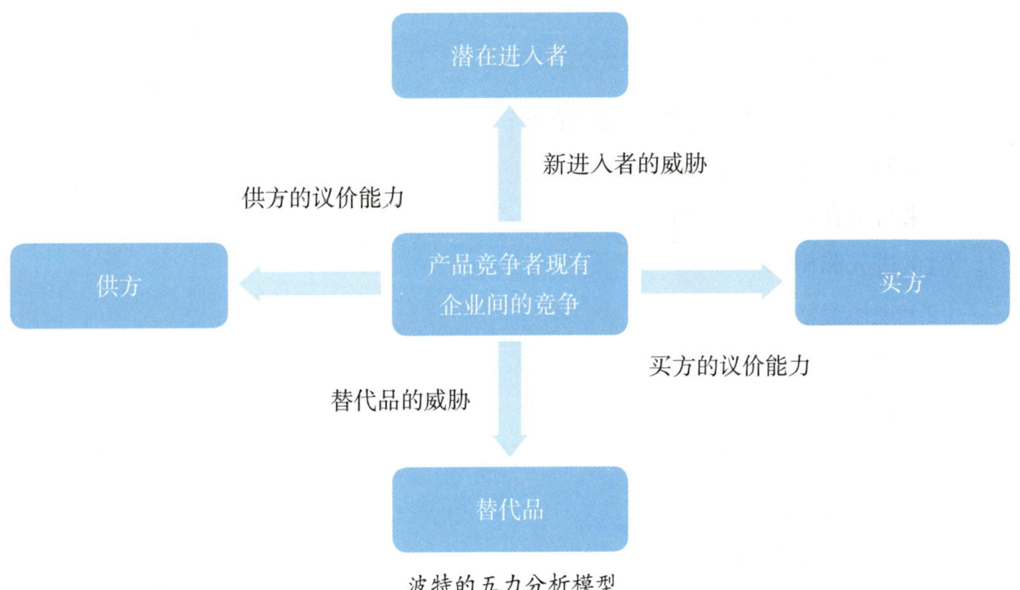

波特的五力分析模型

五力分析（英语：Porter five forces analysis）为迈克尔·波特在1979年提出的架构，其用途是定义出一个市场吸引力高低程度。波特认为影响市场吸引力的五种力量是个体经济学面，而非一般认为的总体经济学面。五种力量由密切影响公司服务客户及获利的构面组成，任何力量的改变都可能吸引公司退出或进入。

四个外力：来自买方的议价能力、来自供应商的议价能力、来自潜在进入者的威胁、来自替代品的威胁和潜在竞争者的威胁。共同组合而演变出影响公司的第五种力量：来自现有竞争者的威胁。而每一种力量都由数项指标决定：

1. 来自买方的议价能力：

（1）买方集中度；

（2）谈判杠杆；

（3）买方购买数量；

（4）买方相对于厂商的转换成本；

（5）买方获取资讯的能力；

（6）买方垂直整合的程度或可能性；

（7）现存替代品；

（8）消费者价格敏感度；

（9）总消费金额。

2. 来自供应商的议价能力：

（1）供应商相对于厂商的转换成本；

（2）投入原料的差异化程度；

（3）现存的替代原料；

（4）供应商集中度；

（5）供应商垂直整合的程度或可能性；

（6）原料价格占产品售价的比例。

3. 来自潜在进入者的威胁：

（1）进入障碍；

（2）规模经济；

（3）品牌权益；

（4）转换成本；

（5）强大的资本需求；

（6）掌控通路能力；

（7）绝对成本优势；

（8）学习曲线；

（9）政策。

优势（Strengths）	劣势（Weaknesses）
• 服务品质优良 • 企业形象良好、知名度高 • 拥有深厚的餐饮经验 • 产品价格包括高消费及低消费族群	• 价格偏高 • 非自助式 • 菜色变化性较少
机会（Opportunities）	**威胁（Threats）**
• 消费者服务意识提高 • 善用公关，制造话题性 • 营业据点有增加趋势 • 海外发展可更加积极	• 肉类疾病（如狂牛症、口蹄疫）及美国牛肉进口 • 物价上涨，食材涨价 • 同业竞争大

消费者议价能力

业者对消费价格采用标准定价，故消费者议价能力较弱。

供应商的议价能力

议价能力低，旗下餐厅较多，皆统一购买，以量制价，降低成本。

产业现有竞争

市面上采用“集团运作”的连锁餐厅越来越多，如欣叶集团。

替代品的威胁

有些餐厅有较便宜的价格、用餐方便及制作餐点迅速，更符合现代人的饮食习惯，如麦当劳。

潜在进入者的威胁

吃到饱的连锁加盟餐厅，采用中低价位，吸引客层更宽，进而瓜分市场。

关于王品集团的SWOT分析与五力分析

4. 来自替代品的威胁：

（1）消费者对替代品的偏好倾向；

（2）替代品相对的价格效用比；

（3）消费者的转换成本；

（4）消费者认知的品牌差异。

5．来自现有竞争者的威胁：

（1）现有竞争者的数目；

（2）产业成长率；

（3）产业存在超额产能的情况；

（4）退出障碍；

（5）竞争者的多样性；

（6）资讯的复杂度和不对称；

（7）品牌权益；

（8）每单位附加价值摊提到的固定资产；

（9）大量的广告需求；

（10）不同的产品。

现在大学里的“战略管理”专业，就起始于“五力分析模型”的提出者波特的努力。作为他的主要贡献“五力分析模型”还是值得被重视和被应用。

第四节　别人为什么投资你？——你的价值

曾经流行一时的“此地人傻钱多，速来。”有好几个版本，无论哪个版本，这种状态都反映了当时的一种社会现象。经过了多年的市场洗礼，加之世界的一体化、信息的公开透明，真的有人傻钱多的愿意随便投给你，那是你的运气，是他的赌博。在价值投资的思维越来越深入地植入年轻一代头脑的时候，精明的有钱人或者精明的基金经理会把自己的钱包捂得紧紧的，只有你符合了他们的投资选择标准时，他们才以迅雷不及掩耳之势，该出手时就出手。

所以，你要有价值并且会升值，才会吸引价值投资者的资金，因为他们最终看中的还是“增长”和“稳定”。张磊在他的《价值》里关于价值投资方法与哲学提到，投资的理念已经从传统的寻找“人和生意”升级为审视“人、生意、环境和组织”的最佳组合的多维视角。张磊认为“对于投资人来说，看人就是在做最大的风控，这比财务上的风控更加重要，只要把人选对了，风险自然就小了。”对创业者的评估是多维度的，包括：能达到的高度——能力；维持能力的稳定性——可靠性；以及为社会创造价值的初心——有没有做有意义的事。

看人：就是看拥有伟大格局观的创业者，看他的内心操守和价值追求，看他对商业模式本质的理解与投资人是否一致。人是一切价值的创造者，是企业家精神的源泉和实现载体。

看生意：就是看这个生意的本质属性，看它解决了客户的哪些本质需求，看生意的商业模式、核心竞争力、市场壁垒以及拓展性，看它有没有动态的护城河。

看环境：就是看生意所处的时空和生态，看政策环境、监管环境、供给环境、需求环境，看资源、市场、人口结构甚至国际政治经济形势等在更长时间内发挥效力的因素。

看组织：就是看创业者所创立的组织基因，是否能够把每个细胞的能量充分释放；看组织的内在生命力能否适应当时的经济周期、产业周期。

第五节 创业计划书模版（提纲）

清华大学的教材《大学生创业基础》提供了三个不同的商业计划书模版，分别是适合提供给风投公司的、适合参赛的和普通创业计划书模版。除了把前几节的核心思路捋清，在核心内容上保持一致以外，你的创业计划书不应该只有一个版本。这就如同申请留学美国的顶尖高校，你的基本经历、分数、表现只有一组，但是你会针对不同大学的优势课程和教学目标调整你的申请材料表述侧重点。用宁向东的话来说，这是“权变”。就像不同场合有不同的着装一样，你要了解你创业计划书的读者，在他们的价值体系内探讨合作，是对他们最基本的尊重。

（一）适合提供给风投公司的创业计划书模版（提纲）

第1章 基本情况　　第2章 公司管理

第3章 行业情况　　第4章 研发

第5章 产品制造（/产品运营）　　第6章 市场方案

第7章 财务状况　　第8章 风险

第9章 融资计划　　第10章 进度表

（二）（普通）创业（商业）计划书

一、计划摘要　　二、公司介绍

三、战略规划　　四、创业组织结构

五、产品（服务）介绍　　六、市场预测

七、营销计划　　八、生产制造计划

九、财务规划　　十、风险与退出

你为什么要写创业计划书？什么时候需要写？是给自己做参考还是吸引资金？这是决定你的创业计划书结构和内容的基因。要知道很多企业初创的时候并没有“纸上谈兵”，尽管不会游泳，他们也穿上泳衣跳入水中了，在游泳中才可能学习游泳，在岸上只能鼓掌。

延展阅读

- 瑞·达利欧，《原则》，中信出版社，2018.1。
- 张磊，《价值》，浙江教育出版社，2020.9。
- 李肖明 孙逸 宋柏红，《大学生创业基础》，清华大学出版社，2009.10。

视听资源

- 《宁向东的管理课》@得到App

  011讲：MBTI测试 | 认识自己是一切管理的前提；

  090讲：组织变革 | 做企业就是不归路；

  139讲：五力分析 | 威胁来自哪里

练习

用思维导图记录问题和答案。

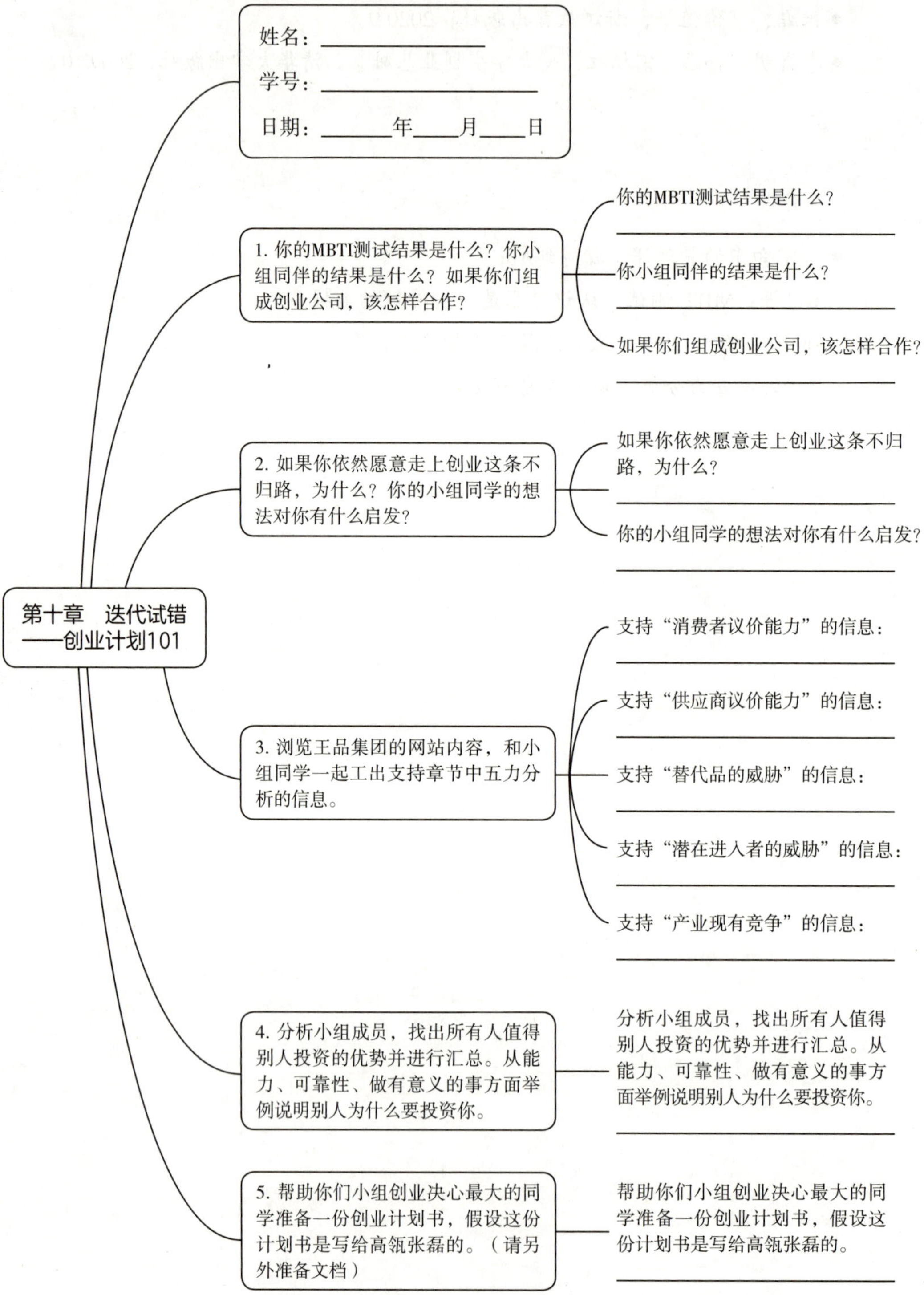

姓名：________
学号：________
日期：____年____月____日

第十章　迭代试错——创业计划101

1. 你的MBTI测试结果是什么？你小组同伴的结果是什么？如果你们组成创业公司，该怎样合作？
- 你的MBTI测试结果是什么？________
- 你小组同伴的结果是什么？________
- 如果你们组成创业公司，该怎样合作？________

2. 如果你依然愿意走上创业这条不归路，为什么？你的小组同学的想法对你有什么启发？
- 如果你依然愿意走上创业这条不归路，为什么？________
- 你的小组同学的想法对你有什么启发？________

3. 浏览王品集团的网站内容，和小组同学一起工出支持章节中五力分析的信息。
- 支持“消费者议价能力”的信息：________
- 支持“供应商议价能力”的信息：________
- 支持“替代品的威胁”的信息：________
- 支持“潜在进入者的威胁”的信息：________
- 支持“产业现有竞争”的信息：________

4. 分析小组成员，找出所有人值得别人投资的优势并进行汇总。从能力、可靠性、做有意义的事方面举例说明别人为什么要投资你。
- 分析小组成员，找出所有人值得别人投资的优势并进行汇总。从能力、可靠性、做有意义的事方面举例说明别人为什么要投资你。________

5. 帮助你们小组创业决心最大的同学准备一份创业计划书，假设这份计划书是写给高瓴张磊的。（请另外准备文档）
- 帮助你们小组创业决心最大的同学准备一份创业计划书，假设这份计划书是写给高瓴张磊的。________